权威·前沿·原创

皮书系列为
“十二五”“十三五”国家重点图书出版规划项目

中国青年发展报告

No.1

REPORT ON DEVELOPMENT OF YOUTH IN CHINA
No.1

社会融入与社会参与

Social Inclusion and Social Participation

主　编／陈光金
副主编／赵克斌　赵联飞　田　丰

社会科学文献出版社
SOCIAL SCIENCES ACADEMIC PRESS (CHINA)

图书在版编目（CIP）数据

中国青年发展报告．NO.1，社会融入与社会参与／陈光金主编．--北京：社会科学文献出版社，2018.8
（青年发展蓝皮书）
ISBN 978-7-5201-3086-8

Ⅰ．①中…　Ⅱ．①陈…　Ⅲ．①青年-研究报告-中国
Ⅳ．①D669.5

中国版本图书馆 CIP 数据核字（2018）第 159458 号

青年发展蓝皮书
中国青年发展报告 No.1
——社会融入与社会参与

主　　编／陈光金
副 主 编／赵克斌　赵联飞　田　丰

出 版 人／谢寿光
项目统筹／邓泳红
责任编辑／桂　芳

出　　版／社会科学文献出版社·皮书出版分社（010）59367127
地址：北京市北三环中路甲 29 号院华龙大厦　邮编：100029
网址：www.ssap.com.cn
发　　行／市场营销中心（010）59367081　59367018
印　　装／三河市龙林印务有限公司

规　　格／开 本：787mm×1092mm　1/16
印 张：18.75　字 数：282 千字
版　　次／2018 年 8 月第 1 版　2018 年 8 月第 1 次印刷
书　　号／ISBN 978-7-5201-3086-8
定　　价／89.00 元

皮书序列号／PSN B-2018-727-1/1

本书如有印装质量问题，请与读者服务中心（010-59367028）联系

中国青年发展报告 No. 1
编　委　会

主　　编　陈光金

副 主 编　赵克斌　赵联飞　田　丰

编　　委　（按姓氏拼音）

刁鹏飞　傅学军　刘保中　石金群　张芝梅
朱　迪

文章作者　（按文序）

赵联飞　刘保中　萧子扬　田　丰　李　丁
梁玉成　赖世文　王訾桐　王　军　叶一舟
陈静仪　叶　华　张　奕　蒋雨琦　刘成斌
廉思教授课题组　邹宇春　张　宾　石金群
林　红　朱　迪　陈俊鹏　许宁宁

主要编撰者简介

陈光金　男，湖南醴陵人，博士，研究员，中国社会科学院社会学研究所所长，《社会学研究》主编，《青年研究》主编。主要研究领域：农村社会学，社会分层与流动私营企业主阶层。主要研究成果包括《中国乡村现代化的回顾与前瞻》（专著）、《新经济学领域的拓疆者——贝克尔评传》（专著）、《当代中国社会阶层研究报告》（合著）、《当代英国瑞典社会保障》（合著）、《内发的村庄》（合著）、《中国小康社会》（合著）、《当代中国社会流动》（合著）、《多维视角下的农民问题》、《当代中国社会结构》（合著）等。

赵克斌　男，北京市人，大学本科，助理研究员，中国社会科学院－上海市人民政府上海研究院常务副院长。主要研究领域：信息情报学、家庭社会学。主要研究成果包括《当代中国城市家庭》（合著）、《中国与中东欧国家的社会变迁》（主编）等。

赵联飞　男，重庆云阳人，博士，副研究员，中国社会科学院社会学研究所《青年研究》副主编。主要研究领域：社会统计学、互联网与社会、青年研究、澳门研究。主要研究成果包括《现代性与虚拟社区》（专著）、《中国大学生中的三道互联网鸿沟——基于全国12所高校调查数据的分析》（论文）、《网络对青年大学生的政治态度影响：以微博为例》（论文）、《虚拟社区交往及其类型学分析》（论文合著）等。

田　丰　男，安徽蚌埠人，博士，研究员，中国社会科学院社会学研究所青少年与社会问题研究室副主任。主要研究领域：人口与家庭社会学、青少年与大学生、社会问题与社会治理、社会分层、社会调查方法。主要研究成果包括《当代中国家庭生命周期》（专著）、《家庭负担系数研究》（专著）、《城市工人与农民工的收入差距》（论文）、《改革开放的孩子们——中国“70后”和“80后”青年的公平感和民族意识研究》（论文）、《消费、生活方式和社会分层》（论文）、《高等教育体系与精英阶层再生产——基于12所高校调查数据》（论文）等。

摘　要

本书是中国社会科学院社会学研究所“中国青年发展报告”课题组的2017年年度分析报告（青年发展蓝皮书），由中国社会科学院社会学研究所组织研究机构专家、高校学者撰写。

本书指出，改革开放以来，中国社会经历了由总体性社会向市场经济社会的重要转型，并引发了巨大的社会变迁。社会成员的社会参与正在经历从行政动员参与到主动地参与社会公共事务的过程，同时，社会组织开始得到发育。

研究发现，新生代农民工社会参与总体水平不仅低于老一代农民工，而且与其他劳动力群体相比也处于相对落后的位置，新生代农民工的社会参与状况仍不容乐观。在社会融入方面，新生代农民工的社会融入处于一种“半融入”的状态。在政治参与方面，新生代农民工对制度化政治参与的途径了解有限，参与情况更少也更不积极，但有较强表达意愿，甚至有更强的非常规、非制度化参与意愿。在自组织方面，新生代农民工的自组织多以小型化非正式组织为主。

对大学生群体的研究发现，大学生“三下乡”取得了丰硕的成果，积累了丰富的经验，但是仍然存在参与率有待提高、实践项目与专业联系度不高、经费支持不足、表彰评价环节相对随意的问题。在政治参与方面，大学生温和型政治参与的意愿较高，政治参与情况总体良好。就高校学生自组织方面来说，高校学生社团成为校园文化活动生产的主体，也是学生课外互动的重要平台，对大学生的成长和发展具有不可忽视的影响作用。高校社团的发展经验为开展社会建设实践提供了启发。

对新兴青年群体的研究发现，新的社会阶层人士有7000余万人，主要

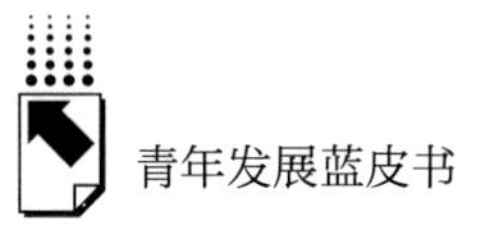

包括私营企业和外资企业管理技术人员、中介和社会组织从业人员、新媒体从业者和自由职业者等四个群体。新兴青年群体政治价值观整体呈积极向上的态势，这一群体所面临的问题则主要集中在民生建设上。对于这部分人，团组织要转变传统的服务管理观念，到社会中以社会工作的视野和思维开展工作，在服务过程中实现对新兴青年群体的吸纳和整合。

研究发现，近10年来，青年志愿者注册人数快速增长，规模迅速扩大，形成了比较完善的志愿服务组织体系。为了促进志愿者服务的不断发展，需要进一步加强志愿者工作相关管理部门的自身建设，完善社会动员机制，完善对青年志愿者服务组织的管理，并不断提升青年志愿者的专业服务能力和服务水平。另一项研究发现，“青年之家”这类组织打通了联系服务青年的“最后一公里”，适应青年从单位人变成社会人、再组织化的趋势，成为基层团组织对青年、对青年社会组织进行组织覆盖和工作覆盖的重要载体，成为全社会面向青少年群体开展服务引导的重要平台。对青年的网络参与研究则发现，青年把网络作为表达观点、争取权益的重要渠道，网络文化是观察青年、理解青年和帮助青年成长的重要途径，同时还需防止网络成为社会运动动员工具和新的风险源。

青年是整个社会力量中最积极、最有生气的力量，他们的社会融入和社会参与深刻影响社会的发展走向，预示着国家和民族的未来。持续关注青年的社会融入和社会参与，加强对青年社会融入和社会参与的研究，是帮助青年成长、促进青年发展的一项长期工作，有赖于政府、社会各界和青年自身各尽其能、各负其责、协同行动，共同促进这一事业的发展。

前　言

2017 年 4 月国家颁布的《中长期青年发展规划（2016 – 2025）》（以下简称《规划》）将青年的社会融入和社会参与列为青年发展的十大领域之一，明确了青年社会融入和社会参与的发展目标是“青年更加主动、自信地适应社会、融入社会。青年社会参与的渠道和方式进一步丰富和畅通，实现积极有序、理性合法参与。共青团、青联、学联组织在促进青年社会融入和社会参与中的主导作用充分发挥，带动各类青年组织在促进青年有序社会参与中发挥积极作用。青年参与社会主义现代化建设的积极性主动性进一步增强，青年志愿服务水平进一步提高。不同青年群体相互理解尊重。青年对外交流合作不断拓展”。围绕着这一目标，《规划》提出了“健全党领导下的以共青团为主导的青年组织体系”“着力促进青年更好实现社会融入”“引领青年有序参与政治生活和社会公共事务”“鼓励青年在经济社会发展中充分发挥生力军和突击队作用”“引导青年社会组织健康有序发展”“增进不同青年群体的交流融合”“增强港澳台青年的国家认同、民族认同和文化认同”“支持青年参与国际交往”等八项具体举措。这为今后一个时期内的青年参与工作提供了指导性意见。

在《规划》印发之后，中央有关部门积极推动设立《规划》落实的部际联席会议机制，统筹协调《规划》落实推进中的重点难点问题，督促各部门各地区抓好《规划》落实工作。专家委员会的成员来自长期从事青年发展研究的高校和研究机构以及部委。为了准确反映、监测青年发展的现状，研究青年发展过程中的问题，推进青年发展的制度建设和相关社会政策制定，团中央决定从 2018 年开始，按照《规划》划分的青年发展十大领域，以“中国青年发展报告”为题，分五年连续出版各领域的青年发展状况蓝皮书，每年覆盖两个领域，以此引起社会对青年发展工作的关注，并推动青年发展工作研究的深入。中国社会科学院社会学研究所作为团中央青年发展部的合作单位，于2017年8月成立“中国青年发展报告”课题组，负责“青年社会融入和社会参与”这一专题的编纂工作。本书即课题的最终研究成果。

本书包括总报告、群体篇、专题篇。群体篇主要针对农民工、大学生和新兴青年群体进行研究，研究的主题则主要包括文化融入、社会参与、政治参与和自组织发展等，共包括8篇文章。其中，对大学生的社会参与主要研究大学生“三下乡”活动的开展情况。下篇为专题篇，主要涵盖青年志愿者活动、青年社会组织发展、青年网络参与、青年之家类组织发展、青年人大代表专题等五个专题，共5篇文章。

在农民工主题的4篇研究报告中，《中国新生代农民工的社会参与研究报告》《中国新生代农民工文化融入研究报告》《中国新生代农民工的政治参与研究报告》等3篇报告由中山大学的梁玉成、王军和叶华等完成，主要使用2016年“中国劳动力动态调查”数据，运用指数评分等方法对中国新生代农民工社会参与、文化融入以及政治参与等方面的情况进行分析。《中国新生代农民工自组织研究报告》由华中科技大学的研究者刘成斌完成，该报告在整体勾勒新生代农民自组织发展状况的基础上，运用个案分析的方法分析了农民自组织的发展机制。

在大学生主题的3篇研究报告中，《当代中国大学生“三下乡”社会实践活动发展报告》《当代中国大学生政治参与分析》两篇报告分别由中国社会科学院社会学研究所的刘保中、田丰等完成。前者在回顾大学生“三下乡”社会实践活动简要发展历程的基础上，总结了“三下乡”社会实践活动的主要特征和发展现状，分析了该项活动当前面临的主要问题与挑战，提出了对策和建议；后者则利用“中国大学生就业、生活及价值观追踪调查”数据，重点探讨和分析我国青年的政治参与和政治表达的现状、特点，并提出相应的对策、建议。《当代中国大学生自组织的发展与治理报告》由中国人民大学的李丁完成，该报告分析了共青团推动高校学生社团发展和治理模式定型的历史过程和组织环境，并对今后的大学生社团发展工作提出了建议。

当代中国新兴青年群体研究报告由对外经贸大学廉思教授课题组完成。该报告基于课题组新兴青年群体调查数据，总结梳理了新兴青年群体的十大特征，并分析了新兴社会阶层的政治价值观。研究认为，新兴青年群体并不谋求从根本上变革现行体制，而是希望通过深化改革开放，更好维护自身利益，并获取更多的“话语权”，以构成现行体制下的一种有效参与。

在专题篇中，《中国青年志愿服务发展现状分析》《中国“青年之家”综合服务平台发展现状研究》《中国青年社会组织发展报告》《青年群体参与人民代表大会的情况研究》《中国青年网络参与报告》等5篇报告分别由中国社会科学院社会学研究所的邹宇春、石金群、林红、田丰和朱迪等完成。其中，前三篇文章主要运用文献分析方法和二手数据，分别分析了志愿者、“青年之家”类组织以及一般性的青年社会组织发展的历史和现状。《青年群体参与人民代表大会的情况研究》一文则在回顾青年参与人民大会的历史的基础上，使用大数据方法，分析了我国青年人大代表的社会人口特征，描述了青年人大代表的政治参与现状。《中国青年网络参与报告》则使用来自10个城市的互联网使用抽样调查数据，分析了青年网络参与的特点。

本书的作者来自各高校和专业，各位作者的观点只属于作者本人，既不代表课题组，也不代表作者所在的单位。同时，本书涉及多时点、多区域的调查数据，由于来源不同、口径不同，个别调查结论可能存在着不一致的情况，请读者在引用时注意核对。

本书由陈光金、赵联飞、田丰、张芝梅、刁鹏飞、朱迪、石金群、刘保中负责全部统稿，赵克斌、傅学军负责课题的事务协调和资料工作。共青团中央和社会科学文献出版社的多位工作人员为本书的出版做了大量工作，在此表示诚挚谢意。

编者

2018年6月9日

目　录

Ⅰ　总报告

Ⅱ　群体篇

Ⅲ 专题篇

皮书数据库阅读**使用指南**

总 报 告

General Report

B.1

扩大青年社会参与，推动青年社会融入

中国青年发展报告课题组
赵联飞 执笔

青年的社会融入与社会参与指的是青年作为社会成员，全方位地参与社会建设和社会发展，从而顺利融入社会，实现自身发展并促进社会进步。青年的社会融入和社会参与贯穿于青年成长的全过程，对青年的成长和发展具有重要影响。2017 年 4 月颁布的《中长期青年发展规划（2016 – 2025 年）》（以下简称《规划》）将青年的社会融入和社会参与列为青年发展的十大领域之一，明确了青年社会融入和社会参与的发展目标是“青年更加主动、自信地适应社会、融入社会”，并提出了明确的措施，为青年社会融入和社会参与提供了指导意见。

一 青年社会融入和社会参与的实践性

青年社会融入和社会参与的本质在于实践性。青年社会融入和社会参与

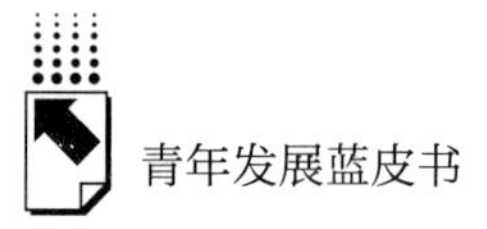

的表现形式具有鲜明的时代特征。自1978年改革开放以来，中国社会经历了剧烈的变迁。在40年的改革开放历程中，社会主义市场经济体制基本得以建立，以公有制为核心的多种所有制格局基本形成。伴随经济体制改革的是巨大的社会变迁。城市经济体制改革引发了人口大规模流动，城市化的进程由此开启，形成了青年社会融入和参与的时代背景。非公有制经济的崛起以及单位制的改革使得国家与个体之间的关系呈现新的图景，社会治理面临新的挑战，体制内外的区分成为研究者观察社会诸多问题时不可忽视的一个基本视角。同时，伴随着改革开放的深入，中西思想文化交流碰撞加剧，人们的思想文化也经历了急剧的嬗变，对人们的社会参与、政治参与等行为带来潜移默化的影响。而互联网在过去二十年的快速发展，更是穿透经济、政治和社会文化的方方面面，正在形塑当前的社会发展趋势。上述的所有社会进程尚在进行之中，这一进程以及它带来的后果构成了我们今天观察研究青年融入和社会参与的宏大历史背景，也是我们在开展研究时无法回避的社会现实。

近年来，关于青年社会融入和社会参与的研究经历了快速发展的过程。在2012年以前，关于青年社会融入的研究对象和主题都相对狭窄，主要集中于青年农民工融入城市的问题，而关于社会参与的研究则更少；2012年以来，关于社会融入和社会参与的研究开始逐渐增多，尤其是社会参与的研究增长较快。出现这一情形的根本原因在于近年来出现了大量的青年自发性社会参与行为，典型的如各类志愿者活动。这些自发行动并非如先前的参与行动那样由传统的群团组织来动员发动，并且在这些活动中还出现了新兴的社会自组织，这使得人们对行动的机制无从了解，因而吸引了政府和学界的注意力。另外，《规划》对社会融入的界定更加宽泛，包括了青少年接触社会、青少年自我教育、防止沉迷网络等诸多方面的内容，而进城务工青年的融入问题只是和内地就学青年、就业少数民族青年等群体的社会融入问题一起，被作为更广泛的社会融入领域的一个子领域，这预示着关于社会融入的研究在未来将进一步增多。

由于社会融合和社会参与概念内涵的延伸，相关的研究对象和研究议题有了进一步的扩展。《规划》中的青年指的是14～35岁的青年，这涵盖了各类学生（在校中学生、职业技术学校学生、高职生、大学生、研究生）和各类就业青年（大学毕业生、进城务工青年）和待业青年等。由于自身的教育程度、工作环境、生活处境的不同，各类人群面临的社会融入和社会参与问题具有较大差异。比如说，中学生可能更需要“学会自强自立”“学会生存生活，学会做人做事，主动了解社会、适应社会”，而就业青年更多的可能是需要“在各行各业积极创新，拓展工作领域和空间，形成发展新动力”。不过，在内部群体分化导致青年面临的社会融入和社会参与具体问题差异化时，当代的青年也面临一些共同的问题，这部分问题主要集中在参与社会公共事务的领域上。比如说，参与各类志愿者活动，参与各类网络活动，等等。本报告将分析青年社会融入和参与的总体发展趋势，并对不同青年群体发展的具体问题以及共同面临的问题进行阐述。

二　青年社会参与和融入进程的总趋势

（一）总体性社会的转型与公共参与空间的生成

《规划》中的社会参与乃是狭义上的社会参与，也即公共参与和社会参与。广义上的社会参与，包括了人类参与劳动和家庭生活等活动。而狭义上的社会参与，主要指的是以社会公众对自身利益的关心和对社会公共利益、公共事务的自觉认同为基础，通过对社会发展活动的积极参与实现发展的过程和方式。本文所指的社会参与，如非特殊强调，指的也是人们对公共事务和社会事务的参与。

改革开放以来，中国社会经历了由总体性社会向市场经济社会的重要转型。所谓总体性的社会指的是，在中国经济改革开放以前，公有制社会经济占据绝对主导地位，各类资源均高度集中于体制之内，国家在经济上以计划经济为管理手段，在社会管理上则主要以“单位制”为基本的管理方式，对于体制之外的人口，则主要通过街委会和居委会来进行控制和管理，同时，国家限制人口流动。在这种管理模式下，人们的社会参与和公共参与空间与行政管理空间高度重合，城镇居民的大部分社会活动可以在单位内部完成，“单位办社会”这句话从侧面反映了这一现实；而农村居民由于以土地为基本的生活资源，且不能自由流动，因此生活也局限在所在的乡村。同时，传统的居委会、村委会尽管在后来的法律中被认定为居民和村民的自治组织，但实际上在很长的时间内一直是“政府的腿”，这一情况即便到现在也没有完全改变。在这种情况下，社会参与空间受到非常大的压制，社会发育不充分，民间组织匮乏，形成了典型的“强国家－弱社会”格局。这种国家行政高度控制社会资源的格局在新中国成立之初曾经为中国快速恢复生产、集中力量建设完备的工业体系及国防力量起到了重要的作用，但在改革开放之后，随着体制外资源的逐步增多、流动人口增加、单位制的逐步弱化，“强国家－弱社会”的问题开始凸显，最显著的就是社会自我管理、自我服务的能力极端匮乏，这也是中国政府在2000年前后开始大力提倡社会建设的重要动因。

随着改革开放的不断深化，人们参与社会事务和公共事务的空间逐步扩大。对这一扩大的过程可以从以下几个方面来观察。

一是随着《中华人民共和国村民委员会组织法》和《中华人民共和国居委会组织法》在1988年和1989年先后颁布，不论是农村居民还是城市居民的社会参与和公共事务参与活动都在法律层面得到了基本保障。这两部法律的最重要的影响是明确了城乡居民参与公共事务的主体地位，为人们参加公共事务活动提供了法律依据和保障。

二是随着市场机制的逐步建立，大量的城市居民和农村居民脱离原来的单位或村落，成为独立的个体；而政府所制定的各项社会政策，也是在“国家－个体”这一基本关系框架下出台的，比如说，住房制度、个人所得税制度，由此个体在很多时候不得不直接面对政府；在个体应对国家力量的过程中，社会参与的空间得以生成。在城市中，随着单位制的弱化，原来由单位所承担的大量社会功能外移（包括住房分配、教育、医疗、社会保障，等等），由此，大部分城市居民逐步从“单位人”变成了“社会人”，并不得不以“社会人”的身份去重新安排自身的生活。正是在这一过程中，城市居民参与到与之相关的社会事务中去并重构了社会交往和互动空间，比如说，社区文化建设、社区管理乃至在城市开发过程中的各种维权活动，一些自发组织的基层群众性组织也在此过程中产生。在农村中，自家庭土地联产承包制实行以来，家庭成为生产的基本单位；而随着改革来的农村劳动力外出务工、资本下乡、农村生产经营的再组织化甚至城市化进程引起的征地、拆迁等一系列变化，也使得农民在很多时候不得不以个体的身份去面对国家制定的各项公共政策，从而和城市居民一样面临类似的“国家 - 个人”关系局面。

三是民间社会组织的发展为人们的社会参与提供了空间。我国的民间组织在改革开放之后有了一定的发展。有关数据显示，截至 2016 年底，全国共有社会组织 70.2 万个，比上年增长 6.0%。[①] 这些社会组织覆盖政治、经济、文化等各领域，分布于省、市、县等各级行政单位，并在扩大群众参与、反映群众诉求、增强社会自治功能等方面发挥了重要作用，成为我国经济社会发展的重要力量。但是，自新中国成立以来，一直缺乏相应的法律对民间组织的活动进行规范。2013 年，中国共产党十八届二中全会通过了《国务院机构改革和职能转变方案》，其中明确提出“改革社会组织管理制度”；2015 年，中国共产党十八届四中全会提出“加强社会组织立法，规范和引导各类社会组织健康发展”。但从目前情况看，对社会组织的管理还没有法律规定，在实际中施行的仍然是《社会团体登记管理条例》《民办非企业单位登记管理暂行条例》《基金会管理条例》等法规。有研究者指出，现有的法规存在着“法规不完善”“实体规范少”的问题，并且不能有效地对一些“离岸社团”和“网络社团”进行有效管理，因此应尽快出台《社会组织法》并进行制度完善。[②]

① 《用数据看清中国公益行业》，参见 https://www.sohu.com/a/229751118_351230。

② 《全国人大代表王明雯建议：加快〈社会组织法〉立法进程》，参见 http://mzzt.mca.gov.cn/article/elyllh/dbwyjy/201603/20160300880865.shtml。

（二）参与机制：从行政动员到自发参与

从行政动员参与到社会成员主动地参与社会公共事务，这是当代中国社会参与的重要变化。动员参与是指社会成员在行政力量的动员之下，被动地参与到社会公共事务中去；而自发参与则是指社会成员根据主观意愿决定是否以及如何参与社会事务和公共事务。出现这一转变的最重要原因可以从两方面来进行观察，一是社会结构的变化，二是人们思想和观念的变化。

从社会结构来说，改革开放之前的中国是一个高度总体性的社会，政府几乎主导了所有社会活动的开展。在体制外不存在社会参与的空间，同时社会个体又高度依附于所在的单位或村落，这使得社会成员既没有体制外的自发参与空间，同时也很难反抗体制内的各种动员。这种情况下的社会参与往往是一种被动的动员参与，更多地呈现“仪式化”特征，这种情况在政治参与中表现得尤为突出。[①] 而随着改革开放的进行，单位制和农村基层组织的影响都逐渐弱化，来自社会的资源日益丰富，越来越多的人并不受单位体制或农村基层组织的制约，其社会参与行为更多地受到个体自身层面因素的影响，从而体现出较强的自主性，这就为个体自发的社会参与提供了可能。

影响社会个体社会参与的另一个重要因素是人们的观念和意识。这一影响体现在两个层面。第一个层面是一般意义上的价值观。价值观是人们对现实世界的认知、理解、判断或抉择，对人们的动机和行为具有导向作用，同时也反映了人们的认知和需求状况。20 世纪 80 年代以来，价值观教育在中国开始受到重视。1986 年出台的《中共中央关于社会主义精神文明建设指导方针的决议》明确提出要“形成有利于社会主义现代化建设和全面改革的舆论力量、价值观念、文化条件和社会环境”。党的十八大报告更是明确地提出了社会主义核心价值观问题，其中明确将“自由、平等、公正、法治”作为社会层面的价值引导。这一价值观的倡导对于人们参与公共事务有内在的促进作用。第二个层面是社会公益观念的广泛传播。1987 年 10 月

① 赵联飞：《现代性与虚拟社区》，社会科学文献出版社，2012。

26 日，中央电视台播出了第一条公益广告“别挤了”，提倡人们在乘坐公交时互相礼让，成为全社会公益活动开展的标志。在其后的三十余年间，中国公益事业有了较大的发展，一大批非政府组织和企业参与到社会公益发展事业之中，开展了以慈善为代表的大量公益活动，这些活动通过媒体报道展现于社会成员面前，促进了社会公益观念的传播，并反过来进一步促进了公益事业的发展。如果说价值观层面的导向为社会参与提供了合法性和风向标，社会公益事业的发展则是社会参与的重要推动力，二者的结合促进了社会参与的快速发展。

（三）社会融入：从特定问题到多领域、多层次问题

社会融入在社会学中广泛被使用，但其意义在很多时候并不明确。有研究者认为，对社会融入存在着基于社会参与视角的“社会排斥论”、基于社会公平视角的“社会融合论”以及基于市民化视角的“移民融入论”三种比较有代表性的观点。[①] 同时，由于不同的社会群体（比如说，学生、移民）在涉及社会融入时的具体问题不同，因此，试图对社会融入给出精准的定义较为困难。然而，不管是“社会排斥论”“社会融合论”还是“移民融入论”，其最终的关怀仍然指向个体的发展和社会的和谐，因此，我们认为还是可以在统一的意义上来讨论社会融入问题。

在大规模流动人口出现之前，社会融入主要针对青年社会化、毕业学生如何顺利进入社会以及特定人群（如残障人士）如何融入主流社会等问题。随着改革开放进程的深入，青年群体社会融入问题的范围发生了较大的变化，出现了一些新的问题。比如，随着大量农村人口进城务工，出现农民工如何顺利融入城市问题，这一融入过程包括了城市社区对农民的接纳、农民工自身的认同转变、农民工的子女融入等问题；随着香港、澳门的回归和“一国两制”的实行，港澳地区青年的国家认同和民族认同问题开始浮现；

① 陈成文、孙嘉悦：《社会融入：一个概念的社会学意义》，《湖南师范大学社会科学学报》2016 年第 6 期。

随着海外留学群体规模的快速扩大和近年的归国就业热潮，留学生群体回国之后如何融入的问题开始浮现；更重要的是，随着社会的发展，青年群体内部开始出现收入、职业、社会地位差异的分化，形成了边界较为明显的子群体，这些群体如何有机地融入社会成为新的问题。此外，互联网在近年的高速发展中带来了网络文化的流行，从而对现实中的青年群体分化起到了推波助澜的作用，“官二代”“富二代”“白富美”等网络话语的兴起表明青年群体正面临着分化的局面。出于上述原因，社会融入问题就成为一个多领域、多层次的问题，其中既有人们经常提到的青年在成长过程中社会角色的转变问题，也有农民工这样特定群体的融合问题，更有深层次的不同社会群体如何在文化层面整合的问题。

三　不同青年社会群体参与和社会融入的现状

14～35 岁的青年群体涵盖了学生和就业群体这两大群体。对于学生来说，社会融入的问题主要是社会实践问题，同时由于学生社团在高校中十分普遍，学生的社会参与主要通过社团这一平台进行，这一自组织现象值得关注。而对就业群体来说，由于我国长期以来存在着户籍制度，同时存在多种经济成分，因此劳动力市场存在着明显的分隔。基于户籍和劳动力分隔，可以区分出较为明显的几个群体，比如说，公务员、国有企事业单位人员、农民工等，这些不同类别的人员在收入水平、社会保障等多方面存在着明显差异。即使随着近年户籍制度的改革以及高等教育制度的改革，这些差异有所变化，但这几类人员之间的差别仍然是明显的。基于上述情况，我们选取了学生、新生代农民工、新兴青年群体来开展有关青年参与和社会融入的研究。

（一）新生代农民工群体

新生代农民工群体主要指 1980 年以后出生、户籍为农村同时又在城镇就业的这一群体。据国家卫计委流动人口监测中心的最新数据，我国新生代流动人口在2016年已达64.7%，成为流动人口中的主力军。其中，在16～59岁的劳动年龄流动人口中，“80后”占到56.5%，“90后”占到18.7%，两者的比例均呈上升态势。[①] 而新生代农民工是新生代流动人口的重要组成部分。本项研究对新生代农民工的社会参与状况有如下发现。

1. 新生代农民工的社会参与状况不容乐观

本书中的《中国新生代农民工的社会参与研究报告》一文利用中山大学主持的“2016年中国劳动力动态调查”数据分析了新生代农民工的社会参与情况。研究发现，新生代农民工社会参与总体得分仅为59.2分，不仅低于老一代农民工（62.1分），而且与其他劳动力群体相比也处于相对落后的位置，新生代农民工的社会参与状况仍不容乐观。

从社区关系看，与老一代农民工相比，新生代农民工的社区关系更加松散，呈现原子化的特征。新生代农民工的社团和社会组织参与度不高，社会组织参与多样化程度较低，参与组织活动的积极性也不高。从个人关系看，新生代农民工的社交半径不再局限于亲缘关系和地缘关系，“弱关系网络”的重要性有所上升，友缘关系和业缘关系成为新生代农民工最为重要的社交网络，新生代农民工的社会交往范围进一步拓宽。同时，研究还发现，新媒体的广泛运用也有利于拓宽农民工意见表达的空间，促进新生代农民工的社会参与。新生代农民工可以通过微博、博客、论坛走向公共空间，参与公共问题的讨论，同时通过QQ、微博等即时通信软件来建立和维持异地关系网络。

2. 新生代农民工的政治参与意愿高，但基层民主参与度低，存在激进政治参与的风险

《中国新生代农民工的政治参与研究报告》一文使用“2015年中国社会状况综合调查”数据（CSS 2015），分析了新生代农民工的政治参与意愿和政治参与行为。研究发现，新生代农民工对制度化政治参与的途径了解有限，参与情况更少也更不积极，但有较强的表达意愿，甚至有更强的非常

① 国家卫计委：《中国流动人口发展报告2017》，中国人口出版社，2017。

规、非制度化参与意愿。

数据分析结果表明，新生代农民工中，共产党员的比例为7.81%，与老一代农民工（7.8%）相当，但远低于新生代城市劳动力，仅约为其（22.16%）三分之一。新生代农民工中有28.31%在近三年来参与过政治讨论，比例低于新生代城市劳动力（38.88%）；相对于老一代农民工，新生代农民工更少直接向政府部门反映意见，他们中只有5.83%近三年来有向政府部门反映意见的经历，新生代农民工近三年来有上访经历的比例达到4.98%。相比老一代农民工和新生代城市劳动力，新生代农民工相对更倾向于采用非常规的方式与政府部门互动。

出现上述情况的主要原因在于，教育水平提高使得新生代农民工的政治素养相对老一代农民工更高。然而，老一代农民工由于年龄、习惯、乡村认同感等多方面的影响，其参加基层民主的积极性要高于新生代，实际行动上参与度也较高。除此以外，观念上的差异也是新生代农民工特有的政治态度形成的重要原因。新生代对政治参与空间的诉求更高，对政府与社会的评价标准也相对较高，而这也可能导致这一群体在实际政治参与中更易受这些态度的影响，从而在方式的选择上相对更为激进。因此，有针对性地加强对新生代农民工在政治参与方面的宣传，引导他们参与制度化的政治活动，对新生代农民工更好地发出自己的声音以及融入城市社会有重要意义。

3. 新生代农民工的文化融入处于一种“半融入”状态

《中国新生代农民工文化融入研究报告》一文使用中山大学主持的“2016年中国劳动力动态调查”数据分析了新生代农民工的文化融入情况。研究将新生代农民工的文化融入分为三个维度：职业文化融入、社区文化融入和观念文化融入。其中，职业文化融入指新生代农民工在工作上的文化融入，包括工作氛围和工作目的；社区文化融入指的是新生代农民工对居住社区的文化融入，包括社区熟悉程度、地方语言使用和本地好友数量；观念文化融入是指新生代农民工在精神观念层面的融入，观念文化的融入则体现农民工对城市文化的适应程度。

研究分析发现，新生代农民工的社会融入处于一种“半融入”的状态。新生代农民工文化融入明显优于老一代农民工，处于城乡过渡中的中间位置。从融入指标的得分来看，如果以新生代农民的得分为0分、城镇劳动力的得分为100分，则新生代农民工的融入得分为44.3分，老一代农民工的得分为-22.5分。

而从具体维度来看，新生代农民工在职业文化融入上整体较好，他们在工作目的与工作氛围的融入上都呈乐观状态，新生代农民工不仅重视工作的收入，也看重工作的自我价值实现程度；新生代农民工的社区文化明显处于一种过渡状态，他们对社区的熟悉程度弱于老一代农民工而强于新生代城镇劳动力；在观念文化融入上，新生代农民工的文化能力和文化观念的融入趋势良好，对比老一代农民工也有所提高。

此外，研究发现新生代农民工的性别、年龄、教育程度、来源地、迁移状态会显著地影响他们的文化融入程度，而职业身份、收入影响则较小。具体来说，新生代男性农民工要比女性的文化融入更好；而年龄越大，教育程度越高的新生代农民工越容易融入城市文化。我们认为，出现这种情况的原因在于，年龄和文化程度越高，新生代农民工的社交经验与能力也越强，而迁移距离越远，越容易呈现新生代农民工的内部抱团问题，这导致了文化融入较差。

新生代农民工的文化融入具有双向性，即新生代农民工在保留自身农村文化，同时在承认、重视城市文化与农村文化的差异前提下，尊重、协调城市文化与农村文化，在已有的文化基础上形成新的生活方式、文化心理、价值观念等，最终融入城市生活。在这一过程中，国家、社会、企业和新生代农民工个人都应该采取积极措施以促进文化融入。国家可以考虑在制度上保障新生代农民工享有与城市居民同等的权利，社会应该在文化上增加产品供给，企业应加强文化培训，为新生代农民工提高职业技能、提高就业能力提供良好的文化平台，提高其职业效能，以促进文化融入；对于新生代农民工个人而言，则应对文化融入持积极态度，努力提高自身文化知识水平和专业技能，积极参与城市文化建设。

4. 农民工参与正式组织的比例较低，参加情感性自组织的比例较高

农民工在发生劳动力转移之前，在农村是明确归属于村庄共同体的，并且有血缘关系、地缘关系等先赋性社会关系网络对个人进行支持同时也给予制约。但农民工流动外出进行非农转移之后，“去组织化”问题比较突出。《2016 年农民工监测调查报告》显示，农民工总体上被工会吸收的比例仅为 11.19%、农民工经常参与工会活动的比例低至 2.38%。在农民工参加正式组织水平低下的情况，外出务工的农民工怎么解决自己的社会交往需求与权益维护、情感关怀等网络支持问题值得引起重视。《中国新生代农民工自组织研究报告》应用中山大学“2016 年中国劳动力动态调查”数据和研究者在全国多地的实地调查结果，分析了农民工的自组织情况。调查发现，参加老乡会等情感性自组织是目前农民工自组织的主要模式。

农民工老乡会的组建动机较为纯粹、简单，组建过程比较随意、自然。在组建时往往以地缘关系、业缘关系等社会关系网为路径，具体组建与筛选的过程受性格偏好、业余爱好与趣缘关系等因素的影响。未婚恋的新生代农民工往往更容易在工友中形成老乡会，从职业上讲，制造业工人、餐饮服务业的服务员工等往往更容易在工友中形成老乡会，而美容美发师、售楼小姐、汽车销售等销售行业的新生代农民工更容易在居住地形成老乡会。从规模上看，新生代农民工老乡会与趣缘群体的组建规模都比较小，最小的可能只有 2 个人，最常见的 4 ~8 人，能够达到 10 人以上的算规模性的老乡会或趣缘自组织了。即使 10 人以上的规模性自组织，互动频率高、态度积极的自组织成员往往也就是 2 ~4 人。

从新生代农民工自组织的发展过程来看，顺其自然的居多。参与活动的新生代农民工一般没有明确的“组织”概念，他们的感觉与出发点就是年轻人一起玩玩，大家相互做个伴。没有明确工具性目的的纯粹交往、大家一起玩是自组织能够发展、持久存在的常态。这是跟正式自组织在运转程序上的不同。新生代农民工自组织的活动、互动主要是在业余时间进行。

从新生代农民工非正式自组织的功能来看，新生代农民工在婚前通过参加自组织来排解孤独、寻求交往、共同游玩；有了婚姻家庭之后，在子女上

学、家人生病、夫妻矛盾、经济困难等家庭性事务上往往通过老乡会成员等熟人来给予信息交流、情感支持甚至经济支持等干预来实现彼此的互助。在这一过程中，新生代农民工中产生较强的“我群体信任”。相对于阶层差异明显、地位悬殊的城里青年人而言，这种“我群体信任”让参与自组织互动的新生代农民工产生了组织归属感、社会获得感，其与社会他群体之间的对比形成“物以类聚、人以群分”的格局。这在一定程度上削弱了新生代农民工的相对剥夺感、社会排斥感，进而达致社会心理平衡。同时，新生代农民工自组织在很多时候具有安全阀功能。新生代农民工往往更追求平等，更向往自由、公正的生活环境，但同时也会在社会中遭遇一些社会不平等、不公正、排斥、歧视等，由此往往产生更多的逆反心理与不公平感。从社会心理学的安全阀机制理论的角度讲，新生代农民工因遭遇排斥而产生的相对剥夺感、不公平心理需要通过对信任对象的诉说达到心理上的平衡，农民工情感性的自组织在很多时候扮演了这一角色。

（二）大学生群体

自20世纪末的高等教育扩招以来，我国高校在校学生数持续上升。根据国家统计局的数据，2016年我国在校的普通本专科学生人数达到2696万，在校研究生（包括硕士研究生和博士研究生）达到198万。而在1999年，在校的普通本专科学生和研究生人数分别仅为413万和23万。高校学生规模的快速扩张一方面给毕业生就业带来较大的压力，另一方面也给校方的管理提出了较大挑战。《规划》要求“学校教育要支持青年学生开展各种课外和校外活动，加强对青年学生社会融入的针对性指导，促进青年学生学会生存生活，学会做人做事，主动了解社会、适应社会”。同时，《规划》还要求“加强对青年社会组织的政治引领，完善党委和政府与青年社会组织沟通交流机制，把对青年社会组织的管理和引导纳入法治化轨道。改进对青年社会组织的联系服务，充分发挥共青团和青联组织作用，通过资金支持、提供阵地场所、培训骨干人员等方式扶持青年社会组织健康发展”。

1. 大学生“三下乡”活动方兴未艾，未来发展空间巨大

大学生“三下乡”活动的全称是“全国大中专学生志愿者暑期文化科技卫生‘三下乡’社会实践活动”。自1997年大学生“三下乡”社会实践活动在全国范围内正式启动以来，至今已经走过21年的发展历程，并吸引了广泛的社会关注，成为高校实践育人的重要形式。

近五年来，“三下乡”暑期社会实践活动全国重点团队的数量从2013年的800个上升到2017年的1500个。省级重点团队数量和校级重点团队数量在2017年分别达到了8800支和10.5万支，参与人次达到777.5万，在组织开展的专项实践活动上，参与学生达到4.6万人次。新华社、《人民日报》、《中国青年报》等新闻媒体以及各级地方媒体报道2.7万条（次）；新华网、人民网、中青网、中青在线等网络媒体集中发布报道约5500多条（次），累计阅览量达4.4亿人次；团中央学校部官方微信公众号阅读量达84.4万人次，涨粉近87万；团中央学校部官方微博累计阅读量13.1亿人次。此外，团中央学校部联合新华网、人民网、中国青年网和中青在线在2017年开展了“镜头中的三下乡”活动和“千校千项”成果遴选，参与高校约1600所，参评作品近8.6万份，申报学生近2.2万人，互动学生达1019万人次。

尽管大学生“三下乡”取得了丰硕的成果，积累了丰富的经验，但是在很多环节上仍然存在不少问题。一是学生的参与率有待进一步提高，2016年7月，中国高校传媒联盟面向全国141所高校的调查结果显示仍有三成多的大学生受访者未曾参加“三下乡”暑期社会实践。二是实践项目与专业联系度不高，缺乏对实践地农村和农民实际需求的深入了解。三是经费支持不足。四是在实践活动的表彰环节上对优秀组织、优秀团队和优秀个人的评选方法和评选标准都缺乏明确统一的参考依据。这种相对随意的考核方式，影响了大学生参加社会实践活动的积极性。

2. 大学生温和型政治参与的意愿较高，政治参与情况总体良好

自1977年恢复高考以来，大学生参与政治始终是一个全社会关注的问题。《当代中国大学生政治参与分析报告》采用中国社会科学院社会学研究

所主持的“中国大学生就业、生活及价值观追踪调查”数据，从大学生是否参与过与周围人讨论政治、是否参与过在互联网上讨论政治、是否参与过向政府部门反映意见、是否参与过到政府部门上访、是否参与过示威游行、是否参与过罢工罢市罢课等行动，以及在微信朋友圈发送什么样的话题等七个方面分析了大学生政治参与的情况。

研究发现，大学生中政治面貌以共青团员为主，占到了80.65%，中共正式党员占总数的8.93%，中共预备党员占总数的5.66%。就政治问题的讨论来说，66.23%的大学生参与过与周围人讨论政治，25.71%的大学生在网上讨论过政治问题，9.47%的人表示曾经向新闻媒体写信反映意见，7.66%的大学生曾经向政府部门反映意见。此外，调查数据分析发现，表示参加过向政府部门上访的占总数的4.97%，参与过示威游行的占总数的4.23%，参与过罢工、罢市、罢课等行动的占总数的4.18%，这说明在相对稳定的经济社会发展环境中，绝大部分大学生群体不会采用激进的政治参与行为来表达自己的意见。基于上述数据，可以得出以下三点判断：第一，当代大学生政治参与热情较高。第二，当代大学生温和型政治参与的意愿较高。第三，青年政治参与总体良好，类型、途径丰富，线上与线下政治参与并行。

进一步的分析表明，中共正式党员、中共预备党员、入党积极分子与周围人讨论政治的比重较高，而政治面貌为群众的相对较低。同时，政治面貌为其他、群众等的青年参与过在互联网上讨论政治问题的比重要高于中共正式党员、中共预备党员等政治面貌的青年。而从性别来看，无论是线上政治参与，还是线下政治参与，男性的比例都要高于女性。线下政治参与的男性比例为74.9%，女性比例为69.5%，两者相差5.4个百分点；线上政治参与的男性比例为31.5%，女性比例为23.1%，两者相差8.4个百分点。从户籍来看，不同户籍类型的大学生线下政治参与行为基本趋同，而线上政治参与存在一定差异，即非农业户口大学生线上政治参与程度比农业户口大学生的更高。从学生参与组织的情况来看，加入过学生社团的大学生政治参与度要高于没有加入过学生社团的，而且曾经担任过学生社团组织者（骨干、

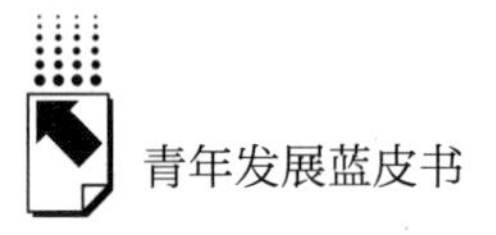

积极分子）的大学生线上、线下政治参与程度在所有大学生群体中是最高的。

针对当前我国大学生政治参与的特点和现状，《当代中国大学生政治参与分析报告》一文的作者认为，应该加强对大学生政治参与的规范和引导，丰富和畅通大学生政治参与的渠道，重视我国当代大学生线上参与和线下参与这种“政治参与不一致”现象的潜在影响，强化学生社团、社会组织对大学生政治参与的引导、培育作用，加强青年“强国一代”的思想宣传，激活大学生的青春活力，从而促进大学生政治参与的健康发展。

3. 高校社团自组织体系蓬勃发展，对社会建设实践具有重要启发

高校学生社团成为校园文化活动生产的主体，也是学生课外互动的重要平台，对大学生的成长和发展具有不可忽视的影响。高校党委及共青团对这些学生组织的治理为党依托群团组织联系各种社会力量、推动社会组织发展、开展社会建设实践提供了启发。

对高校社会组织发展研究的重视具有特定的时代背景。十七大后，社会建设成为党引领社会再组织化的抓手，“枢纽型社会组织”得到重视；十八大以后，群团组织改革、商事改革等全面推进，为社会的再组织化提供了新的机遇。高校学生社团的蓬勃发展与大学生群体及大学校园环境特征有关，契合了大学生发展的需要，同时与教育管理部门试图加强校园文化建设、创新思想政治工作的尝试不无关系；此外，共青团作为党联系青年的重要桥梁，在高校学生社团的发展中发挥的作用也不容忽视。从治理的意义上来说，现行的高校学生社团的管理办法是国家为在新的历史时期加强对多种社会力量的统合和联系而进行的适应性调整的产物。高校社团的发展对未来的社会具有重大的影响，这是因为，随着社会经济发展和城市化的推进，中产阶层逐渐成为社会中坚力量，而大学生又是这一中坚力量的关键来源，在高校学习期间习得的组织技能和理念将伴随其毕业后的一生，并成为这一代人的重要特征，对未来社会的再组织化影响巨大。

进入21世纪后，自发成立的学生社团在高校大量涌现。有研究显示，2006年全国高校社团超过45000个。目前，高校学生社团成为校园文化活

动生产的主体、学生课外互动的重要平台。更重要的是，学生社团的发展也为共青团改革和高校团委转型发展提供了机会。首先，学生结社的政治风险提高了共青团大学生工作的必要性和重要性。其次，学生社团的发展，极大改变了高校团委的内部组织构架和基层组织体系。高校团委通过社团联合会管理几十甚至几百个小社团组织，覆盖大多数学生，名副其实成为“枢纽型”社会组织。最后，学生社团的发展为高校团委转变为“学生课外活动指导中心”、向专业化青年工作发展创造了条件。通过整合社团活动、社会实践、公益活动、创业创新活动，建立了“第二课堂”成绩单制度，明确了其在高校“大思政”工作格局中的位置，超越了原有的政治合法性。

高校学生社团发展和治理历程为全社会社会组织的发展和治理提供了经验。首先，国家和社会要逐步就社会组织不可触碰的红线和边界达成共识，严厉打击越界行为。其次，要给予合法社会组织以“政治信任”，积极保护社会组织合法权益。最后，营建社会组织发展所需要的制度和条件，为社会组织表达利益诉求、参与治理提供渠道和平台。通过资源支持、资金支持，让各种社会组织置身于一种竞争性的、互相制约的组织生态系统中，为社会组织的发展和城市文化发展创造条件。

（三）新兴青年群体

改革开放以来，我国社会阶层出现新老演化，产生了“蚁族”（未稳定就业大学毕业生）、“洄游”（返乡青年）、城市新移民等诸多新的社会阶层（也称新兴青年群体）。习近平总书记在党的十九大报告中指出：做好新的社会阶层人士工作，发挥他们在中国特色社会主义事业中的重要作用。2016年7月和9月，中央统战部和共青团中央分别组建了专门面向新的社会阶层人士的工作部门，为加强政治引导和阵地统战迈出了坚实的一步。《当代中国新兴青年群体发展调研报告》一文正是在这样的背景下对新的社会阶层人士开展了调研工作。

新兴青年群体有7000余万人，主要包括四个子群体：私民营企业和外资企业管理技术人员、中介和社会组织从业人员、新媒体从业者和自由职业者。新的社会阶层中70%左右是40岁以下的青年人。新的社会阶层人士具有显著的人口和社会特征，他们年龄较轻且普遍为80后群体，接受本科以上教育的比例较高，政治身份在各个子群体中的分布情况略有差异，但总的来说是“三三制”，即党员、团员、群众各占三分之一左右。从整体上看，新的阶层人士属于典型的中等收入人群，他们的平均收入水平和全国相比，处于中等偏上水平，从事的劳动多为“智力劳动”，依靠专业技能生存。在空间分布上，新兴青年群体主要分布于京津冀、长三角、珠三角等城市群中的核心城市，在邻近的卫星城市也有分布。从组织化的程度来看，新兴青年群体追求个人的自由与个性，工作具有较高的自主性与灵活性，他们在体制内的政治组织和社会组织中参与度较低，而对体制外的社会组织兴趣浓厚，青年自由职业者约有五分之一（21%）参加了兴趣类社会组织，15.8%为实现个人价值参加了行业组织，15.4%为更好地服务社会而参加了公益志愿组织。与其他青年群体相比，新兴青年群体尚未处于社会的中心，受关注程度不高，共同的难题是人难找、人难统、人难聚。因为游离于体制之外，他们往往成为制定政策中的“盲点”。新兴青年群体支持现有的政治和经济体制，但由于不具有“体制内”的身份，加上社会保障不充分，对自身未来的发展较为担忧。

在政治态度上，新兴青年群体政治价值观整体呈现积极向上的态势。在政治制度信任感方面，绝大多数新兴青年群体对制度先进性、民主满意度和党的领导力表示认同。新兴青年群体对政治制度信任感、执政效能和政府信息权威性的满意度（百分制）分别为85分、82.3分、75.8分，新兴青年群体对民生建设非常关注，这一群体所面临的问题主要集中在“看病难、看病贵”（医疗）、“上学难、资源少”（教育）、“房价高、保障低”（住房）等方面。同时，新兴青年群体内部在对一些问题的态度上也表现出差异。就对政治制度的认可来说，随着学历的提升，对政治制度的认可度越来越高。比如，博士对“社会主义制度”的认可度（81.6%）高于硕士（80.2%）、本科（76.2%）和大专（70.2%），非海归新兴青年群体对“社会主义制度”的认可度（94.0%）高于海归（87.7%）。此外，政治身份和管理身份也对政治态度具有影响，党员和管理人员显示出更强的发展自信和更高的模式认同。

总的来说，在单位制解体、个体解放和社会化转型的过程中，新兴青年群体大量涌现已经成为当今社会不容忽略的事实。对这部分人群，团组织要转变传统的服务管理观念，到社会中以社会工作的视野和思维开展工作，在服务过程中实现对新兴青年群体的吸纳和整合。

四　青年社会融入和社会参与的几个具体问题

（一）青年志愿者发展

从 1993 年至今，中国志愿者事业的发展历经发起实施、发展建设、深化推进、优化提升和开拓创新五个阶段。近 10 年来，青年志愿者注册人数快速增长，规模迅速扩大，据“志愿中国”信息系统的大数据中心统计，截至 2017 年底，该系统的注册志愿者达到 6385 万余，其中 14 ~ 35 岁的志愿者比例达到 92.04%。以志愿者项目为依托，我国的志愿者事业有了明显发展，志愿者精神得到进一步的传播。以中西部志愿者项目为例，截至 2017 年，累计选派了 27 万余名青年志愿者到中西部 22 个省份及新疆生产建设兵团的 2100 多个县市区旗开展基层服务。全国 19 个省（区、市）和兵团共实施地方项目 24 个，招募地方项目志愿者 11576 人。此外，志愿服务的组织化、系统化程度越来越高。截至 2013 年 11 月底，在全国各省（区、市）、主要行业系统以及所有市（地、州、盟）、2763 个县（市、区、旗）和 2000 多所高校建立了青年志愿者协会，并建立了 13 万个志愿服务站（基地），形成了比较完善的志愿服务组织体系。

青年人是注册志愿者的主要构成群体。在“志愿中国”平台上，14 ~ 35 岁的注册志愿者占到 70.41%。在青年注册志愿者中，男性青年注册志愿者达到 2191 万余，女性青年注册志愿者达到 2304 万余，男性略低于女性。青年志愿者通过手机移动端进行注册的比例接近五成，与官方网站的注册量持平。“志愿中国”的统计数据显示，注册志愿者中的活跃志愿者比例为30.21%。在活跃志愿者中，比例最高的是青年群体，比例达到65.1%。从提供服务的情况看，青年群体每月平均提供10.4次服务。

志愿者的快速发展和良好的制度环境有关。包括中央文明办、民政部、团中央等部门在内的政府机构制定的各项规章、办法，对进一步指导、规范和促进青年志愿服务发展，构建我国青年志愿服务事业长效发展工作机制，形成良好的制度环境等具有极其重要的意义。为了促进志愿者服务的不断发展，一是需要进一步加强志愿者工作相关管理部门的自身建设，优化合作关系和部门工作运行程序；二是需要完善社会动员机制，提高注册青年志愿者活跃度，提升青年志愿者服务质量；三是需要完善对青年志愿者服务组织的管理，提升志愿者服务组织的制度化；四是需要加强青年志愿者的技能培训工作，提升青年志愿者的专业服务能力和服务水平。

（二）青年社会组织发展

青年社会组织的发展一方面基于社会组织的整体性发展，另一方面又与群团组织的发展息息相关，这决定了关于青年社会组织发展回顾的两大源流。改革开放以来，我国社会组织的发展历程可大致分为复苏发展期（1978～2001年）、稳定发展期（2002～2012年）、增速发展期（2012年至今）。这三个阶段实际上也是政府从管理和监管视角对社会组织的认知不断变化和发展的过程。而从群团组织发展的视角看，其发展历程则是其功能定位在中国共产党和群众之间不断调整的过程，对“中国共产党—群众”这一类型关系的调整构成了群团组织发展和改革历程的核心内容。大致来说，也可以分为三个阶段，即1978～1992年、1992～2002年以及2002年至今。这三个阶段主要是“中国共产党—群众”关系从政党领导型向法规型转变的过程，并在实践层面逐步落地。十八大以来关于群团组织改革提出的强“三性”（政治性、先进性、群众性）和去“四化”（行政化、机关化、贵族化、娱乐化）实际上体现了这一转换的进程。有一个很好的案例可以用来描述这一转换进程，那就是目前在全国各地广泛推广的“青年之家”类的社区青年服务组织。

共青团中央自2003年开始，在全团集中推进了青年中心的建设。青年中心是指在城乡基层团委的领导和指导下，以青年自主管理为基本模式，以35岁以下的团员青年为主要服务对象，以现代信息技术为主要服务手段，以服务青年成长发展为主要目标的社区型青年组织。这些组织在有的城市称为“青年之家”，在有的城市称为“青年活动中心”。2014年以来，团中央先后出台了《关于全面推进青少年综合服务平台建设的通知》《关于支持各地加强青少年综合服务平台建设的通知》《关于开展示范性青少年综合服务平台创建活动的通知》等文件，全面部署和推进“青年之家”建设。从2015年起，团中央连续每年建设100个左右全国示范性青少年综合服务平台、1000个左右省级示范性青少年综合服务平台和一大批地市级示范性青少年综合服务平台。截至2017年底，已经实现全国每个区县都有省级以上示范性青少年综合服务平台的计划。全国所有城市街道和东部地区80%、中部地区60%、西部地区50%的乡镇都已经依托团组织建成1个以上的“青年之家”综合服务平台。实践证明，“青年之家”这一基层社区组织作为服务青年的平台，打通了联系服务青年的“最后一公里”，适应青年从单位人变成社会人、再组织化的趋势，成为基层团组织对青年、对青年社会组织进行组织覆盖和工作覆盖的重要载体，成为全社会面向青少年群体开展服务引导的重要平台。

（三）青年网络参与

互联网在20世纪90年代在中国进入民用，而后得到了飞速发展。《第41次中国互联网络发展统计报告》数据表明，截至2017年12月底，我国网民达到7.72亿，使用手机上网的网民则达到了7.53亿。粗略估算，14~35岁的网民约占网民的50%。青年网民是使用互联网的主力军，具有接受新生事物能力强、观念前卫、行为紧跟甚至带动潮流等特点，其网络参与的主要活动涵盖了网络政治参与（网络公共参与）、获取信息、维系社交、连接日常生活（购物、支付、娱乐）等诸多内容。从青年社会参与的视角来看，青年的网络参与行为有几个方面值得关注。

一是青年通过网络参与公共事务。互联网在诞生之初即被人们认为是一个天然的公共空间。从早期的 BBS 到后来的博客和微博，互联网成为人们表达态度和观点的重要场所，尤其是随着互联网的普及和移动互联网时代的到来，网络舆论逐渐成为最重要的舆论中心。在中国互联网发展的历史上，曾经先后出现“孙志刚事件”“华南虎事件”“邓玉娇事件”等著名的网络事件。这些网络事件表明，网络不再仅仅是一个在线的交流平台，而逐渐成为现实生活的一部分，线上和线下的区隔逐渐融合。本项研究中的大学生、农民工、新兴社会阶层等都不同程度地把网络作为表达观点、争取权益的重要渠道。

二是青年通过网络构建青年文化。作为网络的原住民，80 后、90 后的日常生活与网络密不可分，基于网络活动，青年群体形成了独特的网络文化，并对既有文化形成冲击和补充。无论是早期出现的“打酱油”“叉腰肌”“很黄很暴力”等网络流行语，还是 90 后独创的“火星文”或者最近流行的“佛系”文化，都表明网络文化是观察青年、理解青年和帮助青年成长的重要途径。

三是网络动员与社会运动的关系。网络接入的普遍性、网络信息传播的即时性以及网络社区的存在，使得网络成为一个天然的社会动员工具并成为群体性事件的新风险源。2010 年突尼斯的“茉莉花革命”，2011 年的伦敦骚乱以及美国的“占领华尔街”运动等，其中都存在着网络动员的身影。而在 2012 年，什邡青年在一场反对环境污染的社会运动中喊出的“我们可以牺牲，我们是 90 后!”这一口号当年迅速传遍网络，引发了极大的社会关注。

五　结语

青年是整个社会力量中最积极、最有生气的力量，他们的社会融入和社会参与深刻影响社会的发展走向，预示着国家和民族的未来。扩大青年社会参与、推动青年社会融入是青年工作指导方针中的一项重要内容。在经历40年改革开放历程之后，中国经济和社会发展取得巨大的成就，但同时我们应该看到伴随着总体性社会转型出现的社会建设滞后局面。在个体参与行为日益由被动员转向自主的趋势下，如何引导青年社会组织健康发育、促进青年健康地再组织化是当前和今后一段时间内的重大理论和实践问题。持续关注青年的社会融入和社会参与，加强对青年社会融入和社会参与的研究，是帮助青年成长、促进青年发展的一项长期工作，政府、社会各界和青年应各尽其能、各负其责、协同行动，共同促进这一事业的发展。

参考文献

陈成文、孙嘉悦：《社会融入：一个概念的社会学意义》，《湖南师范大学社会科学学报》2016年第6期。

国家卫计委：《中国流动人口发展报告2017》，中国人口出版社，2017。

赵联飞：《现代性与虚拟社区》，社会科学文献出版社，2012。

群　体　篇

Subgroups Reports

B.2
当代中国大学生“三下乡”社会实践活动发展报告

刘保中*

摘　要： 大学生“三下乡”是我国高校实践育人的重要形式。自1997年大学生“三下乡”社会实践活动在全国范围内正式启动以来，至今已经走过21年的发展历程，取得了显著的发展成效，吸引了广泛的社会关注，在大学生群体中产生了较大的影响。作为一项正在成长中的实践项目，随着活动的持续深入开展，当前大学生“三下乡”社会实践在社会认同、专业联系、经费保障、科学评估等方面也面临着一系列亟待解决的问题。系统化地推进大学生“三下乡”社会实践长效发展，需要进一步加大社会支持与宣传力度，拓宽和创新社会

* 刘保中，中国社会科学院社会学研究所助理研究员。

实践的内容与形式，健全实践经费保障机制，优化考评机制。

关键词： 大学生 “三下乡” 社会实践

国家《中长期青年发展规划（2016－2025 年）》提出，青年是国家经济社会发展的生力军和中坚力量，要切实提高青年人的教育质量，并把“强化社会实践教育”作为加强青年教育的一项重要内容。作为青年群体中受教育程度较高的大学生，他们接受教育的形式主要是课堂教育，接受教育的内容主要是专业理论知识，因此社会实践教育对在校大学生来说就显得尤为重要。实际上，大学生社会实践已经成为新形势下开展大学生思想政治教育的有效途径，构成了我国高等教育中必不可少的组成部分。各地高校也开展了多种形式的社会实践活动，其中大学生暑期“三下乡”活动是当前大学生非常重要的社会实践活动形式。

大学生“三下乡”，全称“全国大中专学生志愿者暑期文化科技卫生‘三下乡’社会实践活动”，① 是针对大学生在每年暑期开展的“文化”“科技”“卫生”服务下农村的社会实践活动。参加暑期“三下乡”社会实践活动的大学生通过一系列实践项目，以志愿者的身份深入农村、基层社区等特别是贫困落后和欠发达地区，在实践中受教育、长才干、做贡献，体验基层民众生活，传播先进文化和科学理念，并结合农村基层社会发展实际，调研基层社会现状，帮助解决农民生产生活中的各类实际问题，服务农村社会经济发展。

自 1997 年大学生“三下乡”社会实践活动在全国范围内正式启动以来，至今已经走过 21 年的发展历程，取得了显著的成效，并吸引了广泛的社会关注，“三下乡”已经成为大学生服务基层、高校联系农村的“亮丽名片”。“三下乡”是高校实践育人的重要形式，随着经济社会的不断发展，

① 除大学生以外，“三下乡”暑期社会实践活动的参与者还包括了中职中专学生，这一部分学生的比例相对较小，本报告主要考察大学生参加“三下乡”实践活动的情况。

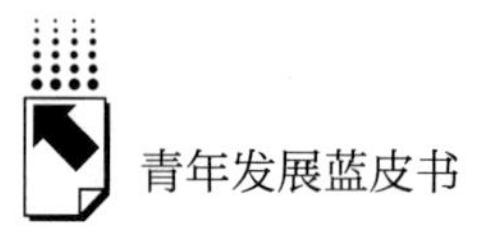

新时代对大学生“三下乡”社会实践提出了更高的要求。本报告在简要回顾大学生“三下乡”社会实践活动发展历程的基础上，描述了“三下乡”社会实践活动的主要特征与发展现状，分析了该项活动当前面临的主要问题与挑战，并对推动大学生“三下乡”社会实践活动的长效发展提出了对策和建议。

一 大学生“三下乡”社会实践活动的简要发展历程

大学生“三下乡”暑期社会实践从无到有，从小到大，先后经历了从萌芽形成到确立推广再到蓬勃发展的历程。改革开放以后，随着我国高等教育改革的发展，大学生社会实践活动逐渐兴起，其育人价值也逐渐得到党和国家以及各高校的认可，在高等教育体系中逐渐发挥重要作用。在20世纪90年代，以科技文化服务为主题的大学生暑期实践活动开始出现并得到拓展，大学生“三下乡”社会实践活动的雏形开始显现，国家相关部门也开始发布相关规范性的文件规定，暑期社会实践活动逐步朝正规化、制度化方向迈进。

1997年5月，中央宣传部、中央文明办、国家教委、共青团中央、全国学联等部门联合下发《关于开展全国大中专学生志愿者暑假文化科技卫生“三下乡”活动的通知》，标志着大学生“三下乡”社会实践活动在全国范围内正式启动。暑期“三下乡”社会实践活动为大学生参与社会实践提供了新思路和新方向。自此之后，每年暑期数以百万计的大学生以志愿者的身份组成实践服务团队，深入农村特别是贫困落后和欠发达地区开展文化、科技、卫生服务，在实践中受教育、长才干、做贡献。

随着“三下乡”社会实践活动的不断推进，活动的参与面不断扩大，服务层次进一步提高，活动实效逐步加强。1999年6月，共青团中央、教育部共同组织实施了“中国青年志愿者扶贫接力计划研究生支教团”，每年在全国部分高校招募一定数量的优秀大学生到国家中西部贫困地区开展为期一年的支教工作以及相关扶贫服务。2000年“大学生”三下乡社会实践活动又增加了“百支博士团‘三下乡’志愿服务行动”，显著增加了参加“三下乡”活动的博士生数量，有效发挥了高学历人才在服务农村基层以及西部贫困地区发展中的作用。

暑期“三下乡”社会实践活动的发展规模日益扩大，其制度化建设也得到持续完善。2004 年 8 月，中共中央、国务院下发了《关于进一步加强和改进大学生思想政治教育的意见》，该文件进一步明确了以“三下乡”为典型代表的大学生社会实践活动的重要性，并明确指出“社会实践是大学生思想政治教育的重要环节，对于促进大学生了解社会、了解国情、增长才干、奉献社会、锻炼毅力、培养品格、增强社会责任感具有不可替代的作用”。2005 年 2 月，中宣部、中央文明办、教育部、共青团中央联合下发了《关于进一步加强和改进大学生社会实践的意见》，对大学生“三下乡”的总体要求、工作原则、活动内容和发展方向做出了进一步规定，为大学生“三下乡”创造了良好的发展环境，并逐步积极探索建立“三下乡”社会实践发展的长效机制。

与此同时，各高校把组织参与“三下乡”社会实践活动作为大学生素质拓展的重要内容，增强对社会实践的课程化设计，探索建立学分制的社会实践组织模式，将社会实践作为必修课，纳入教学体系，设立学分。

2011 年 3 月，团中央发布了《关于做好“三下乡”社会实践活动基层需求调研工作的通知》，该文件对在新时期如何进一步提高“三下乡”暑期社会实践工作的科学性、系统性和实效性，发挥了重要的指导性作用。文件中指出，按照“按需设项，据项组团，双向受益”的原则，大学生“三下乡”社会实践活动应逐步建立全国、省级、校级三级基层需求调研和对接制度，通过多种方式深入调研、摸清基层实际需求，在此基础上按项目化的工作思路，有针对性地组建、派出重点服务团队。

近几年，随着大学生“三下乡”社会实践活动的深入发展，该项活动的品牌形象和社会影响力建设得到重视。从 2013 年起，《大中专学生志愿者暑期“三下乡”社会实践视觉形象识别系统使用办法（试行）》开始实施，全国重点实践团队在“三下乡”活动开展中都必须广泛使用“三下乡”标识。该办法在此后的几年一直被继续推广实施。“三下乡”演变成为一个重要的校园文化品牌，发挥着重要的示范效应和影响。2015 年，团中央又联合中国青年网、腾讯网、新浪网等开展“镜头中的三下乡”“微视三下乡”等摄影和视频作品评选活动，开展“青春三下乡”等专题的线上活动，进一步宣传和推广大学生“三下乡”活动，在社会层面吸引更广泛的关注。

二 大学生“三下乡”社会实践活动的主要特征和发展现状

（一）大学生“三下乡”社会实践活动的主要特征

作为大学生社会实践活动的主要组成部分，自大学生暑期“三下乡”开展以来，该项活动有组织、有计划、有目的地开展，逐渐成为一项制度化的社会实践活动被固定下来并日臻完善和成熟，其鲜明的特征主要体现在以下几个方面。

1. 组织程序规范，运作模式成熟

大学生“三下乡”社会实践活动每年由中宣部、中央文明办、教育部、共青团中央、全国学联等部门联合下发正式文件加以部署，团中央学校部负责整体规划统筹工作，各省级团委、各高校团委、各院系团总支组织等负责自上而下的贯彻落实和具体实施，所有在校大学生均可参与。在各高校具体组织开展活动上，通常采取项目化运作模式，主要包括了“策划——招募——遴选——培训——保障——评估”等组织环节和管理方式，通过规范化的程序组建和遴选实践团队，经过集中培训和实践筹备后，社会实践团队前往各实践地开展暑期实践活动，在活动结束之后，对实践活动进行评估、总结与表彰。

大学生“三下乡”社会实践活动均是以团队形式组织开展的，由学生自发组建团队并申报感兴趣的项目。在团队规模上，图 1 显示，[①] 拥有 1 ~ 3

① 图 1 数据来自 2016 年 7 月由中国高校传媒联盟面向全国 141 所高校 425 名大学生开展的问卷调查。

名成员的团队仅占约一成，相比之下，拥有 3 名以上成员的团队较为普遍，其中，4 ~ 7 人规模和 8 ~ 11 人规模的中型团队分别占 34% 和 21.5%，11 人以上较大规模的团队超过了三成。“三下乡”社会实践的团队合作模式体现在：项目设计、筹备、实践和评比等各个环节都需要团队成员具有团队协作意识和团队合作能力，在取长补短、群策群力、通力合作中，保证实践项目的顺利开展和实践目标的达成。

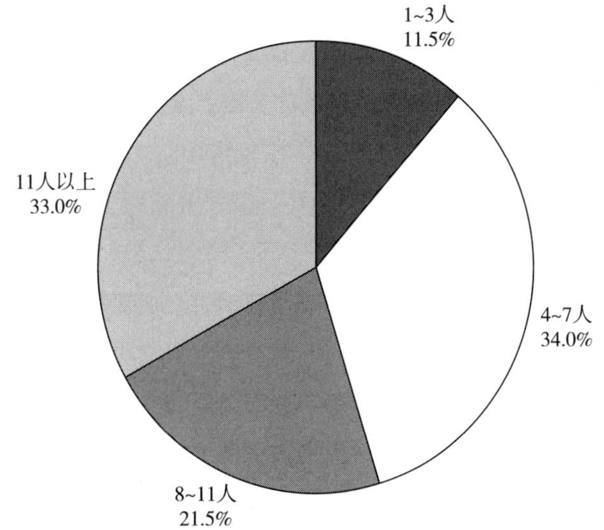

图 1　大学生暑期“三下乡”社会实践团队规模

2. 活动时间较为固定，活动主题体现“与时俱进”

大学生“三下乡”社会实践活动在每年暑期开展，持续时间一般在 1 ~ 2 周左右。每年的“三下乡”暑期社会实践均有不同的主题，主题的设定通常立足于当前国家宏观的经济社会改革发展形势、发展战略和大政方针政策，落脚于青年学生在社会实践中锻炼成长，这表明了“三下乡”社会实践活动既要服务大局，又要满足青年学生成长成才的需要。例如，2016 年暑期“三下乡”的活动主题“青春建功十三五 · 携手共筑中国梦”，既体现出在国家“十三五”开局之年，活动要响应国家改革发展的新思路，助推实现“中国梦”的伟大构想，又表明了青年学子的实践主体特性，即“青

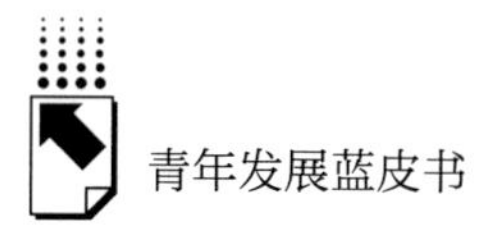

春建功”“携手共筑”。

3. 活动内容丰富多样，以重点团队和专项工作为载体实施

“三下乡”社会实践的服务内容丰富，包括了义务支教、科技扶贫、企业帮扶、环境保护、社会调研、文化宣传、文艺演出、医疗服务、法律宣传等多种形式。重点团队和专项工作是实践活动服务内容的具体载体。每年的“三下乡”暑期社会实践活动会在全国、省级、校级、院系级等层面组建重点团队，在具体的实施过程中，各地各校还可以围绕活动主题，结合本地实际，设计开展多种形式的“三下乡”活动。以2017年为例，除去“中职学生实践团”之外，“三下乡”社会实践设立的全国重点团队包括了“理论普及宣讲团”“国情社情观察团”“依法治国宣讲团”“科技支农帮扶团”“教育关爱服务团”“文化艺术服务团”“爱心医疗服务团”“禁毒防艾宣传团”和“美丽中国实践团”等九类实践团队。这些团队分别偏重于不同种类的实践服务内容。例如“科技支农帮扶团”重点在全国涉农高校和综合院校的涉农院系中招募专业教师和学生，组建100支实践团队，到相关县域与当地农业部门或农广校合作，开展农技人员培训、农业科普讲座、先进农技推广、为农民提供“田间地头”的生产实践指导等服务活动。

除重点团队外，大学生暑期社会实践还会联合政府机构、企事业单位一起开展专项工作，这些专项工作借助合作机构的优势资源和技术力量，设计更有针对性的社会实践活动。例如，2017年实施的“天翼·互联网+教育”调研计划依托中国电信集团公司的资源支持，面向全国高校招募了100支相关专业学生组成了“互联网+教育”宣传志愿团队，深入县城、村镇的中学、小学，开展智慧校园建设辅导、学习经验分享等活动。每支志愿者团队对接当地1~2所高校，进行“互联网+教育”知识传播和理念宣传，普及网络信息化建设的新技术、新成果，开展校园教育信息化状况调研并提供技术支持等，为推动城镇教育信息化建设做出了积极贡献。

（二）大学生“三下乡”社会实践活动的发展现状

经历了多年的经验累积和不断改进，大学生暑期“三下乡”社会实践活动在实践团队数量、参与人数、社会影响力、服务效果等方面均获得了长足发展，在高校学生发展中的地位与作用也日益凸显。

1. 实践团队数量显著增加，参与人数明显增多

图2显示，[①] 近五年来，暑期“三下乡”社会实践活动全国重点团队的数量从2013年的800个上升到2017年的1500个，总体上呈现逐渐增长的趋势，尤其以2017年增幅最为明显，比2016年增长了50%。与此同时，省级重点团队数量和校级重点团队数量在2017年分别达到了8800支和10.5万支，参与人次达到777.5万，在组织开展的专项实践活动上，参与学生达到4.6万人次，比2016年有了较为明显的增长。

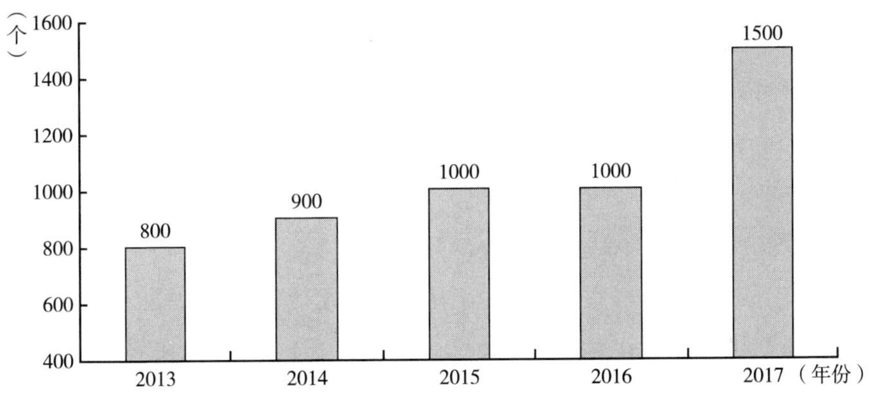

图2　近五年大学生暑期“三下乡”社会实践活动全国重点团队的数量

2. 宣传手段日益丰富，品牌形象和社会影响力快速提升

团中央、各地、各高校逐渐重视对“三下乡”社会实践活动的宣传，注重社会实践成果的总结和分享传播，充分利用微信、微博等新媒体和大众传媒、校园媒体等多种平台，加强对活动中优秀个人和事迹的宣传报道。以2017年为例，新华社、《人民日报》、《中国青年报》等新闻媒体以及各级

① 图2数据来自2013～2017年各年度由中央宣传部、中央文明办、教育部、共青团中央、全国学联联合下发的《关于开展全国大中专学生志愿者暑期文化科技卫生“三下乡”社会实践活动的通知》文件。

地方媒体报道2.7万条（次）；新华网、人民网、中青网、中青在线等网络媒体开设专题网站和主题专栏，集中发布报道约5500多条（次），累计阅览量达4.4亿人次；团中央学校部官方微信公众号发布相关活动图文，阅读量达84.4万人次，涨粉近87万；团中央学校部官方微博发布“三下乡”“喜迎十九大·青春建新功”话题，累计阅读量13.1亿人次，显著提升了“三下乡”社会实践活动品牌美誉度和社会影响力。

2017年，团中央学校部联合新华网、人民网、中国青年网和中青在线开展“镜头中的三下乡”活动和“千校千项”成果遴选，参与高校约1600所，参评作品近8.6万份，申报学生近2.2万人，互动学生达1019万人次。该项活动最终评选出300个优秀实践案例、200篇优秀基层故事、200篇优秀下乡日记和300名先进事迹个人，同时分别评选出200个优秀报道奖、优秀视频奖和优秀摄影奖，200名优秀通讯员和优秀指导教师，起到了良好的示范效应和育人实效。

3. 帮助解决农民生产生活实际问题，在服务实践地社会经济发展中凸显效果

大学生是文化水平较高的社会群体，在开展社会实践过程中可以利用自身的文化知识和专业特长，在农村中传播科学文化知识，帮助农民解决他们在生产生活中可能遇到的科技、文化、法律、卫生等现实问题和实际困难。例如，在2015年大学生暑期社会实践中，复旦大学“健康中国西部行”项目关注西部地区的慢性病现状、认知、卫生服务利用及当地县乡卫生一体化进程；上海中医药大学的儿科分级诊疗活动中，大学生利用自己掌握的专业知识为群众提供义诊服务，让更多老百姓得到实惠。

随着互联网时代的全面来临，互联网与经济的深度融合趋势日益加强。在互联网拓宽农产品市场空间、提高农村地区经济发展水平的同时，受到自身知识水平的限制，不少农民在互联网使用上仍旧存在诸多困难，还无法有效利用互联网促进生产和销售。针对农村的这些实际困难，以“互联网+三农服务”为主题的大学生暑期社会实践团队提供了很好的支持作用。在2015年大学生“三下乡”暑期实践活动中，海南团省委组织以“互联网+”思维推动“三农”服务项目，以调研乡镇农村“互联网+”、农业基础设施

条件和主要农产品情况为重点，组织大中学生走访了2104个行政村，调查了5649个农村致富能人和3522位返乡大学生，收集了9438份调查问卷，为农户集中培训互联网、电子上网知识，做了373场“互联网+”、电子商务知识宣讲，为1405名村民做了一对一培训，帮助农户建设和试运营了434家网店和微店，并通过电商平台进行农产品营销。2017年上海交通大学“精准扶贫”之“绿格”保护民勤防沙治沙项目，以及上海电力学院的电商扶贫进大山项目，通过调研实地了解精准扶贫政策的内容、实施现状和效果，编制扶贫优化方案，为“互联网+精准扶贫”的农村经济发展建言献策。

三　大学生“三下乡”社会实践活动面临的主要问题和挑战

大学生“三下乡”社会实践活动经过多年的发展，取得了丰硕的成果，积累了丰富的经验，但是在很多环节上仍然存在不少问题，影响了实践活动的真正效果。分析这些薄弱环节的具体表现和原因，对于有针对性地制定改进措施，进一步推动和完善大学生“三下乡”社会实践活动的发展具有重要意义。

（一）缺乏对社会实践的广泛认同，参与程度仍不够高

大学生“三下乡”社会实践活动由高校共青团委或学生团体组织负责具体组织实施，在校学生均可自愿报名参加，但是从实际效果看，学生的参与状况并不太理想，2013年一项基于江西省6所高校的调查显示，[①] 在包括了不同学历层次的328位大学生被访者中，43.3%的受访者表示从未参加“三下乡”暑期实践。2016年7月，中国高校传媒联盟在全国141所高校中开展的问卷调查显示，仍有大约35%的大学生受访者表示未曾参加“三下

① 廖悦：《大学生“三下乡”社会实践的现状研究》，南昌大学硕士研究生学位论文，2014。

乡”暑期社会实践。

造成大学生“三下乡”社会实践活动参与程度比较低的原因主要有三个方面。一是从学校角度看，教学、升学与就业仍旧是学校的中心任务，社会实践始终居于次要地位，高校对暑期“三下乡”社会实践活动重视程度不够，进而导致高校在资金投入、制度保障等方面的支持力度小；二是从学生角度看，受到在基础教育阶段比较严重的应试倾向的长年影响，学生更关注书本知识和课堂学习，缺乏社会实践的主动性，并不认为社会实践能够带来很大的收获，在内心深处对高校组织开展的社会实践仍存在抵触情绪，导致缺乏参与融入的热情，即使参加也流于形式，不能做到真正深入基层，甚至出现“求盖章”“假证明”等现象；三是从“三下乡”自身的实践性质来看，大学生“三下乡”活动采取项目化方式运作，由学生申请组建实践团队，在实践团队数量限制和实践资金支持有限的情况下，大学生“三下乡”活动往往成为以学生干部、特长学生等为主参加的“精英实践”，严重制约了暑期社会实践的覆盖面和影响力。

（二）实践项目与专业联系度不高，缺乏对实践地农村和农民实际需求的深入了解

“三下乡”社会实践活动作为课堂与社会的重要联系机制，旨在实现专业理论与社会实践之间的契合，使大学生在了解社会和服务社会的同时，提高专业化能力。然而，现实的情况却是多数实践项目内容与专业联系不紧密，实践团队的服务内容与基层农村和农民的迫切需求存在脱节。为数不少的大学生实践项目存在短时间、表面化的问题，在形式上多局限于支教扫盲、社会调查、文艺演出、政策宣传和参观访问等，缺乏横纵向发展的改革和创新，未能将发展农村各项事业与大学生专业学习及科研方向相结合，产学研转化和科技成果利用率不高。[①] 最终造成这些实践项目停留在表面、流于形式，对学生的吸引力不大，在实践成果的转化上效果也不好。

① 王左丹：《大学生暑期社会实践长效机制构建探析》，《思想教育研究》2014 年第 3 期。

导致实践项目不能有效发挥学生专业特长的另外一个重要原因是缺乏对实践地农村和农民基层实际需求的前期深入调研、了解和把脉，实践项目的设立没有考虑按需设项、据项组团，造成服务项目缺乏针对性，专业特点与实际需求不匹配，难以发挥活动实效。

（三）实践活动经费保障不足，资助额度难抵实际开销

经费保障是关系“三下乡”社会实践活动能否顺利开展的重要条件。政府财政拨款是目前我国大学生社会实践的主要经费来源，由各高校根据参与学生的人数情况、实践地域情况、实践项目情况分别安排支出。国家相关部门下发的一些重要文件均提及要为大学生社会实践提供经费支持，并规定各级政府和高校建立各种形式的经费保障机制。由于教育管理体制、办学层次和财政拨款存在差异，大学生社会实践经费扶持政策在实际执行中通常无法得到有效实施。①

在高校经费普遍紧张的情况下，高校经费更容易投向基础设施建设和学科建设，在社会实践活动上经费倾斜程度非常有限。此外，大学生“三下乡”社会实践总体上在社会资源的动员上仍然不够，社会资助力度比较薄弱。因此，无论是地方政府、学校的经费投入，还是社会经费，在数量上都非常有限，根本无法满足“三下乡”的基本经费需求，参加实践的学生往往自己还要“倒贴钱”。2016 年 7 月中国高校传媒联盟面向全国 141 所高校 425 名大学生的调查显示，有接近一半（46.6%）的受访团队表示，学校的资助额度不足以覆盖实际开销的一半，有两成多（22.6%）的团队表示获得资助可覆盖实际开销的 80% 左右，仅约有 14.0% 的受访团队表示来自学校的活动经费资助能够完全抵消活动费用。

（四）考核评价机制不够科学合理，造成项目评估方式出现偏差

对社会实践活动开展科学合理的评价，是激发大学生参与“三下乡”

① 陈爱民、陈剑：《构建大学生社会实践经费投入保障机制研究》，《广西社会科学》2011 年第 12 期。

社会实践、保证社会实践实效性的重要举措。然而，目前大部分高校针对大学生暑期社会实践成果质量的考核评价是以个人实践报告和登记表的公章证明为依据的，缺乏统一的考核标准，考核程序不够严谨规范，考核指标相对模糊，偏重于主观定性评判，轻视量化评价。客观地讲，由于大学生“三下乡”实践活动本身具有复杂性，在实际效果上有些是可感可测的，有些则是隐性、不能被量化的，加上每年实践项目的主题和内容多会有所变化，因此很难建立统一的评估指标体系，但是一些相关调查显示，目前实施的评估方法仍然过于简单化和主观化。[①] 例如，每年的“三下乡”暑期社会实践活动都会在活动结束之后组织评优和表彰宣传，但是优秀组织、优秀团队和优秀个人的评选方法和评选标准都缺乏明确统一的参考依据。这种相对随意的考核方式，严重影响了大学生参加社会实践活动的积极性，也难以激发大学生社会实践活动的创造性。

四　推进大学生“三下乡”社会实践活动长效发展的对策和建议

推进大学生“三下乡”社会实践活动长效发展是一个系统化工程，涉及教育目标、工作思路、保障制度、运行体系、组织模式、评价机制等等。针对当前大学生“三下乡”社会实践活动存在的薄弱环节和主要问题，本报告认为未来需要重点做好以下几个方面的工作。

（一）动员社会各方面支持大学生社会实践，加大大学生“三下乡”社会实践宣传的广度和深度，提升全社会对大学生社会实践的认同

大学生“三下乡”的有效开展需要全社会的密切配合和共同推动。各级党委和政府，各地宣传部门、文明办、教育部门和共青团组织，制定社会各方面支持大学生社会实践的政策和具体办法，调动各方面的积极性，

① 廖悦：《大学生“三下乡”社会实践的现状研究》，南昌大学硕士研究生学位论文，2014。

为大学生社会实践创造有利条件，鼓励支持社会各方面接纳大学生社会实践。

加大大学生“三下乡”社会实践宣传的广度和深度，通过宣传带动更多的学生参与到社会实践中来，充分调动学生的主观能动性。近年来，团中央学校部以及各地方团委、高校共青团组织等不断创新宣传机制。例如，团中央学校部联合中青网对“三下乡”社会实践官方网站进行改版，开展“镜头中的三下乡”摄影和视频作品评选，在《中国青年报》推出“三下乡进行时”系列专题报道，在官方微博、微信开设“青春三下乡”“微实践”等专栏。一些地方团委、高校共青团组织依托微博、微信、网站等多类新媒体，多层次、多方位地开展社会实践宣传，加强微博、微信、学联网站的互动，利用“微平台”实现“大覆盖”。

（二）项目主题应以基层实际问题为导向，不断拓展和创新“三下乡”社会实践的形式和内容，充分结合学科专业，发挥学生专长

项目选题应力求从社会、经济、文化、环境等方面的具体问题入手，深入基层、贴近社会生产和群众生活的第一线，关注民生，关注社会热点，关注弱势群体，鼓励多种渠道、多种调研方式相结合。

不断拓展和创新大学生“三下乡”社会实践的形式和内容，高校应从实际出发，根据基层实际需求和问题，结合不同专业、不同年级学生的专业特点和专业水平，有目的、有计划地安排“三下乡”的方式和内容，增强“三下乡”的针对性、实效性、吸引力和感染力。注重主动融合第一课堂教育教学，深化育人实效，结合第一课堂教学内容设计项目、开展实践，一方面引导青年学生利用所学知识给当地发展注入新活力，另一方面促进青年学生结合实践活动深化课堂学习内容。

（三）完善实践活动经费保障机制，建立专项经费制度，拓宽多元化的资金渠道，积极引入社会资金支持，广泛吸纳整合社会资源

建立多种形式的经费投入保障机制，是解决“三下乡”社会实践活动

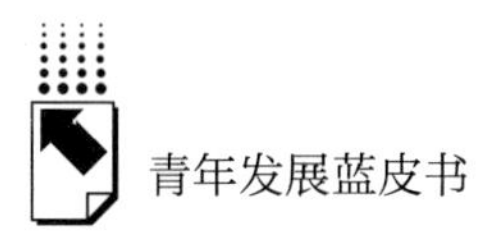

经费保障不足的主要方式。一是设立“三下乡”社会实践专项资金，各高校要保障对“三下乡”社会实践的投入经费，并不断提高拨款比例；二是要争取政府投资，高校要加强与地方政府各职能部门和机关事业单位的交流合作，充分挖掘自身发展与实践地农村经济社会发展的有效契合点，组织谋划能为当地农村建设发展做出显著贡献的服务项目；[①] 三是拓宽多元化的资金渠道，积极引入社会资金支持，例如以校企合作为突破点，主动建立与驻地企业的联系；加大社会募集力度，注重发挥社会团体和民间组织的作用，广泛吸纳整合社会资源。

（四）实行“过程化评估”，优化考评机制，推动大学生“三下乡”社会实践成果的转化和推广

规范“三下乡”社会实践项目的考评程序，完善考评环节，考评方式要以定量评估为主，定性评判为辅，注重绩效考核。实行“过程化评估”。学校应设立大学生“三下乡”项目化管理办公室，并负责项目运行过程中的全程监督，指定专人负责，在实践过程中坚持通过实地走访、抽查督导、电话询问、信息报送等多种方式督促检查“三下乡”活动的开展落实情况，并向服务地和服务单位征求其对于服务团队的意见和建议，把全程监督的情况作为最终项目评估的重要标准。

高校要积极开展社会实践成果的宣传，促进优质的社会实践成果走近同学身边，挖掘从中涌现出来的先进典型和优秀项目，与更多学生共同分享实践经历和收获，扩大“三下乡”社会实践的品牌影响力。推动大学生“三下乡”社会实践成果的转化和推广，在高校和实践地之间保持长期稳固的合作关系，既为大学生提供稳定的实践基地，又促进实践成果能够及时地付诸应用，更好地服务于农村经济与社会发展。

① 王左丹：《大学生暑期社会实践长效机制构建探析》，《思想教育研究》2014 年第 3 期。

参考文献

陈爱民、陈剑：《构建大学生社会实践经费投入保障机制研究》，《广西社会科学》2011年第12期。

杜冉、尚艺、马宇平：《大学生暑期社会实践躲不开的“钱关”》，《中国青年报》2016年7月25日第12版。

廖悦：《大学生“三下乡”社会实践的现状研究》，南昌大学硕士研究生学位论文，2014。

王左丹：《大学生暑期社会实践长效机制构建探析》，《思想教育研究》2014年第3期。

B.3

当代中国大学生政治参与分析报告*

萧子扬　田　丰**

摘　要：《中长期青年发展规划（2016－2025年）》提出，要"引领青年有序参与政治生活和公共事务"，要"进一步丰富和畅通青年社会参与的渠道和方式，实现积极有序、理性合法参与"。事实上，青年政治参与是我国青年发展事业的重要内容，如何引导青年积极有序、理性合法参与更是社会各界必须关注的话题。本文结合"中国大学生就业、生活及价值观追踪调查"数据，总结出当前大学生政治参与的现状：大学生政治面貌以团员为主；近七成与周围人讨论政治话题；超过四分之一在互联网上讨论政治问题；不到一成的大学生参与过向新闻媒体写信反映意见；7.66%曾经参与过向政府部门反映意见；较少有激进的政治参与行为。大学生政治参与的特点：党员大学生更加倾向于线下政治参与；男性大学生政治参与的比例要高于女性大学生；加入过学生社团的大学生政治参与度相对较高；当代大学生线上政治参与和线下政治参与存在较大差异，传统的"政治隐藏"概念在互联网嵌

* 本文数据来源为："中国大学生就业、生活及价值观追踪调查"。此项调查由中国社会科学院社会学研究所、中国社会科学院调查与数据信息中心以及高校合作完成，2013～2017年间，连续5年对12000名学生进行追踪调查。调查内容主要包括大学生的教育经历、就业状况和工作经历、收入、消费和生活方式、网络行为、价值观和社会政治态度等。本研究使用的数据来自2015年调查数据，共涉及12所高校10000多名在校大学生和研究生。网址：http：//www.sociology2010.cass.cn/zgdxsjy/。

** 萧子扬，中国社会科学院研究生院硕士；田丰，中国社会科学院社会学所青少年与社会问题研究室副主任，研究员。

入性发展背景中存在不适应的情况。

关键词： 政治参与　青年　网络政治

2017 年 4 月，中共中央、国务院印发了《中长期青年发展规划（2016 - 2025 年）》，这是新中国历史上第一次专门针对青年群体制定和出台的中长期发展规划，对于我国青年发展事业而言具有里程碑似的重要意义。规划确立了我国青年发展事业的指导思想、根本遵循和总体目标，也提出了青年事业的发展领域、发展目标、发展措施，并在此基础之上，制定了青年发展事业的重点项目和组织实施等内容。其中，在“青年社会融入与社会参与”章节提到，要“引领青年有序参与政治生活和公共事务”，要“进一步丰富和畅通青年社会参与的渠道和方式，实现积极有序、理性合法参与”。可见，青年群体的政治参与是青年发展必不可缺的一部分，也是政府、社会所关心的重要内容。

从学术研究的角度，所谓政治参与是指直接或者间接参与到公共政策的制定过程当中，并试图影响政府决策的活动。在西方话语体系中，传统意义上的政治参与主要包括加入政党、竞选拉票、选民登记、政治评论、政治演讲、参加社会运动等内容，国内学者还把投诉政府、上访、集会等方式计算在内。而随着互联网技术的发展，政治参与的内涵与外延也发生了较大的变化，越来越多的研究者开始关注到新的网络政治参与形式，比如早期在 BBS 中讨论政治性话题、表达政治观点等等。对于作为互联网原住民的青年人而言，网络政治参与的形式更为多样，且更为他们所喜欢使用。在互联网日益普及的今日，线上政治参与成为政治参与的重要组成部分，西方国家近些年出现的青年政治运动多多少少和网络动员有一定的联系，甚至美国大选也曝出互联网政治动员的影响巨大。近年来，“五毛党”“自干五”“帝吧出征”“青年网络政治段子”等网络政治词汇和事件成为中国青年网络政治参与引发的社会讨论热点，可见在国内青年群体中，网络政治参与也成为一种重要的、不能被忽略的政治参与方式。一些线上的政治参与会引发线下政治行为，比如美国的“占领华尔街运动”、我国台湾的“太阳花运动”等等，都是从线上发起而引发线下大规模政治运动的典型案例。故而，随着线上、线下政治参与逐步实现了融合与贯通，如何引导青年积极有序、理性合法地进行政治参与是社会各界必须关注和重视的话题，再考虑到青年政治参与是我国青年发展事业的重要内容，必须将线上政治参与和线下政治参与一起分析，才能真正推动青年发展事业的不断进步。本文结合中国社会科学院社会学所实施的中国大学生就业、生活及价值观追踪调查数据，试图以大学生群体为例，分析当前青年政治参与状况。

一　大学生政治参与状况

中国大学生就业、生活及价值观追踪调查关注了青年政治参与的多个方面内容，其中包括大学生是否参与过与周围人讨论政治、是否参与过在互联网上讨论政治、是否参与过向政府部门反映意见、是否参与过到政府部门上访、是否参与过示威游行、是否参与过罢工罢市罢课等行动，以及在微信朋友圈发送什么样的话题等七个方面的内容。在这七个方面内容的基础上，我们结合大学生自身的特点，分析青年政治参与的状况和特点，其中重点关注青年线上和线下政治参与的差异。

（一）大学生政治面貌以团员为主

从中国大学生就业、生活及价值观追踪调查的数据分析结果来看，政治面貌为共青团员的人数远高于中共正式党员和中共预备党员的人数。其中，中共正式党员占总数的8.93%，中共预备党员占总数的5.66%，共青团员占总数的80.65%，政治面貌为群众的占总数的4.36%，政治面貌为民主党派的占总数的0.15%，入党积极分子占总数的0.21%，其他占总数的0.04%。

从大学生的政治面貌来看，有超过14%的是中共正式党员或者中共预备党员，八成以上的是团员。参与政党性组织是青年人政治参与的重要内

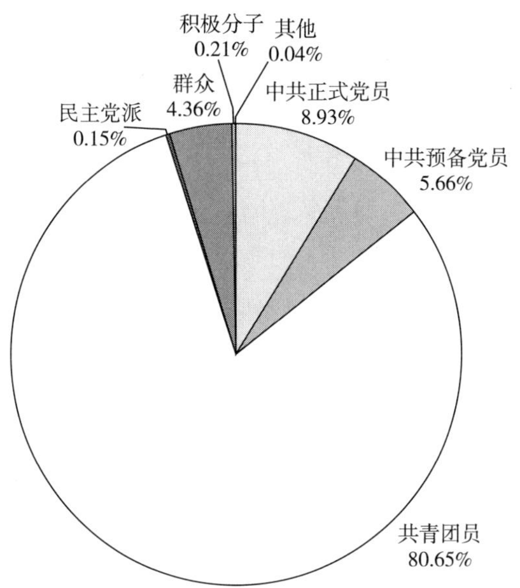

图 1　政治面貌的分布情况

容。从调查数据来看，虽然党员比例不是很高，但团组织作为党组织的后备力量，也可以视为政治参与的一部分，那么意味着大部分大学生青年都参与政治组织的行为。这还说明共青团工作在大学里有非常好的基础，这一良好的工作基础对将来改善和优化青年人的政治参与有着极大的帮助，特别是在帮助青年通过合法渠道参与到政治生活中提供了组织条件。因此，建议在贯彻落实中长期青年发展规划的过程中，提高团组织在政治参与方面的组织能力和话语权，正向引导，发挥组织优势，避免出现不利于社会稳定的政治参与行为。

（二）近七成与周围人讨论政治话题

处于社会转型期的中国，存在着一些潜在的经济、社会、政治和文化问题，这些问题也成为人们日常生活中最为关注的社会话题，而针对这些话题的小范围讨论虽然影响不大，但涉及政府管理、社会治理等带有政治性话题的内容，也可以在广义上视为“民间议政”。大学生大多居住在学校的多人宿舍，难免会涉及一些政治性话题，在讨论政治话题的过程中，由于各人的观点不同，或多或少会涉及一些政治意见的表达，这种小群体范围内政治意见的表达也可以视为最简单的政治参与形式。

调查分析发现，对于“是否参与过与周围人讨论政治”这一问题，表示参与过与周围人讨论政治的占总数的66.23%，表示没有参与过与周围人讨论政治的占总数的33.77%。与此同时，对于那部分没有参与过与周围人讨论政治的人，表示愿意在以后参与到与周围人讨论政治的占14.25%，表示不愿意的占7.69%，表示不好说的占11.83%。这说明近七成的大学生都参与过“民间议政”，且在不参与与周围人讨论政治的大学生中，还有一部分会在将来参与到小范围的政治话题讨论中来，他们有着积极的政治参与热情，对他们应该加以正确的引导，让他们的讨论更具有现实意义和合理性。

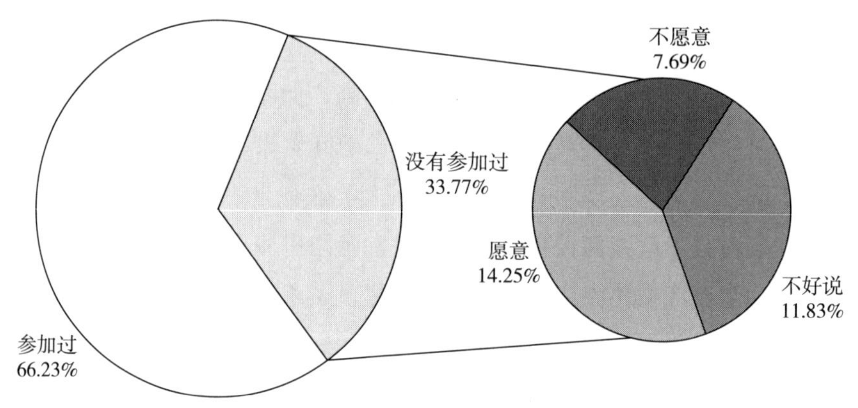

图2　与周围人讨论政治情况及其意愿

（三）超过四分之一的在互联网上讨论政治问题

与“民间议政”相比，“网络议政”是蓬勃兴起的一种新型的政治参与方式，在西方国家比较流行的脸书（Facebook）和推特（Twitter）中都有大量政治性话题和内容，也有大量的民众在网络上表达自己的政治意见。现任美国总统特朗普就喜欢在推特上发表自己的观点，被称为“推特治国”。在中国大学生的互联网世界中，微信朋友圈、微博、BBS 等都能够看到相当数量与政治相关的议题，他们中也有一部分人会在网络上参与到政治话题的讨论中，发表自己的政治观点，表达自己的政治态度。比如共青团中央的微博公众号就带起来了一拨让人耳目一新的“小粉红”群体，其中的大部分是在校大学生。

调查数据显示，对于“是否参与过在互联网上讨论政治问题”这一问题，25.71% 的受访者表示参加过，有 74.29% 的受访者表示没有参加过。与此同时，问及“如果没有参加过，以后是否愿意参加”这一问题，表示愿意参加的占 21.56%，表示不愿意参加的占 27.08%，另外表示不好说的占 25.65%。从数据来看，大学生网络政治参与的比例并不高，远远低于与周围人讨论政治话题的比例，其原因在于：一方面中国互联网管理较为严格，泛政治性话题的讨论本身比例就不大，传播的范围也相对有限；另一方面，在大学的校园生活中，存在着比较多的、有组织的政治活动，比如党课、政治学习等，这些活动为大学生参与政治讨论提供了相对完整的舆论场域。但最重要的原因还是中国经济社会稳定发展，没有出现剧烈波动，网络泛政治话题的讨论本身缺乏生存的土壤和空间。

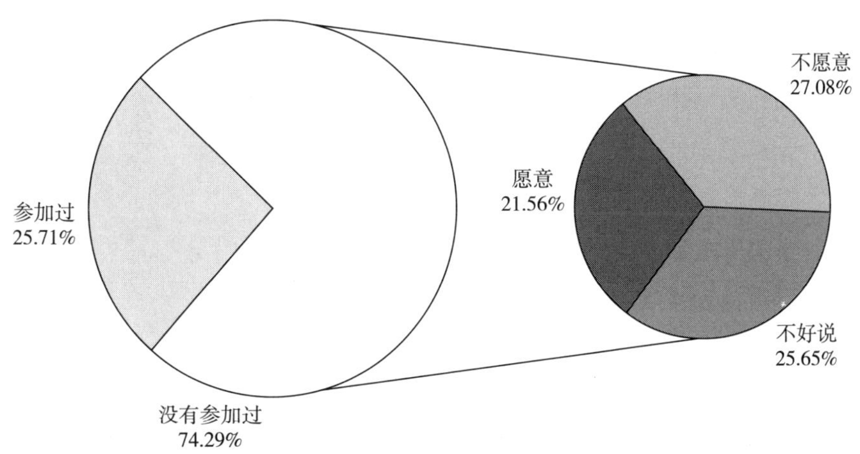

图 3　是否参与过在互联网上讨论政治问题及其意愿

（四）不到一成的大学生参与过向新闻媒体写信反映意见

新闻媒体作为“无冕之王”在政治参与中发挥着重大作用，特别是主流新闻媒体往往能够牵引着整个社会舆情发展的方向，而青年向媒体写信反映意见有着许多非常经典的案例。比如《人民日报》就有专门的读者来信版，上面刊登的都是来自全国各地反映意见的信件内容，在改革开放之初到20世纪90年代物质条件还不发达的情况下，它推动了广大人民群众发挥国家主人的舆论监督与政治参与功能。故此，向新闻媒体写信反映意见也是实现大众传媒与公众之间的意见互动、人民群众表达对政策的态度与建议的重要政治参与行为。

数据分析显示，对于“是否参与过向新闻媒体写信反映意见”这一问题，表示参与过的只占总数的9.57%，表示没有参加过的占总数的90.43%。与此同时，当问及“如果没有参加过，以后是否愿意参加”这一问题，表示愿意参加的占36.63%，表示不愿意参加的占23.14%，表示不好说的约占30%。可见，在经济社会快速发展的今天，给新闻媒体写信反映意见的方式已经有一些落伍，却仍然不失为大学生政治参与的一个渠道。

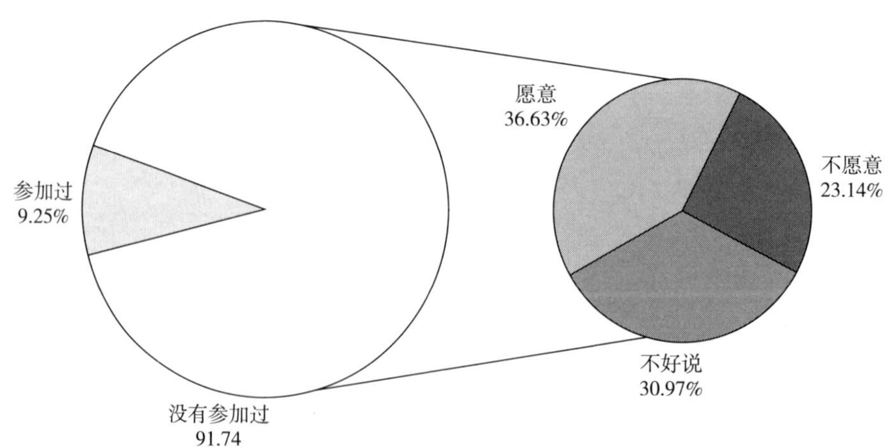

图4　是否参与过向新闻媒体写信反映意见及其意愿

（五）7.66%曾经参与向政府部门反映意见

直接向各级政府部门反映意见是人民群众表达意见和发表看法的重要渠道，各级政府部门都成立了专门用于接受人民群众意见的来访接待室或者专用信箱，部分部门还开设了专门的网络平台，以方便政事通达，甚至曾经有大学生直接给中央领导人和中央部门写信反映意见。但长期以来一些部门忽视或者漠视人民群众意见，尤其是基层的地方政府，往往忙于落实具体工作，忽视了人民意见。应当说，无论是为推进青年发展和青年政治参与，还是为维护社会稳定、实现政通人和，大学生直接向政府部门反映意见都是不可忽视的政治参与行为。

调查数据分析发现，对于“是否参与过向政府部门反映意见”这一问题，表示参加过的占总数的7.66%，表示没有参加过的占总数的92.34%。与此同时，当问及“如果没有参加过，您是否愿意参加”这一问题，表示愿意的占41.52%，表示不愿意的占20.39%，表示不好说占30.43%。直接向政府反映意见的大学生比例低的原因是多方面的：第一是直接向政府部门反映问题作为政治参与行为往往被视为较为激进的，不到迫不得已时，大部分民众都不会使用这种方式；第二是直接向政府部门反映问题往往也达不到想要的效果，一些问题属于社会性、制度性的问题，其解决方案可能也需要多方面的考虑，这不是某一个部门能够解决的问题。第三是大学生在校园里生活时直接和政府部门打交道的事情并不多，直接向政府部门反映意见也多是因为家里的事情，而不是因为自身。因而，大学生直接向政府部门反映问题的比例并不高。

（六）较少有激进的政治参与行为

近些年全球经济萎靡，青年就业情况普遍不佳、部分地区生活境况恶化，激发了一些青年通过激进的政治参与行为来表达他们的利益诉求，甚至一些青年受到政党恶性竞争政治意图的蛊惑，发生了直接冲击政府和社会安

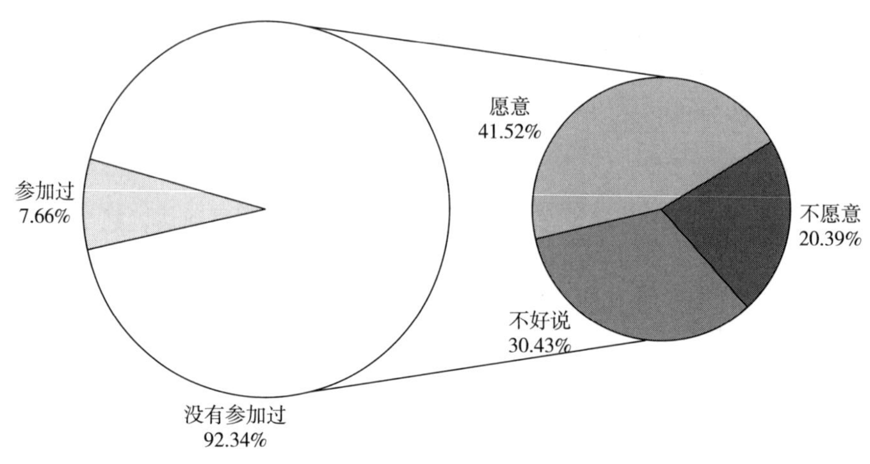

图5　是否参与过向政府部门反映意见及其意愿

定的行为，比如英国青年暴动等等。与国外相比，中国经济进入中高速增长的“新常态”，每年解决新增就业超过800万人，青年就业率较高，因而发生激进政治参与行为的比例很低。

调查分析发现，表示参加过向政府部门上访的占总数的4.97%，参与过示威游行的占总数的4.23%，参与过罢工、罢市、罢课等行动的占总数的4.18%，这三种激进政治参与形式的占比都很低，这说明在相对稳定的经济社会发展环境中，绝大部分大学生群体不会采用激进的政治参与行为来表达自己的意见，但也要看到有极小一部分大学生会采用激进的政治参与行为。因此，并不能对激进政治参与行为爆发的可能性掉以轻心，要避免发生西方国家中的经济下滑引发的青年失业，进而导致社会紊乱和激进政治参与行为频发的状况。

（七）大学生政治参与整体状况良好

基于以上数据的分析，对于当代我国青年政治参与的状况有一个较为宏观的了解，从整体上看，大学生政治参与状况良好，具体可以概括为以下几点。

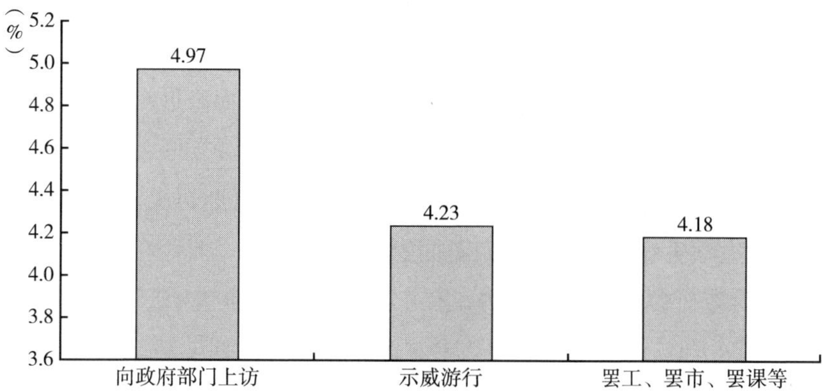

图6　参与激进政治行为的情况

第一，当代大学生政治参与热情较高，线下政治参与的热情高于线上政治参与的热情。参与过与周围人讨论政治的占总数的66.23%，参与过在互联网上讨论政治问题的占总数的25.71%。如果把与周围人讨论政治这一行为当作线下政治参与，在互联网上讨论政治问题当作线上政治参与的话，可以在一定程度上认为，青年线下政治参与的热情远高于线上政治参与的热情。

第二，当代大学生对不同激烈程度的政治参与行为表现出不同的态度，激烈程度越高的政治行为，参与的人数也就越少。不同类型的政治参与的激烈程度是不同的，参与过向新闻媒体写信反映意见的占总数的9.57%，参与过向政府部门反映意见的占总数的7.66%，参与过向政府部门上访的占总数的4.97%，参与过示威游行的占总数的4.23%，参与过罢工、罢市、罢课等行动的占总数的4.18%。从上述数据来看，大致呈现一个依次递增的状况，向新闻媒体写信反映意见、向政府部门反映意见、向政府部门上访、示威游行及罢工、罢市、罢课等行动的激烈程度依次递增，参与的比重出现了递减的情况。换而言之，大学生群体政治参与性质并不是破坏性的或者危害性的，而是具有建设性和可控性，其目的是通过政治参与的行为，达成社会共识。

第三，当代大学生温和型政治参与的意愿较高。对于未参加相关政治行为的青年，其参与意愿有增加的可能，而且不同类型的政治行为，其意愿也不一样。总体上而言，温和政治参与意愿比例较高，而激进政治参与意愿比例较低，数据表明有14.25%的大学生表示愿意在以后参与到与周围人讨论政治，有21.56%的大学生表示愿意以后在互联网上讨论政治问题，有36.63%的大学生表示愿意参与向新闻媒体反映意见，有4.97%的大学生表示愿意以后参与向政府部门上访，有4.23%的大学生表示愿意以后参与示威、游行，4.18%的表示愿意以后参与罢工、罢市、罢课等行为。可见，大学生温和型政治参与意愿较高，激进性的参与意愿较低，说明大学生政治参与是理性合理的。

第四，青年政治参与总体良好，类型、途径丰富，线上与线下政治参与并行。从上述数据来看，参与过与周围人讨论政治和参与过在互联网上讨论政治问题比例最高，其他政治参与形式，如向新闻媒体反映意见、向政府部门反映意见等行为的人数都较少，参与示威游行、罢工、罢课等较为激进的政治参与行为的人数更少，而且以后具有参与意愿的人数也较少。总的来说，我国青年政治参与总体情况较好，类型和途径也较为丰富，并且线下政治参与和线上政治参与并行，有利于大学生充分表达自己的政治态度。基于对上述基本情况的描述和理解，可以发现我国青年政治参与呈现一定的特点，甚至是“中国特色”，尽管总体情况良好，但是也存在一些问题。因此，探讨影响青年政治参与的主要因素，并重点分析线上与线下青年政治参与的差异就显得十分重要了。

二　大学生线上线下政治参与行为分析

当代大学生政治参与状况总体良好，政治参与方式较为多样化，激进政治参与比例很低，倾向于温和型的政治参与方式。从西方国家近些年来青年政治参与的变动趋势来看，使用互联网作为政治参与工具的现象越来越普遍，且网络社会的线上参与和现实生活中的线下参与联系越来越密切。因此，有必要对当代大学生线上和线下的政治参与行为进行详细分析，并判断当前大学生线上线下政治参与的特点。

（一）党员大学生更倾向于线下政治参与

不同政治面貌的青年在政治参与方面存在差异，其中，中共正式党员、中共预备党员、入党积极分子与周围人讨论政治的占比较高，而政治面貌为群众的相对较低。同时，政治面貌为其他、群众等的青年参与过在互联网上讨论政治问题的占比要高于中共正式党员、中共预备党员等政治面貌的青年。如果把与周围人讨论政治当作线下政治参与的重要内容，把在互联网上讨论政治问题当作线上政治参与，那么，可以认为，不同政治面貌的青年在线上与线下政治参与上存在较大差异。首先，无论是哪一种政治面貌，其内部表现出的特点是线上政治参与人数要低于线下政治参与人数。其次，中共正式党员、中共预备党员、入党积极分子等政治面貌的青年倾向于线下政治参与。造成这种情况的原因是高校中会组织一些政治参与活动，在组织化的政治参与环境下，中共正式党员、中共预备党员、入党积极分子参加的可能性较大。也就是说，高校通过正规渠道组织的政治活动中，参加的多是中共正式党员、中共预备党员、入党积极分子，其他政治面貌的大学生参加比例较低。

表1　“政治面貌”与“是否参与过与周围人讨论政治”交叉表

单位：%

政治面貌	参加过	没有参加过	总计
中共正式党员	80.0	20.0	100
中共预备党员	74.5	25.5	100
共青团员	71.1	28.9	100
民主党派	68.4	31.6	100
群众	67.5	32.5	100
积极分子	78.8	21.2	100
其他	100.0	0.0	100

表 2　“政治面貌”与“是否参与过在互联网上讨论政治问题”交叉表

单位：%

政治面貌	参加过	没有参加过	总计
中共正式党员	26.4	73.6	100
中共预备党员	30.8	69.2	100
共青团员	26.5	73.5	100
民主党派	40.0	60.0	100
群众	31.5	68.5	100
积极分子	24.2	75.8	100
其他	66.7	33.3	100

（二）男性大学生政治参与的比例高于女性

性别是影响政治参与的重要因素之一，全球大部分国家和地区中的男性在政治参与上长期占据着绝对优势，而女性即便是在女权主义的影响下，政治参与的强度、比例和意愿仍然远远低于男性。但互联网的出现有可能扭转这一局面，其原因在于互联网本身具有一定的匿名性，女性在互联网政治参与过程中不会轻易被识别出性别，并因为性别受到歧视和排斥，能够拥有更多的政治参与机会。而大学生群体作为互联网使用最主要的群体，其对网络的使用频率和使用强度也比较高，这些情况都为女性大学生线上的政治参与提供了条件。

数据分析发现，无论是线上政治参与，还是线下政治参与男性的比例都要高于女性。线下政治参与的男性比例为74.9%，女性比例为69.5%，两者相差5.4个百分点；线上政治参与的男性比例为31.5%，女性比例为23.1%，两者相差8.4个百分点。同时，还能看到无论是何种性别，参加过与周围人讨论政治的人数都要高于没有参加过的人数，参加过与周围人讨论政治的人数要远多于参加过在互联网上讨论政治问题的人。因此，可以认为性别差异对青年政治参与的状况存在一定影响，大学生群体中男性的政治参与高于女性，线下政治参与的差异要小于线上政治参与。造成这种情况的原因，可能是高校组织的线下政治参与活动有一些是有规律的活动，比如周期性的党课学习、支部会议等等。有规律的线下政治参与活动是不区分性别的，因而性别差异较小，但偶发性的线上政治参与则会受到性别差异的影响，因而性别差异较大。

表 3 “性别”与“是否参与过与周围人讨论政治”交叉表

单位：%

性别	参加过	没有参加过	总计
男	74.9	25.1	100
女	69.5	30.5	100

表 4 “性别”与“是否参与过在互联网上讨论政治问题”交叉表

单位：%

性别	参加过	没有参加过	总计
男	31.5	68.5	100
女	23.1	76.9	100

（三）非农业户口大学生线上政治参与程度相对较高

户籍差异、户口类型对于人们的政治态度、政治参与、政治行为有着不同程度的影响。有研究认为，户口对参与投票具有一定的统计解释力，即农业户口相比于非农业户口，在投票中的参与度更高。但是对于参与竞选和公共事务则不具有统计显著性。换言之，不少专家、学者认为，户口类型会影响投票行为，但是在利益表达和维权抗争等方面农业户口与非农业户口之间没有显著差异。那么，这样一种结论是否适合我国大学生政治参与的情况呢？

通过对“户口类型”“是否参与过与周围人讨论政治”“是否参与过在互联网上讨论政治问题”分别进行交叉分析可知，无论是非农业户口还是农业户口，参加过与周围人讨论政治的比重要高于没有参加过的比重，参加过在互联网上讨论政治问题的比重要低于没有参加过的比重。但从另一方面看，农业户口大学生参与过在互联网上讨论政治问题的比重为 24.80%，而非农业户口大学生参与过在互联网上讨论政治问题的比重为 29.40%。因此，可以认为不同户口类型的大学生线下政治参与行为基本趋同，而线上政治参与存在一定差异，即非农业户口大学生线上政治参与程度比农业户口大学生的更高。造成这一差异的原因可能就是农村户口大学生配备电脑的人数、比重低于非农业户口大学生，他们接触互联网的机会、时间相对较少，这导致他们在互联网上讨论政治问题的可能性也相对较少。当然，也可能是农村户口大学生相对保守，对于政治问题相对敏感，因此，参与度略低于非农业户口大学生。

表 5 “户口类型”与“是否参与过与周围人讨论政治”交叉表

单位：%

户口类型	参加过	没有参加过	总计
农业户口	71.85	28.15	100
非农业户口	72.27	27.73	100

表 6 “户口类型”与“是否参与过在互联网上讨论政治问题”交叉表

单位：%

户口类型	参加过	没有参加过	总计
农业户口	24.80	75.20	100
非农业户口	29.40	70.60	100

（四）加入过学生社团的大学生政治参与度相对较高

高校学生社团常常被称为高校思想政治教育的重要阵地，是培养大学生政治参与能力、政治态度的重要场所。而且不少高校也存在政治研究会、思想政治教育协会、马克思主义研究协会等与政治紧密相关的学生社团，并吸引了不少高校学生加入其中，积极参与各类社会实践活动。因此，高校社团对于大学生的政治认同感、政治态度和政治参与而言，应当是提供了一个较为初级的平台，正是这种潜移默化的方式促使不少高校学生的政治能力得以提升。而表 7 亦能够证实这一说法。

从表7、表8可知，没有加入过学生社团的大学生参与过与周围人讨论政治的占66.0%，曾经加入但只是普通成员的大学生参与过与周围人讨论政治的占70.9%，曾经加入而且是社团组织者（骨干或积极分子）参与过与周围人讨论政治的占77.4%。与此同时，没有加入过学生社团的大学生参与过在互联网上讨论政治的占25.1%，曾经加入过但只是普通成员的大学生参与过在互联网上讨论政治的占25.5%，曾经加入而且是社团组织者（骨干或积极分子）参与过在互联网上讨论政治的占30.7%。因此，可以认为，加入过学生社团的大学生政治参与度要高于没有加入过学生社团的，而且曾经担任学生社团组织者（骨干或积极分子）的大学生线上、线下政治参与程度最高。

表7　“是否加入学生社团”与“是否参与过与周围人讨论政治”交叉表

单位：%

是否加入学生社团	参加过	没有参加过	总计
未加入过	66.0	34.0	100
曾经加入，只是一个普通成员	70.9	29.1	100
曾经加入，自己是社团组织者/骨干或积极分子	77.4	22.6	100

表8　“是否加入学生社团”与“是否参与过在互联网上讨论政治”交叉表

单位：%

是否加入学生社团	参加过	没有参加过	总计
未加入过	25.1	74.9	100
曾经加入过，只是一个普通成员	25.5	74.5	100
曾经加入过，自己是社团组织者/骨干或积极分子	30.7	69.3	100

（五）四种线上政治参与和线下政治参与交互类型分析与总结

通过上述分析不难看出，当代大学生线上政治参与和线下政治参与受到多种因素的影响，实际上每一个大学生都可能兼顾线上线下两种政治参与。

如果将“与周围人讨论政治”视作线下政治参与，“在互联网上讨论政治问题”视作线上政治参与，那么，可以把大学生分为四种不同的类型。第一种是线上政治参与和线下政治参与都有，占总数 24.91%，第二种是线上没有政治参与，线下有政治参与的占总数 46.33%，第三种是线上政治参与和线下政治参与都没有，占总数 26.78%，第四种是线上政治参与、线下没有政治参与的，占总数 1.97%（见图 7）。

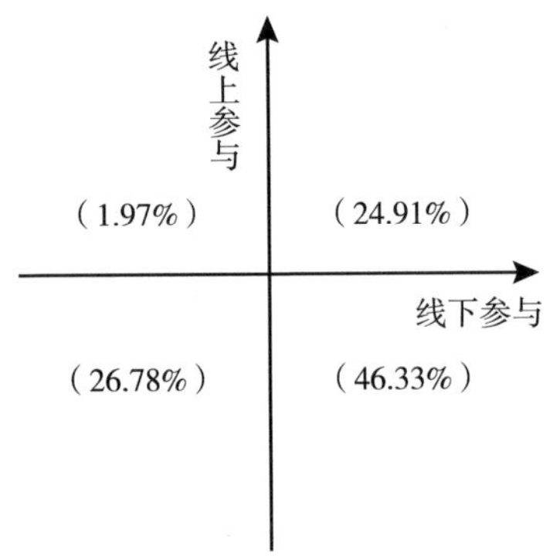

图 7　青年线上、线下政治参与类型

从图 7 中可以看到，如果综合考虑当代大学生线上政治参与和线下政治参与的状况，可以划分四种不同的政治参与类型。分析结果发现，线上政治参与和线下政治参与存在着割裂的情况，有线下政治参与，但没有线上政治参与的比例最高，这意味有一部分人只在线下表达自己的政治态度和政治观点。这种线上政治参与和线下政治参与不一致的情况在最新一次美国大选中也有表现，当时有一部分在大选中投票给特朗普的青年人不愿意在网络上表达自己的政治态度，或者不愿意在网络上表达自己的真实态度，美国媒体和学界将这种情况称为“政治隐藏”，而“政治隐藏”导致很多基于网络舆情的大选监测和民意测量机构对大选结构的预测出现了比较大的偏差，几乎没有机构预测对了最终的结果。我们的分析也发现，当代大学生群体中也存在线上政治参与和线下政治参与不一致的情况，当代中国大学生有线下政治参与，却在线上没有政治参与，这是需要我们重视和关注的。

综合来看，当代大学生线上政治参与和线下政治参与存在较大差异。线下政治参与的程度要远高于线上政治参与的程度，其政治参与状况受多方面因素的影响，政治面貌、性别、户籍类型、是否加入过学生社团等多种因素在不同程度上导致青年政治参与在线上、线下存在差异。按照线上政治参与和线下政治参与的差异状况可以分为四种不同政治参与类型，与美国政治隐藏不同的是，当代大学生线下参与、线上不参与的比例较高，可见我国青年大学生的政治参与行为具有中国特色。

三　主要对策和建议

青年政治参与是我国青年发展事业的重要内容，当代大学生是青年群体的最重要组成部分，关注和重视当代大学生政治参与的发展状况、特点和影响因素对于推动青年发展、社会发展和积极的政治参与来说都是很重要的。本报告结合“中国大学生就业、生活及价值观追踪调查”数据，分析发现：第一，党员大学生更加倾向于线下政治参与；第二，男性大学生政治参与的比例要高于女性大学生；第三，加入过学生社团的大学生政治参与度相对较高；第四，当代大学生线上政治参与和线下政治参与存在较大差异，传统的“政治隐藏”概念在互联网嵌入性发展这一大背景当中有点不适应。总的来说，我国大学生政治参与的情况总体较好，但对其中线上与线下政治参与不一致的情况也需要重点关注。针对当前我国大学生政治参与的特点和现状，笔者认为应当在以下方面采取相应的措施，助力当代大学生政治参与的有序发展。

第一，加强对大学生政治参与的规范和引导。

《中长期青年发展规划（2016－2025年）》明确提出要“引领青年有序参与政治生活和公共事务”，要“进一步丰富和畅通青年社会参与的渠道和方式，实现积极有序、理性合法参与”。而加强对大学生政治参与的规范、引导，完善相应的法律、法规是拓宽大学生政治参与渠道、有序推进政治参与的必要保障。因此，国家和政府应当积极探索在互联网时代如何加强网络

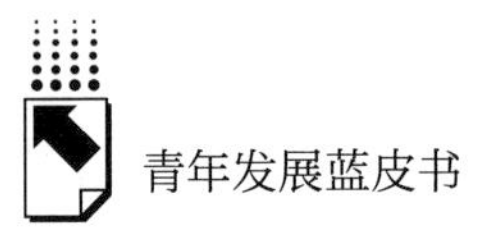

政治环境监管，营造良好的网络环境和政治文化氛围，并需要充分发挥网络媒体的舆论导向作用，引导当代大学生合理、有序地参与政治生活，始终坚持用社会主义核心价值观念去提升和完善青年“强国一代”。

第二，丰富和畅通大学生政治参与的渠道。

从“中国大学生就业、生活及价值观追踪调查”数据来看，线上线下都参与的占总数24.91%，线上不参与、线下参与的占总数的46.33%，线上、线下都不参与的占总数的26.78%，线上参与、线下不参与的占总数的1.97%。这说明，我国大学生合理、积极进行政治参与的人数还是相对较少。国家和政府应当及时思考如何利用互联网平台的优势，趋利避害，充分拓宽当代大学生参与政治生活的渠道，利用网络平台向大学生征集意见和建议，鼓励大学生关注社会现象，发表有益于社会发展、人类进步、生活提高的观点。

第三，重视我国当代大学生“政治参与不一致”现象的潜在影响。

正如前文所言，中国大学生大多数选择“线下参与、线上不参与”这一种政治参与行为，这在某种程度上被认为是“政治倒错”或者是“政治隐藏”，这样的政治行为策略存在一定的隐患。因此，我们应当重视当代大学生“政治参与不一致”现象的潜在影响，务必谨慎看待我国大学生甚至普通民众对政治关注的新型表达方式。

第四，重视互联网在大学生政治参与中的作用。

从上文可知，政治面貌为其他、群众等的青年参与过在互联网上讨论政治问题的比重要高于中共正式党员、中共预备党员等政治面貌的大学生。随着互联网技术的发展，网络政治表现出非常强的嵌入性，因此，互联网成为影响政治生活的重要因素，它影响着人们政治参与和政治表达的意愿，甚至影响政治决策的进行。应当说，在当前这样一个高速发展、富有新特征和新表现的政治参与新时代，人们参与政治的形式已发生较大改变，因此，必须重视互联网在当代大学生政治参与当中的作用。

第五，强化学生社团、社会组织对大学生政治参与的引导、培育作用。

学生社团对于大学生政治参与能力的提升而言具有重要的引导作用，探索和思考如何建设、支持一批富有活力的高校学生社团，是各省市共青团、高校团委应当及时重视的问题。各高校团委应当因地制宜，结合本校特色，指导建设一批有关思想教育、政治文化等方面的学生社团，引导学生积极参与其中，并对社团活动加以指导和引领，严格遵守相应的规定，激发学生的参与热情。与此同时，相关社会组织、社会工作机构也可以适当地进行社团孵化，为相关学生社团活动设立相应的基金，进而引导大学生科学、合理、有序地参与政治活动。

第六，加强青年“强国一代”的思想宣传，激发大学生的青春活力。

在党的十九大报告中，习近平总书记对青年表达了殷切期盼，他强调“青年一代有理想、有本领、有担当，国家就有前途，民族就有希望”，可以认为，青年就是我们历史交汇期改革、发展的重要动力，事实上就是最有力量的一代，他们是“强国一代”。因此，媒体应当及时宣传有关青年“强国一代”的榜样力量，积极引导当代大学生参与到国家经济、政治建设当中，鼓励当代大学生深耕基层，用自己的青春与活力为国家发展、民族振兴和伟大中国梦的实现而奋斗。

参考文献

陈振明、李东云：《“政治参与”概念辨析》，《东南学术》2008 年第 4 期。

常思纯：《投票率视角下的日本青年政治冷漠现象分析》，《中国青年政治学院学报》2015 年第 3 期。

顾旭光、田丰：《“太阳花学运”以来港台的民粹青年运动：特点与对策》，《中国青年研究》2016 年第 6 期。

陆益龙：《嵌入性政治与村落经济的变迁》，上海人民出版社，2007。

刘洪玲：《高政治参与率下政治冷漠的原因探析》，《中国青年研究》2006 年第 8 期。

马峰：《特朗普现象与美国青年激进政治态度生成机制分析》，《中国青年研究》2017 年第 3 期。

欧文·戈夫曼：《日常生活中自我呈现》，北京大学出版社，2008。

孙兴春：《对当代青年的“政治冷漠”现象的分析与思考》，《中国青年研究》2006

年第 9 期。

万斌、章秀英：《社会地位、政治心理对公民政治参与的影响及其路径》，《社会科学战线》2010 年第 2 期。

王锋、何包钢：《在“冷漠”与“积极”之间：澳大利亚青年政治参与探析》，《青年学报》2018 年第 1 期。

萧子扬、田丰：《用“家国情怀”铸就强国一代》，中青在线，2017 年 12 月 28 日。

晏辉：《在冷漠与激情之外——论政治表达的第三种方式》，《河南社会科学》2016 年第 8 期。

张树辉：《当代大学生政治冷漠现象探析》，《中国青年政治学院学报》2002 年第 6 期。

赵灯峰：《“互联网 +”视域下大学生政治参与方式衍变与治理拓进》，《南京航空航天大学学报》（社会科学版）2016 年第 1 期。

B.4 当代中国大学生自组织的发展与治理报告*

李　丁**

摘　要： 进入21世纪以来，高校学生社团发展迅速。尽管资源有限，组织化程度不高，受核心骨干影响大，但类型多样、特色鲜明的学生社团还是极大地促进了校园文化建设，成为青年学生学习组织技能，进行组织实践的重要平台。学生社团的快速发展与高校学生较强的学习能力，高校校园相对稳定的社会环境、丰富的社会资本、便捷的公共设施等多种基础相关，更离不开共青团组织的大力支持与积极引领。共青团通过文件为高校学生社团的发展争取了政治空间，并在全国范围内引导各个高校建立起了以社团联合会为依托的学生社团治理体系。有此政治信任和制度保障，学生社团活动才得以在高校学生维稳和思想政治教育压力越来越大的情况下稳定发展。学生社团的大规模发展反过来也强化了共青团枢纽型社会组织的地位，为高校共青团组织的改革和专业化转型提供了基础。未来应该继续给予学生社团以政治信任，加大对学生社团的支持，提高高校学生治理体系的整体效率。

关键词： 高校　共青团　学生社团　学生自组织　社会治理

---

* 本报告基于《共青团组织推动高校学生社团发展与治理的历程研究》修改而成。见《青年研究》2017年第5期。

** 李丁，中国人民大学社会与人口学院副教授。

中国社会正在快速自组织化，不仅市场主体增长迅速，社会组织也快速增长。截至2016年底，已有各类社会组织（民办非企业单位、社会团体、基金会）70.2万个。[①] 十七大后，社会建设成为党引领社会再组织化的抓手，“枢纽型社会组织”得到重视；十八大以后，群团组织改革、商事改革等全面推进，为社会的再组织化提供了新的机遇。随着社会经济发展和城市化的推进，中产阶层逐渐成为社会中坚力量，而大学生又是这一中坚力量的关键来源，对社会的再组织化影响巨大。大学扩招之后，我国普通高等学校每年招生人数超过700万，高等教育毛入学率达到42.7%，[②] 大学生不仅成为体制内工作人员及党员的重要来源，也成为体制外中产阶层的关键来源。青年在大学阶段所习得的专业知识以及在校园生活中所养成的组织生活习惯、组织技能对他们进入社会后的组织生活影响巨大。可以说，大学生在高校学生自治组织、学生社团中的实践是自组织能力养成的重要阶段。高校党委及共青团对这些学生组织的治理为党依托群团组织联系各种社会力量、推动社会组织发展、开展社会建设实践提供了启发。

一　大学生自组织的发展概况

社会组织作为一种与党政组织、经济组织并立的结构性力量，可以提高各社会团体利益表达的组织化水平，增加社会资本，提高公共服务供给效率，提升社会治理水平。在改革开放后中国城市管理由“单位制”向“社区制”转型之时，我国高校仍更多地保留了“单位制”的组织特征，学生集中居住在校园围墙内，归属一定的院系、学科、班级单位，即谓“学科班级制”。这种学科班级制在学籍档案制度、毕业分配制度的搭配下，管理效率很高。清华大学通过“双肩挑”政治辅导员制度调动高年级积极分子

① 《2016年社会服务发展统计公报》，http：//www.mca.gov.cn/article/sj/tjgb/201708/20170800005382.shtml。

② 《2016年全国教育事业发展统计公报》，http：//www.moe.gov.cn/jyb_sjzl/sjzl_fztjgb/201707/t20170710_309042.html。

为低年级本科生提供学习和生活指导，既降低了管理成本，也取得了很好的效果，成为高校学生治理的典型。[①] 这种制度在八十年代有所放松但此后得到强化。随着市场化的推进，大学生对出国留学、下海挣钱兴趣提高，党员身份、体制内单位对大学生的吸引力明显下降，学籍档案约束力下降，学生们将大量时间花费在专业学习和党团活动之外，加上学分制和选课制度改革，“学科班级制”中的班集体凝聚力快速下降。校园中市场化、娱乐化、功利化的氛围日渐浓厚，[②] 学生中个人主义及原子化倾向增长明显。不过，与此同时，兴趣小组和自发社团在校园兴起，部分得到学校有关部门的支持，更多主要靠学生们自发传承。

进入 21 世纪后，自发成立的学生社团在高校大量涌现。2000 年之后，北京大学的社团快速增加，2004 年在该校学生社团联合会登记注册的学生社团超过 115 家，参与学生人数达到 2.34 万人；2007 年，超过 250 家，登记参与的学生超过 3 万人；[③] 至 2016 年秋季学期，该校学生社团达到 262 个。[④] 全国学生社团的数量尚无明确统计，但有研究显示，2006 年就超过 45000 个，社团数量过百的高校比比皆是。[⑤] 如果说讲座、诗歌、吉他、舞蹈、露天电影是 20 世纪八九十年代大学生课外生活的重点，那么社团活动就是“80 后”“90 后”大学生课外生活的重心了。[⑥]

二 大学生自组织的特征

高校学生社团是由高校学生依据兴趣爱好自愿组成，为实现共同意愿，

---

① 《如何评价清华大学“双肩挑”的辅导员制度?》参见知乎问答：http：//www. zhihu. com/question/26970601。

② 向顺涛：《大学生社团文化的偏差浅析》，《青年研究》1992 年第 6 期。

③ 《北大学生社团超过 250 个 学生参与社团活动达 30000 人次》，http：//pkunews. pku. edu. cn/xwzh/2007 - 10/08/content_ 117134. htm。

④ 《北京大学校团委召开 2016 ~ 2017 学年度第一学期第一次社团工作会议》，http：//www. bjyouth. gov. cn/jcxx/dxxt/753488. shtml。

⑤ 胡继冬：《我国高校学生社团发展动力及其引导策略研究》，大连理工大学博士学位论文，2012。

⑥ 《回忆，那些年的大学社团生活》，http：//www. cncci. cn/html_ l. aspx? id = 15799。

按照章程自主开展活动的群众性学生组织。只要协会宗旨和目标比较健康，有一定数量的志同道合者，就可以设法成立社团，在完成相关手续和程序后，即可公开宣传团队理念，进行成员招募，借用校园资源，举办社团活动。除自己发起成立社团外，将近80%的大一新生会根据自己的兴趣和偶然关联加入1~3个社团。经历过一个学期的尝试和熟悉之后，其中部分学生会淡出社团活动，有一部分则会参与较多，进而成为某个社团或组织的干事，开始协助社团核心团队策划和组织活动；大二第一学期成为社团核心团队成员甚至社团负责人；大二第二学期通常会在新进干事的帮助下协助协会负责人组织一些大型活动，大三时还留在协会的学生常常会成为社团的负责人；到大三第二学期后，协会负责人通常会离开一线管理工作，进入协会理事会，偶尔参加协会活动，给协会提供一些意见、支持。各类社团的活动主要围绕团队与制度建设、成员的理论及技能提升、对外志愿服务和特长展示、内部娱乐与社交等目的展开，呈现一些内部差异和结构性特征。

第一，学生社团活动类型丰富，呈现错位竞争的状态，丰富了高校校园文化生活。从活动主题看，高校学生社团可归为不同类型。例如，《高校学生社团管理暂行办法》建议将学生社团分为思想政治类、学术科技类、创新创业类、文化体育类、志愿公益类、自律互助类及其他类。而根据对内服务和对外服务的倾向不同，学生社团主要分为关注协会成员和团体能力提升、资本积累的互益性社团，以及对外进行服务的公益性社团。这些不同的社团，在不同时期、不同学校，其受欢迎程度、组织发展状况存在一些差异。各类社团中，思想政治类社团相对较少，公益类、文化体育类社团较多，参与者最众。部分社团关注者较少、成员不稳定，活动开展不起来，协会核心团队后继无人，存活时间短；而另一些社团则受众较多，成立时间较长，制度和组织建设相对规范；也有一些社团因有着重要的政治符号意义，尽管参与的人不多，但可得到的关键资源和指导，存活时间较长。

第二，高校学校社团规模有限，制度化程度不高，活动内容和管理风格受社团发起人和协会骨干影响大。高校学生社团通常只在校内主管单位登记备案，缺乏独立的民事能力，协会的负责人并非真正意义上的法人。社团通常会按照有关规定设立书面章程和规则，但内部管理实际灵活性较大，内部核心团队协商一致即可。无法接受核心团队行事风格和制度安排的会员一般很快会淡出。加上资源有限及核心成员的能力、精力限制，协会规模通常不大，无法像学生会一样覆盖所有年级和专业。所以，常因制度不完备、运作不规范，发生协会会员或活动参与者向学校有关部门质疑或举报协会运作不规范、侵害参与者权益的情况。[①] 这为学校介入社团管理、强化社团制度建设（如要求有独立的财务和规范的账目等）提供了机会。学校也只能按照校内规定对学生、社团进行责罚和警示。

第三，高校学生社团活动参与者主要为校内学生，成员边界模糊。在学生社团兴起的早期，存在校外人员（特别是毕业校友）参与学生社团活动的情况。但高校强化学生社团管理后，校外人员参与被严格控制。而在会员招募和活动参与方面，除少数社团有严格的入会程序、门槛较高外，多数社团加入和退出门槛都很低。能否成为协会的成员并认同会员身份，主要由学生的参与度决定。为了扩大社团规模和活动影响力，学生社团通常会通知和邀请新登记的会员参与协会活动，并通过实际参与情况甄别出对协会感兴趣、参与积极、能力较强的学生，并在此后活动中更多地联系和培养。但参与较多的学生也经常会因为学习任务加重、个人安排或选择的变化而渐渐淡出社团活动。那些被委以协会主要负责人或关键角色的学生，常常会因为对应的责任以及其他关键成员（如前任社团负责人）的期待或私人关系而更深地卷入社团运作和发展。可以说，学生社团的成员边界是在协会活动中慢慢确立起来的。

第四，高校学生社团的资源有限，通常经费不足，缺乏单独、固定的活动场所。由于很少参与经济生产并缺乏稳定的外部支持，高校学生社团的经费主要来自会员会费、临时争取的外部赞助，以及学校提供的有限支持。不过，随着“90 后”“00 后”大学生家庭经济状况的改善，自费组织和参加

① 北京大学校团委社团文体部：《关于茶学社纪念茶饼团购活动调查处理情况的通告》，https：//bbs. pku. edu. cn/v2/post - read. php？bid = 289&threadid = 16140139。

课外活动的情况越来越多。人人网“社团人”平台针对3000多名社团活动参与者的调查显示，社团举办活动的经费来源中成员自费、商家赞助、社团会员会费的比例分别为：49.5%、48.9%、47.8%，学校拨款及其他的比例分别为36.3%、3.8%。[①] 在活动场所方面，由于校内各种空间和资产归属、功能限制，社团使用活动场地多数需要向学校管理部门提前申请（通常是经团委社团管理部门批准，向教务处、设备管理处、会议中心等单位申请免费使用或有偿租用），划归社团单独固定使用的情况较少。仅有少数社团，如广播协会、电视或新闻传播协会、艺术团、合唱团等活动场所相对固定。此外，随着学生消费能力的提高，校园及周边的商业场所也日益成为社团活动的重要空间。

第五，高校学生社团的联络、宣传、管理日益在线化、网络化。大约从2000年开始，电脑和手机逐渐在大学生中普及，从2010年左右开始，智能手机逐渐普及。学生社团的内部联络和对外宣传越来越依赖互联网。互动和联系的平台从校内BBS论坛、飞信，到校内网（人人网）、百度贴吧，再到微博、微信群、朋友圈。为了提高社团活动的宣传效果，社团成员往往采取集体顶帖、群发等方式将通知和公告变为相关平台的头条信息或将其放在显眼位置。不过，校园内的展板和横幅仍是宣传的重要渠道。在这种情况下，学校管理部门也越来越重视学生管理的在线化，不仅将各种通知、规章制度和文件线上化，社团登记、注册、年检，平常的学生注册、活动备案、场地申请、评奖评优等也不断网络化，一些学校甚至引进或开发了专门的社团管理系统。

三　大学生自组织发展的原因

第一，高校学生社团的发展首先与大学生群体及大学校园环境特征有

① 《人人网“社团人”：大学生社团实践全解析》，https：//www.digitaling.com/articles/14147.html。

关。一方面，大学生有着组织起来进行学习和社会交往的需求。通过多年应试教育进入高校的大学生大多认识到，自己已经成为独立的成人，无论预期毕业后出国、下海，还是进入体制内工作，普遍希望在课堂学习之外，丰富大学生活，提高综合素质，培养组织能力，结交新朋友，积累人力资本、文化资本、社会资本。而专业教师、官方党团学组织、班集体等都难以满足学生日益多元甚至有些前卫的需求。学生自组织社团为此提供了一种灵活的、自主性很强的自我管理、自我教育、自我服务的方式。在资源有限，成员更迭快、新手多的情况下，学生社团要想组织好活动，往往需要核心成员迅速达成默契，掌握相关技能，合理分工，为共同目标进行资源联络和动员。这对此前除了努力学习以应付考试外很少考虑人际关系、团队合作、资源动员以解决实际难题的大学新生（包括低年级学生）来说，是很好的锻炼机会。另一方面，大学生的同质性和丰富的校园社会资本为学生社团的成立提供了基础。大学生彼此之间存在一定的分化，但总体而言年龄相仿，能力相当，所处人生阶段相同，容易找到利益诉求、预期、认同近似的同伴；高校稳定的校园环境、共同的学习生活经历增进了彼此间的交流和信任，便于社会资本的积累和合作的达成。各个学校也有意识地通过各种活动和制度培养学生的集体认同和归属感，促进学生之间的信任与合作。互联网等新的沟通工具为学生之间彼此沟通联系提供了便捷的渠道。再者，大学生基础素质高，学习能力强，时间充足且有一定的经济能力，为社团活动的开展提供了经济基础、人员及时间保证。良好的基础素质与快速学习能力使他们能迅速掌握社团活动组织技能和社团管理技能，适应高校学生社团成员快速更替的节奏，这是其他人群难以比拟的。最后，相对于城市其他社区，高校校园有着十分丰富的公共空间和设备资源，为学生社团活动的展开提供了硬件基础。

第二，与21世纪初期宽松的政治环境有一定关系。在“三个代表”等思想的指引下，国家加强了对多种社会力量的统合和联系。教育部党组和各地教工委在贯彻相关意见时强调，要“解放思想，实事求是，大胆尝试，不断创造新经验，切实解决思想政治工作覆盖到位、增强针对性等问题，不断提高思想政治工作的实效”。[①] 一方面，高校加大了从大学生中发展党员的力度；另一方面，积极引导学生社团的发展，以此作为校园文化建设、创新思想政治工作的尝试。一些高校社团自发形成了社团协会，更多高校在团委内部设立社团管理部门或指导成立了社团联合会，负责社团的登记、注册工作及管理工作。[②]

第三，共青团组织在推动高校学生社团发展和制度建设上做了不少工作。共青团作为党联系青年的重要桥梁，在高校学生治理中扮演着重要角色。高校共青团系统有贯通上级共青团、学联、青联的功能，有广泛的校际交往，其干部晋升较快，青年干部工作积极性很高。加上长期与青年学生接触，共青团很快认识到高校学生社团的发展对落实 1999 年《中共中央关于加强和改进思想政治工作的若干意见》、2004 年《中共中央国务院关于进一步加强和改进大学生思想政治教育的意见》等中央文件的意义。开始通过强调学生社团对思想政治教育、校园文化建设、学生发展方面的积极作用，为学生社团发展争取资源和空间，并积极介入学生社团的发展与治理中。共青团中央、教育部、全国学联于 2004 年底推出全国高校“优秀学生社团”及标兵评选活动以“支持学生社团活动，促进学生社团发展，加强学生社团管理，引导学生社团健康发展”，调动各个高校共青团参与学生社团建设和管理工作的积极性。2005 年 1 月团中央联合教育部下发了《关于加强和改进大学生社团工作的意见》（中青联发〔2005〕5 号）。从政治上肯定了高校社团发展的意义，认为高校社团是“新形势下有效凝聚学生、开展思想政治教育的重要组织动员方式，是以班级年级为主开展学生思想政治教育的重要补充”，高校应从战略高度加强和改进学生社团工作，“积极支持学生社团活动，大力促进学生社团发展；切实加强对学生社团的管理，引导学生社团健康

① 《中共教育部党组关于高等学校学习贯彻〈中共中央关于加强和改进思想政治工作的若干意见〉的通知》，http：//www. chinalawedu. com/falvfagui/fg22598/19034. shtml。

② 《清华大学学生社团协会管理条例（2004 年）》，http：//learn. tsinghua. edu. cn/flfg/xs/txt/25shetuan. htm；《北京大学社团管理条例（2006 年）》，http：//baike. sogou. com/v69373126. htm。

发展”,[①] 并建议社团较多的高校成立社团联合会对社团进行管理。这既给予了高校学生社团以政治信任，也奠定了高校社团治理的良性框架，有利于学生自组织可持续发展。

四 大学生自组织的治理过程

不过，高校学生社团治理体系此后仍然经历了一个强化的过程。在共青团组织的推动下，各地高校迅速建立起相对合理的社团管理体制和管理办法，打好了社团管理的制度基础。清华大学、北京大学、北京师范大学、华中科技大学、华中师范大学等在 2004 年建立或改革了学生社团联合会，出台了详细的社团管理办法。在社团管理制度方面，首先，高校通过申请注册制、年检等制度加强了社团成立—注册—注销管理。其次，通过活动申请—审批制对社团活动进行灵活监管，综合考虑活动的风险、政治敏感性等对活动在校园举办的合适性进行签批，协同教务部、保卫部等统一管理学校的教室、设备的租借使用，以及广告、横幅的布置。再次，通过组织全校大型活动（如社团招新、社团文化节、暑期社会实践等）为学生社团提供活动平台，将学生社团置于公开的竞争市场当中。各个社团都需要凭借自己的理念、组织方式和活动来吸引同学的关注、支持与参与。最后，通过社团评优—评审活动、社团发展支持计划等从制度上引导社团发展，利用社团在地位、资源、机会、声誉等方面的层次分化引导社团发展，并将社团管理和发展与社团负责人的个人奖惩联系起来。

各校共青团还努力化解学生社团过度商业化及学生过度参与社团活动对学校教学和学生学习的负面影响，以及大规模学生活动可能带来的突发风险等问题。早期大量学生社团纷纷自发向校外商业机构争取赞助，进行资源动员，并承诺品牌推广、产品销售之类的商业回报。最开始，学校监管较少，

① 《共青团中央、教育部关于加强和改进大学生社团工作的意见》，http：//www. ccyl. org. cn/documents/zqlf/ –200703/t20070321_ 14553. htm。

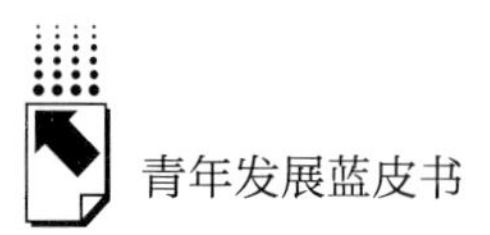

社团组织和活动商业化明显，给校团委等负责学生活动管理的部门带来了压力。各高校开始控制学生社团在校内展开商业活动和商业宣传，甚至要求社团在接受校外赞助时征得社团管理部门同意，同时开始提供更多经费支持学生社团活动。而为了防范社团活动引发突发事件（如学生伤亡与群体性事件），社团管理部门加强了对存在敏感因素（参与者含校外人士、敏感嘉宾）和风险因素（规模太大）的社团活动的把关，得到许可的活动常会进行“过分”准备，并将责任落实到人，以保证万无一失。

在这种更谨慎的氛围下，共青团组织推动建立的高校学生社团管理体制得到了巩固和强化。各地区不断召开跨高校的社团工作交流会，总结和传播社团管理的经验、教训。2016 年 1 月共青团中央、教育部、全国学联等联合印发了《高校学生社团管理暂行办法》，从高校学生社团的管理总则，管理机构，成立、年审和注销，组织建设，活动管理，经费管理，工作保障等多个方面对高校学生社团管理进行了详细规定和指导。可以说，经过大约 10 年实践探索，高校学生社团管理制度基本完善。第一，社团注册和登记管理进一步制度化、程序化、网络化，使得合法社团的成立和活动更加容易。第二，社团活动管理更加精细化，进一步强调高校党委对学生社团工作的领导责任，以及团委、辅导员对社团活动的指导、监管责任。第三，对学生社团及课外活动的支持和引导力度加大。加强了对社团发展的资金支持，加大了社团评优奖励力度，鼓励学生社团向主流意识形态靠拢，为高校人才培养和校园文化建设服务。

五　大学生自组织发展与治理的影响

经过快速发展后，高校学生社团成为校园文化活动生产的主体、学生课外互动的重要平台。高校学生治理由整齐划一的“学科班级制”向更为灵活化、扁平的自发“社团体系”转变。学生们自主组织社团，决定社团负责人，联络资源，进行组织建设和活动开发。各种社团充分调动了学生课后活动的积极性，吸引大量体力、智力和社会资源，生产的活动和服务与学校管理部门、团委和学生会等官方组织生产的活动形成了互补，极大地丰富了大学校园文化生活的供给，在一定程度上发挥了隐性课程及思想政治教育的作用。而学生在社团实践中，对资源动员和社会规则和制度有了更深入的理解，培育和提高了校园社会资本，增强了自我服务、自我学习能力与对母校的认同。高校原有治理体系中的班集体和班团干部的重要性有所下降，除上传下达行政信息、组织少量集体活动外，他们生产课外活动或构建共同体的负担大大减轻了。

学生社团的发展也为高校共青团工作转型发展提供了机会。首先，学生结社的政治风险提高了高校共青团工作的必要性和重要性。其次，学生社团的发展，极大改变了高校团委的内部组织架构和基层组织体系。新设立的社团代表大会（或社会联合会）和日常管理机构成为与基层团组织、学生会、研究生会类似的联系青年学生的组织。高校团委通过社团联合会管理几十甚至几百个小社团组织开展的活动，覆盖大多数学生，名副其实成为“枢纽型”组织。最后，学生社团的发展为高校团委工作向专业化青年工作发展创造了条件。高校通过整合社团活动、社会实践、公益活动、创业创新活动，建立了“第二课堂”成绩单制度，明确了高校“大思政”工作格局。

六　小结与讨论

经过前述快速发展，当前各高校合法成立和开展活动的学生社团，在满足大学生日益增加和多元化的社会文化服务需求方面作用巨大，促进大学生之间的互动、互信，培育了其社会资本，锻炼了其社会组织和社会参与的能力。高校党委和共青团实现了对公开成立的学生自组织及其领头人的有效控制。学生社团成为学生会以及校内各级团委会、班委会等学生自治组织之外，高校学生治理的重要渠道。

学生社团治理全面强化后，大学生会不会对社团活动失去兴趣，对成立社团组织失去积极性呢？综合各方面的情况判断，除少数学生外，这种情况暂时不会发生。日益成熟的管理制度下，相对敏感的学生社团（如宗教团体、政治对抗团体）难以获得合法身份和开展活动的机会，但大学生仍然得到了相当程度的制度化了的结社自由和组织权。随着中国经济的发展和综合国力的提高，“90后”“00后”大学生的“四个自信”确实在增长，加上国有垄断部门、体制内就业机会对大学生的吸引力提高，毕业生就业竞争激烈化，大多数学生比较认同国家对稳定的强调，并努力向有关标准靠拢，入党和报考公务员的热情很高。针对多个群体的比较调查表明，大学生对当前社会状况的满意度最高，对中国未来的发展信心也最足。

不过，确有少数学生群体不再追求官方注册，演变为更难监管的线上团体或地下团体，加上互联网在信息传播、表达、动员中的作用，带来新的治理问题。中山大学草坪禁令和清理修车、修鞋摊引发的网络讨论①表明，互联网已成为大学生利益表达和资源动员的首选渠道。大学生在日常活动（包括社团活动）中形成复杂关联，并转化为以个体为中心有着差序格局的圈子或团体，积累起社会信任和资本。一旦出现公共事件，很容易引发全局性舆情共振并经常导致对公共部门的不信任和谴责。国家不得不对微博、微信等公共舆论及自媒体平台进行更为严格的管控和引导，对治理水平和舆情应对能力都提出了新的更高的要求。

当前高校学生社团管理和学生治理方式还有值得改进的地方。首先，当前这套系统的运行成本高，紧张感强。导致高校辅导员和学生工作者的负担和压力太大，相关工作人员普遍工作强度大，职业倦怠明显。其次，日益严格化的社团管理也加大了学生社团运作的成本。除社团登记注册外，成员登记、活动台账、财务规范等制度化建设会在一段时间内带来怨言。再次，高校学生思想政治教育，大学生政治社会化的方式、方法有值得改进的空间。不少高校的思想政治课学生缺勤或人在心不在的情况普遍，思想政治理念“入脑入心”效果不佳，甚至引发学生的反感，与学生在课外活动中的状态形成了鲜明对比。非常有必要进一步研究、学习学生社团活动，通过课外实

① 《中山大学欲搬除30年修鞋摊引学生争议：请呵护历史中的人情》，参见澎湃新闻：http：//www.thepaper.cn/newsDetail_forward_1476815。

践及活动，让学生们了解中国国情及中国社会制度的发生与运作逻辑，提高学生的四个自信。发挥社会学、政治学、经济学等专业教育的作用。最后，高校学生课外活动服务管理专业化水平仍待提高，专业化与政治化之间的张力仍待化解。由于大规模增加专职辅导员会占用编制，加上无法妥善解决辅导员的长期发展问题，一些高校（特别是重点高校）专职辅导员的配备并不顺利。如何提高相关工作人员的专业化水平，平衡学生工作的政治化倾向，缩小专业教师和辅导员之间的社会差距，仍待实践给出答案。

社会治理水平提升既需要社会组织的自主性和公共性，又要有对政治体制的忠诚性，① 如何在向社会释放组织权的同时，坚持党的领导权仍有待深入研究。高校学生社团发展和治理历程为全社会社会组织的发展和治理提供了经验。首先，国家和社会要逐步就社会组织不可触碰的红线和边界达成共识，严厉打击越界行为。一旦违规违法就会遭遇来自市场（服务对象）和行业团体（社团联合会）的淘汰或惩罚。而这些惩罚背后有行政、司法部门作为公正后盾。其次，要进一步释放组织权，给予合法社会组织以“政治信任”，积极保护社会组织合法权益。在解决政治体制的合法性问题过程中，明确社会组织的自主空间，完善社会组织作为治理主体和服务主体的框架性制度，给予社会组织以“政治信任”。逐步扩大群众通过组织化的方式进行意见表达的体制通道，通过党群枢纽组织、人大代表、政协代表加强与这些组织的联系，增进它们对中国特色社会主义治理体系的认同和自信。起桥梁作用的群团组织和党政部门应该实事求是地评估相关社会组织的对抗性，积极为社会组织的健康发展争取政治信任和制度空间。最后，营建社会组织发展所需要的制度和条件，为社会组织表达利益诉求、参与治理提供渠道和平台。引导基层政府从直接提供服务向培育社会资本、支持社会组织成长、提升民众自我服务能力的方向转变；推动民间基金和社会慈善事业规范化发展；将民众的社会参与同“积分入户”、市民荣誉等制度联系起来。通过资源支持、资金支持（如公共服务采购）、荣誉奖励等方式调动社会组织

① 李友梅等：《当代中国社会建设的公共性困境及其超越》，《中国社会科学》2012 年第 4 期。

和群众参与的积极性；让各种社会组织置身于一种竞争性的、互相制约的组织生态系统中，为社会组织的发展和城市文化发展创造条件。

参考文献

胡继冬:《我国高校学生社团发展动力及其引导策略研究》，大连理工大学博士学位论文，2012。

李友梅、肖瑛、黄晓春:《当代中国社会建设的公共性困境及其超越》，《中国社会科学》2012 年第 4 期。

向顺涛:《大学生社团文化的偏差浅析》，《青年研究》1992 年第 6 期。

B.5

中国新生代农民工的社会参与研究报告

梁玉成　赖世文　王訾桐*

摘　要： 新生代农民工广泛深入的社会参与有利于提高新生代农民工的城市融入，促进城镇化健康发展。本文利用2016年“中国劳动力动态调查”数据，从社会交往、社区关系和社会组织参与三方面分析新生代农民工的社会参与状况。在社会参与总得分上，新生代农民工的社会参与总体水平在各劳动群体中位置偏低。与老一代农民工相比，“弱关系网络”在新生代农民工的社会交往中的作用更加突出。新生代农民工的社区关系呈现出个体化、原子化的趋势，社会组织的参与水平较低。性别、迁移距离、受教育程度、单位类型等都会影响新生代农民工社会参与水平。

关键词： 新生代农民工　社会参与　社会交往　社区关系　社会组织参与

良好的社会参与有利于促进社会成员为共同的社会目标进行的团结协作，加强社会成员对社会规范的认可，培育社会信任，推动社会治理方式的完善和创新①。提高新生代农民工社会参与水平，有利于培养新生代农民工的社会责任感和公共精神，增进农民工与城市居民之间的相互了解，促进新生代农民工

---

* 梁玉成，中山大学社会学与人类学学院教授；赖世文，中山大学社会学与人类学学院本科生；王訾桐，中山大学社会学与人类学学院本科生。

① 胡康：《文化价值观、社会网络与普惠型公民参与》，《社会学研究》2013年第6期。

在城镇的社会融入，推动新生代农民工的市民化进程。本文将从个人社会交往、社区关系和社会组织参与三个维度分析新生代农民工社会参与。这既包括了新生代农民工组织化制度化的参与，也包括了人际互动非制度化的参与；既包括了个体层面的参与，也包括了社区层面和组织层面的参与。本文将采用2016年“中国劳动力动态调查”数据，分析新生代农民工社会参与的基本状况和影响因素，以期为社会各界更好掌握新生代农民工社会参与的特点提供参考。①

表1　各维度测量指标的选取

维度	测量指标
社会交往	除上班时间外在本地平时来往最多的人 在本地遇到困难时求助对象
社区关系	与邻里的熟悉程度 对邻里的信任程度 与邻里的互助程度
社会组织参与	是否参加社团组织 参加组织活动情况

一　新生代农民工社会参与的总体状况与群体差异

（一）新生代农民工社会参与总体水平较低

新生代农民工社会参与总体水平的得分仅为59.2分，不仅低于老一代农

① 中国劳动力动态调查（China Labor - force Dynamics Survey）是由中山大学社会科学调查中心组织并实施的一项全国追踪调查，调查内容涵盖城乡劳动力的教育、工作、迁移、健康、社会参与和经济活动等众多研究议题，旨在以村/居为单位动态追踪调查中国城乡家庭和劳动力状况。该调查每两年一次，通过多轮调查系统监测村/居社区的社会结构和家庭、劳动力个体的变化及其相互影响，并逐步建立社区、家庭和劳动力三个层次的追踪数据库，从而为实证导向的理论研究和政策研究提供基础数据。2016年调查于当年7～9月完成，属于该项目的第三轮全国调查。调查样本覆盖中国29个省、自治区和直辖市（除西藏、海南、港澳台外），调查对象为样本家庭户中的全部劳动力（年龄范围为15～64岁）。

民工（62.1分），而且与其他劳动力群体相比也处于相对落后的位置。通过比较社会交往、社区关系、社会组织参与指标得分情况，我们发现，新生代农民工和其他群体在社会参与指标体系中各指标的得分呈现结构性的特点。

从社会交往上看，新生代农民工（69.9分）的得分仅高于老一代农民工（65.6分），与新生代市民（78.9分）、老一代市民（77.3分）、老一代农民（71.1分）均有较大差距；从社区关系上看，新生代农民工（61.2分）也仅高于新生代市民（56.4分）；在社会组织参与上，新生代农民工的得分（46.3分）在六个群体中处于最低水平。由此可见，新生代农民工的社会交往、社区关系和社会组织参与都处于较低水平。

在绝对水平上，“新生代农民工”群体的社会交往指标得分最高，其后依次为社区关系、社会组织参与；老一代农民工、新生代农民、老一代农民的社区关系得分最高；而新生代市民、老一代市民则是社会交往得分最高。新老市民和新老农民呈现两种不同的社会参与模式：社会交往是新老市民社会参与的重要方式，社区的作用弱；新老农民的社会参与中，社区扮演了最重要角色，社会交往相对较弱。老一代农民工的社会参与与新老农民的模式更相似，新生代农民工的社会参与与新老市民的模式更相似。总体来看，除老一代市民外，各个群体的社会组织参与指标得分均为最低，这与我国社会组织发育状况不完善有关。因此，提高社会组织参与程度是提高社会参与程度的有效途径。

（二）新生代农民工社会参与存在明显群体差异

统计结果显示，年龄、受教育程度、单位类型、健康状况对新生代农民工的社会参与情况有显著影响，导致新生代农民工社会参与水平的群体内部差异。年龄对新生代农民工社会参与程度的影响方面，年龄每增长1岁，社会参与得分增长0.136分。随着年龄的增加，新生代农民工主观上会去寻求更多的社会参与机会，从而更好地融入城市生活，而随着参与时间的增加和人际关系的逐渐积累，社会参与程度也会随之上升。

受教育程度对新生代农民工社会参与程度的影响方面，不同受教育程度

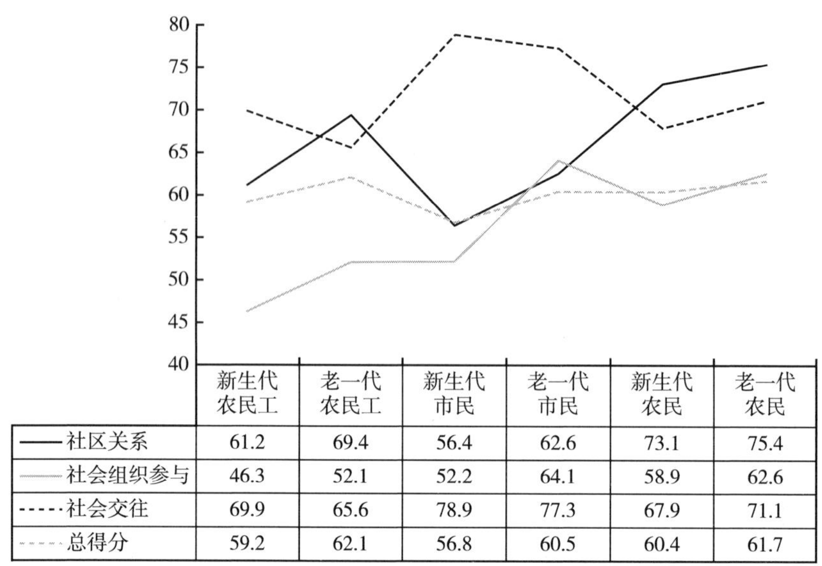

	新生代农民工	老一代农民工	新生代市民	老一代市民	新生代农民	老一代农民
社区关系	61.2	69.4	56.4	62.6	73.1	75.4
社会组织参与	46.3	52.1	52.2	64.1	58.9	62.6
社会交往	69.9	65.6	78.9	77.3	67.9	71.1
总得分	59.2	62.1	56.8	60.5	60.4	61.7

图1　社会参与指标体系得分情况

的新生代农民工间有显著差异，受教育程度越高，社会参与得分越高。教育提高了农民工的文化素质和文化修养，提高了农民工社会参与的意识和能力。教育对公民社会参与的正向作用与以往研究结论基本一致。但是对于不同阶段教育的影响程度，较以往研究呈现不同结果。本文结果显示，对新生代农民工来说，大学专科教育对社会参与程度的提升作用最大。

单位类型对新生代农民工社会参与程度的影响方面，与国有单位的新生代农民工相比，民营私营企业、外资企业、无单位的新生代农民工的社会参与得分均较低，其中外资企业中的新生代农民工社会参与得分最低，甚至低于无单位的新生代农民工。这可能与我国经济制度下国有单位的特点有关。我国坚持以公有制经济为主体，多种所有制经济共同发展的基本经济制度，国有经济是公有制经济的重要组成部分。国有企业员工受“单位制”的影响，表现出更高的社会参与意愿。

健康状况对新生代农民工社会参与程度的影响方面，随着健康状况等级从健康到不健康，新生代农民工社会参与得分降低，非常不健康的新生代农民工社会参与得分比非常健康的新生代农民工低 7.887 分。新生代农民工正处于青年精力旺盛的时期，其健康状况显著影响社会参与状况，这说明良好的健康状况是人参与社会活动的基本条件，提升全民健康水平有利于促进全社会成员的社会参与。

此外，新生代农民工与老一代农民工社会参与程度存在明显的内部差异。性别、收入、受教育程度、健康状况对社会参与得分的影响在新生代农民工和老一代农民工间存在差异。性别对老一代农民工的社会参与得分影响显著，男性社会参与得分比女性高 2.425 分，而这一影响因素在新生代农民工群体中不显著。新生代农民工社会参与的性别不平等现象相比老一代农民工有所减少。收入对新生代农民工的社会参与有显著影响，收入越高，社会参与得分越高。以往研究也得出农民工收入水平的提高有利于促进其对社会生活的全面参与和融入的结论。但是收入对老一代农民工的社会参与没有显著作用。教育对社会参与的作用在老一代农民工群体中没有体现，这可能与老一代农民工整体受教育水平较低，人力资本同质性较高有关。① 与小学及以下的老一代农民工相比，受教育程度更高的老一代农民工在社会参与得分上没有统计上的显著差异。不同健康状况的新生代农民工间均有显著差异，而在老一代农民工中仅有健康状况一般的老一代农民工社会参与得分显著低于非常健康的老一代农民工。

二 “弱关系网络”对新生代农民工的社会交往日益重要

（一）除工作时间外来往最多的人

日常往来反映了新生代农民工的社会网络深入当地社会的程度。数据显

① 本文研究数据中，受教育程度 1 ~ 5 级分别为小学及以下、初中、高中、大专、本科及以上五个等级，老一代农民工平均受教育程度为 1.682 级，标准差为 0.837；新生代农民工受教育程度为 2.732 级，标准差为 1.069。和新生代农民工相比，老一代农民工平均受教育程度较低，受教育水平差异较小。

示，与老一代农民工相比，地缘和亲缘关系在新生代农民工日常交往中的地位有所下降，而业缘和友缘关系的作用有所上升。与“其他一起工作的朋友”和“本地同学/朋友”来往最多的新生代农民工占总体的26.78%和19.66%，这成为新生代农民工日常交往的主要对象。而老一代农民工中分别只有14.84%和9.43%的人与“其他一起工作的朋友”和“本地同学/朋友”来往最多。

在新生代农民工内部，有显著的性别差异和由于迁移距离带来的差异，有36.52%的男性新生代农民工来往最多的人是其他一起工作的朋友，女性仅为19.8%；而更多的女性新生代农民工认为自己与本地同学和朋友来往最多，这一选项占比21.27%。从迁移类型看，在其他乡镇工作的新生代农民工选择“本地户籍亲戚”最多，占比27.43%，而在其他城市工作的选择“其他一起工作的朋友”最多，占比29.03%。这都说明迁移距离越远，新生代农民工越倾向建立业缘关系，与在工作上有联系的人交往，但在其他城市工作的新生代农民工群体的本地户籍亲戚较少或许也是潜在原因之一。

表2　新生代农民工工作之外来往最多的人*

单位：%

来往最多的人	男性	女性	在其他乡镇工作	在其他城市工作	新生代农民工总体	老一代农民工
一起出来工作的亲戚	12.63	16.63	7.08	16.47	14.96	14.37
一起出来工作的同乡	16.38	9.54	5.31	13.75	12.39	17.77
本地户籍亲戚	5.12	15.40	27.43	7.98	11.11	15.92
其他一起工作的朋友	36.52	19.80	15.04	29.03	26.78	14.84
本地户籍同事	4.78	2.44	8.85	2.38	3.42	4.02
本地同学/朋友	17.41	21.27	24.78	18.68	19.66	9.43
跟人来往不多	7.17	14.91	11.5	11.71	11.68	23.65
卡方值	55.1249 ***		63.6795 ***		87.0917 ***	

***：卡方检验值显著表明组间差异具有统计学意义。以下各表同。

注：在本乡镇工作的新生代农民工未填答此问题。

（二）一般求助对象

根据农民工从社会网络中获得的社会支持，农民工的社会网络可以分为“交往性网络”、“情感性网络”和“工具性网络”①。“除工作时间外来往最多的人”反映了新生代农民工交往性网络的状况，“求助对象”则反映了新生代农民工通过情感性网络和工具性网络获得物质和精神上支持的状况。尽管亲缘与地缘关系在新生代农民工寻求帮助时仍然起重要作用，但是与老一代农民工相比，新生代农民工对亲缘、地缘关系的依赖有所下降，而业缘关系和友缘关系的作用更加突出。51.74%的新生代农民工遇到困难时主要会向亲戚和同乡求助，而在老一代农民工中这一比例高达58.36%。32.8%的新生代农民工遇到困难时向“本地同学/朋友”或“其他一起工作的朋友”求助，而这一比例在老一代农民工中只有13.37%。

表3　新生代农民工一般遇到困难时的求助对象

单位：%

一般求助对象	男性	女性	在其他乡镇工作	在其他城市工作	新生代农民工总体	老一代农民工
一起出来工作的亲戚	21.16	15.56	8.77	26.64	23.70	22.19
一起出来工作的同乡	15.02	6.02	3.51	11.07	9.83	12.31
本地户籍亲戚	10.58	23.81	42.11	13.49	18.21	23.86
其他一起工作的朋友	25.94	11.53	13.16	18.51	17.63	6.99
本地户籍同事	1.71	2.51	6.14	1.38	2.17	1.22
行政执法部门人员	0.68	1.00	0.88	0.87	0.87	3.19
本地同学/朋友	12.97	16.79	13.16	15.57	15.17	6.38
村/居委会、物业人员、房东	0.00	0.75	0.88	0.35	0.43	1.06
很少找人	11.95	12.03	11.40	12.11	11.99	22.80
卡方值	55.9789 ***		73.6940 ***		97.4915 ***	

注：在本乡镇工作的新生代农民工未填答此问题。

① 潘泽泉、杨金月：《社会关系网络构成性差异与“强弱关系”不平衡性效应分析——基于湖南省农民工“三融入”调查分析》，《中南大学学报》（社会科学版）2017年第6期。

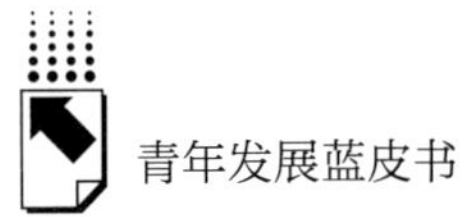

在新生代农民工群体内部，新生代农民工的求助对象的选择呈现明显的性别差异和迁移类型的差异。男性新生代农民工群体倾向寻求一起出来工作的亲戚（21.16%）和其他一起工作的朋友（25.94%）的帮助，而女性新生代农民工则倾向寻求本地户籍亲戚（23.81%）和本地同学/朋友（16.79%）的帮助。相比于女性，男性新生代农民工更多依靠地缘关系寻求社会支持。亲缘关系在新生代农民工社会支持中有重要作用，男性和女性新生代农民工中分别有 31.74% 和 39.37% 的人寻求亲戚的帮助。迁移类型会影响新生代农民工求助对象的性质。在其他乡镇工作的新生代农民工群体向本地户籍亲戚寻求帮助的比例高达 42.11%，而在其他城市工作的新生代农民工群体中这一比例仅为 13.49%。在其他城市工作的新生代农民工分别有 26.64% 的和 11.07% 的一般向“一起出来工作的亲戚”和“一起出来工作的同乡”寻求帮助，而在其他乡镇工作的新生代农民工在这两个选项上的比例只有 8.77% 和 3.51%。

从强弱关系的角度，将新生代农民工依靠亲缘、地缘进行社会交往、寻求帮助的社会网络归为“强关系网络”，依靠友缘、业缘等其他关系进行社会交往、寻求帮助的社会网络归为“弱关系网络”[①]。“弱关系网络”成为新生代农民工的“交往性网络”的主要部分，业缘和友缘成为新生代农民工建立日常交往关系的主要因素，“其他一起工作的朋友”和“本地同学/同事”是新生代农民工日常交往的主要对象。尽管在新生代农民工遇到困难时，“强关系网络”仍然是其寻求帮助的主要渠道，但是“弱关系网络”在新生代农民工的求助网络中的作用有所上升。新生代农民工交往对象和求助对象的选择呈现显著的性别差异和迁移类型的差异。

---

① 悦中山、李树茁：《从“先赋”到“后致”农民工的社会网络与社会融合》，《社会》2011年第6期。

三 新生代农民工社区关系个体化，迁移距离影响社区关系

社区为社会成员提供了公共空间和再社会化的基本载体①，是新生代农民工社会参与的基本场所。社区关系是新生代农民工在社区层面上的社会互动质量的反映。与老一代农民工相比，新生代农民工的社区关系更加松散，邻里之间的熟悉程度、信任程度和互助频率都有所下降。在邻里熟悉程度上，70.04%的老一代农民工与邻居"比较熟悉"或者"非常熟悉"，而在新生代农民工中这一比例下降为50.26%。在邻里信任程度上，62.81%的老一代农民工中对邻居"比较信任"和"非常信任"，而在新生代农民工中这一比例为46.45%。在邻里互助程度上，50.56%的老一代农民工与邻居互助"比较多"或者"非常多"，而这一比例在新生代农民工群体中仅为37.37%。

表4 新生代农民工与邻里的熟悉情况

单位：%

与邻里的熟悉程度		非常不熟悉	不太熟悉	一般	比较熟悉	非常熟悉	卡方值
老一代农民工		1.63	7.15	21.18	40.41	29.63	
新生代农民工总体情况		2.94	13.68	33.12	34.66	15.60	417.8730 ***
性别	男	3.24	12.52	30.80	34.82	18.61	24.4646 ***
	女	2.69	14.63	35.01	34.53	13.15	
外出工作类型	在本乡镇工作	1.18	9.01	31.51	39.22	19.08	468.4900 ***
	在其他乡镇工作	2.92	17.88	43.43	28.83	6.93	
	在其他城市工作	10.16	30.97	35.16	18.55	5.16	

在邻里熟悉程度和邻里信任程度上，新生代农民工群体内部呈现显著的性别差异，而在邻里互助频率上性别差异不显著。在邻里熟悉程度上，

① 孔娜娜：《认知、服务、参与：新生代农民工认同建构与社区融入》，《学习与实践》2013年第2期。

53.43%的男性新生代农民工与社区内其他居民较为熟悉，而这一比例在女性中为47.68%；在邻里信任程度上，50.32%的男性新生代农民工对社区内其他居民信任度较高，而只有43.29%的女性邻里信任度较高。相比于女性，男性新生代农民工的邻里熟悉度和信任度更高，社区关系更加紧密。

表5　新生代农民工与邻里的信任情况

单位：%

与邻里的信任程度		非常不信任	不太信任	一般	比较信任	非常信任	卡方值
老一代农民工		1.05	5.82	30.32	45.56	17.25	
新生代农民工总体情况		1.11	7.63	44.82	38.77	7.68	299.9424 ***
性别	男	0.84	7.26	41.57	41.57	8.75	18.6730 **
	女	1.32	7.92	47.47	36.48	6.81	
外出工作类型	在本乡镇工作	0.67	5.00	41.82	43.00	9.52	248.7650 ***
	在其他乡镇工作	0.36	9.49	54.38	30.66	5.11	
	在其他城市工作	3.23	17.58	52.90	25.00	1.29	

不同迁移类型的新生代农民工群体在社区内的邻里熟悉程度、邻里信任程度和邻里互助频率三个方面都存在显著差异。在邻里熟悉程度上，58.3%在本乡镇工作的新生代农民工邻里熟悉度较高，35.76%在其他乡镇工作的新生代农民工邻里熟悉度较高；23.71%在其他城市工作的新生代农民工邻里熟悉度较高；在邻里信任度上，52.52%在本乡镇工作的新生代农民工邻里信任度较高，而这一比例在另外两个群体中分别为35.77%和26.29%；在邻里互助频率上，43.63%在本乡镇工作的新生代农民工邻里互助较多，这一比例在另外两个群体中为26.27%和16.61%。新生代农民工迁移距离越远，社区关系越松散，这可能也与大城市社区异质性较高，社区内社会互动具有匿名性、非人情化和表面化的特点有关①。促进新生代农民工的社会参与和城市融入，应以社区为切

① 李洁瑾、黄荣贵、冯艾：《城市社区异质性与邻里社会资本研究》，《复旦学报》（社会科学版）2007年第5期。

入点，创新社区管理体制机制，提高新生代农民工的社区关系质量和社区参与水平。

表6　新生代农民工与邻里的互助情况

单位：%

<table>
<tr><th colspan="2">与邻里的互助程度</th><th>非常少</th><th>比较少</th><th>一般</th><th>比较多</th><th>非常多</th><th>卡方值</th></tr>
<tr><td colspan="2">老一代农民工</td><td>5.51</td><td>14.11</td><td>29.82</td><td>39.61</td><td>10.95</td><td rowspan="2">175.6763 ***</td></tr>
<tr><td colspan="2">新生代农民工总体情况</td><td>6.58</td><td>18.25</td><td>37.81</td><td>31.96</td><td>5.41</td></tr>
<tr><td rowspan="2">性别</td><td>男</td><td>6.94</td><td>17.64</td><td>36.64</td><td>32.81</td><td>5.97</td><td rowspan="2">4.3539</td></tr>
<tr><td>女</td><td>6.28</td><td>18.74</td><td>38.75</td><td>31.26</td><td>4.96</td></tr>
<tr><td rowspan="3">外出工作类型</td><td>在本乡镇工作</td><td>3.58</td><td>14.95</td><td>37.84</td><td>36.94</td><td>6.69</td><td rowspan="3">361.0536 ***</td></tr>
<tr><td>在其他乡镇工作</td><td>6.93</td><td>20.44</td><td>46.35</td><td>22.99</td><td>3.28</td></tr>
<tr><td>在其他城市工作</td><td>18.71</td><td>30.81</td><td>33.87</td><td>15.48</td><td>1.13</td></tr>
</table>

四　新生代农民工的社会组织参与度低，教育和单位类型影响显著

（一）是否参加社会组织或社团

新生代农民工与老一代农民工在是否参加社会组织或社团上差别不大。老一代农民工社会组织或社团的参与比例为5.75%，新生代农民工的参与比例为6.14%，两个群体的社会组织或社团的参与度都比较低。新生代农民工的社团与社会组织参与度存在显著的性别差异，男性比女性的参与度更高。10.73%的男性新生代农民工参加社会组织或社团（包括工会），而只有5.56%的女性新生代农民工参加社会组织或社团（包括工会）。不同迁移类型的新生代农民工的社团与社会组织参与比例略有差异。在本乡镇工作和其他乡镇工作的新生代农民工分别仅有5.62%和6.2%参加社会组织或社团，而在其他城市工作的有8.23%参加过社会组织或社团，但此差异不具有统计上的显著性。

表 7　新生代农民工是否参加社会组织或社团

变量	变量水平	参加比例	卡方值
老一代农民工		5.75	0.59
新生代农民工总体		6.14	
性别	男	10.73	8.1606 ***
	女	5.56	
外出工作类型	在本乡镇工作	5.62	5.8614
	在其他乡镇工作	6.20	
	在其他城市工作	8.23	

（二）社会组织参与多样化程度

新生代农民工参加的社会组织数量为人均 1.26 种，略少于老一代农民工。老一代农民工的社会组织数量为人均 1.32 种。不同性别和不同迁移类型的新生代农民工在社会组织参与多样化程度上存在差异。与男性相比，女性的社会组织参与多样化程度更高，男性和女性新生代农民工参加的社会组织分别为人均 1.13 种和 1.4 种；从迁移类型看，在本乡镇工作的新生代农民工群体在三类群体中社会组织参与多样化程度最高，为人均 2.12 种，而在其他乡镇工作和在其他城市工作的新生代农民工分别为 1.08 种和 1.38 种。

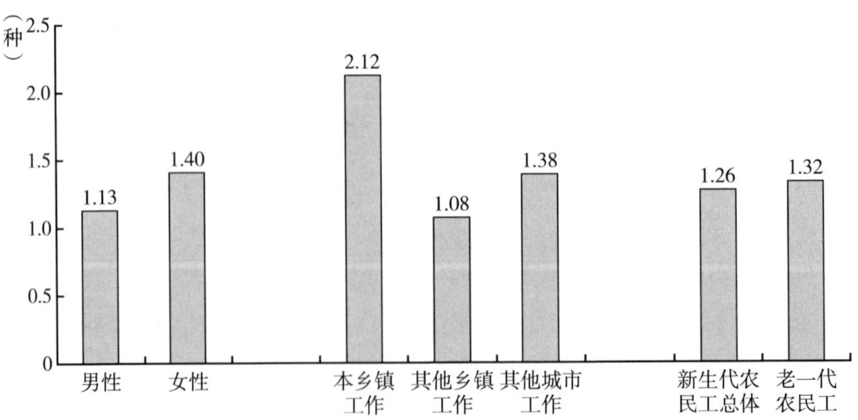

图 2　参与社会组织或社团的数量

（三）社会组织活动参与情况

社会组织参与数量反映了新生代农民工社会组织参与的广度，而社会组织活动参与情况则反映了新生代农民工社会组织参与的深度。对“过去一年您参加该组织活动的频率怎样”这一问题的回答，“从不”、“一年数次或更少”、“一月数次”、“一周数次”、“每天”分别对应 1 ~ 5 分，取标准平均值后得分越高，社会组织活动参与频率越高。新生代农民工与老一代农民工的社会组织活动参与频率基本持平，分别为 2.55 和 2.57 分。女性新生代农民工参加社会组织活动的频率比男性低。女性和男性新生代农民工的社会组织活动参与频率得分分别为 2.48 和 2.63 分。不同迁移类型的新生代农民工群体中，到其他城市工作的新生代农民工社会组织活动参与频率最低，平均得分仅为 2 分。

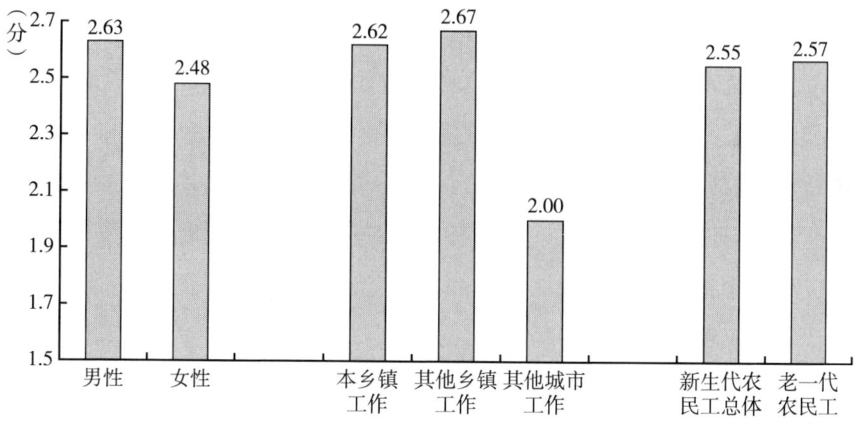

图 3　社会组织活动参与频率

综上所述，新生代农民工社会组织参与率较低，男性新生代农民工社会组织参与率高于女性；新生代农民工社会组织参与多样化程度和社会组织活动参与度也偏低。新生代农民工的社会组织参与状况与我国社会组织的整体环境有关。我国社会组织缺乏社会成员自发组建社会组织的社会治理传统，而是带有“国家动员”的色彩①。政府和社会对社会组织过高的角色期待，也导致在实践中群众对组织容易发生“信任危机”②。政府和社会为社会组织营造一个良好的成长环境，有利于提高新生代农民工的社会参与水平。

五 总结

本文利用“中国劳动力动态调查”数据，从社会交往、社区关系和社会组织参与三个方面分析新生代农民工社会参与的特征。本文将新生代农民工的社会参与情况与老一代农民工进行对比，并分析新生代农民工群体内部在社会参与上的差异。通过统计方法，以社会参与得分评价新生代农民工社会参与水平，讨论新生代农民工社会参与的影响因素。掌握新生代农民工社会参与的基本特征，有利于推动新生代农民工的城市融入，促进和谐社会的构建。通过分析，本文总结出以下几点。

一是站在社会变革和社会转型的历史交汇点上，新生代农民工与老一代农民工相比呈现一些可喜的变化。新生代农民工的社交半径不再局限于亲缘关系和地缘关系，“弱关系网络”的重要性有所上升。友缘关系和业缘关系成为新生代农民工最为重要的社交网络。新生代农民工的社会交往范围进一步拓宽，这与城市日益开放、对外来人口的接纳有关。同时，新媒体的广泛运用也有利于拓宽农民工意见表达的空间，促进新生代农民工的社会参与。新生代农民工可以通过微博、博客、论坛走向公共空间，参与公共问题的讨论，并通过 QQ、微博等即时通信软件来建立和维持异地关系网络。

二是新生代农民工的社会参与状况仍不容乐观。新生代农民工的社会参与总得分与老一代农民工相比有所降低，在各个群体中也处于相对落后的位置。与老一代农民工相比，新生代农民工的社区关系更加松散，呈现原子化的特征。新生代农民工的社团和社会组织参与度不高，社会组织参与多样化

---

① 杨敏：《公民参与、群众参与与社区参与》，《社会》2005 年第 5 期。

② 文军：《中国社会组织发展的角色困境及其出路》，《江苏行政学院学报》2012 年第 1 期。

程度较低，参与组织活动的积极性也不高，这与我国社会组织发育不完善有关。在社会流动加剧、传统社群逐渐瓦解、个体主义日益盛行的背景下，促进新生代农民工的社会参与，培育新生代农民工的责任感，需要营造良好的公民参与氛围，提升新生代农民工的参与热情。

提升新生代农民工的社会参与水平，促进新生代农民工的城市融入，需要国家、政府、企业和社会各界多方合力，优化新生代农民工的社会参与环境，提升新生代农民工的社会参与能力。推动权利公平、机会公平、规则公平，营造公平正义的社会环境，新生代农民工才有底气、有信心参与到公共生活和公共决策之中。政策制定者打破制度壁垒，完善制度设计。企业和市场主体承担社会责任，维护农民工的基本利益。学校教育应将公民意识教育和公民参与教育嵌入课程体系中，提升新生代农民工对公民参与的认识。社区参与和社会组织参与为提升新生代农民工社会参与能力提供了良好的训练场和实践场：应发挥社区在社会参与和社会整合中的作用，积极接纳新生代农民工作为社区中平等的一分子，鼓励新生代农民工参与社区活动和社区事务，重视新生代农民工在社区事务中的利益关切，保障社区参与渠道的通畅；参加社会组织和社会组织活动，可以锻炼新生代农民工的合作能力、意见表达能力，培养其对社会事务的关切。联动多元主体，多层次、多方面地培养新生代农民工的社会参与能力，创新社会治理和社会管理方式，调动新生代农民工的社会参与热情，提升新生代农民工的社会参与质量，从而培育新生代农民工的良好的社会心态和公民精神，发挥其在城市与乡镇社会建设中的重要作用，激发社会发展新动力。

参考文献

胡康：《文化价值观、社会网络与普惠型公民参与》，《社会学研究》2013 年第 6 期。

孔娜娜：《认知、服务、参与：新生代农民工认同建构与社区融入》，《学习与实践》2013 年第 2 期。

李洁瑾、黄荣贵、冯艾：《城市社区异质性与邻里社会资本研究》，《复旦学报》

（社会科学版）2007 年第 5 期。

潘泽泉、杨金月：《社会关系网络构成性差异与“强弱关系”不平衡性效应分析——基于湖南省农民工“三融入”调查分析》，《中南大学学报》（社会科学版）2017 年第 6 期。

悦中山、李树茁：《从“先赋”到“后致”农民工的社会网络与社会融合》，《社会》2011 年第 6 期。

附录：

因子分析结果

变量	因子 1 负载	因子 2 负载	因子 3 负载
除上班时间外在本地平时来往最多的人	0.8497	—	—
在本地遇到困难时求助对象	0.8717	—	—
与本社区居民熟悉程度	—	0.8230	—
对邻里的信任程度	—	0.7792	—
与邻里的互助程度	—	0.8518	—
是否参加社团组织	—	—	0.8876
参加组织活动情况	—	—	0.8855
特征根	1.39	2.28	1.47
解释比例(%)	19.83	32.59	20.94
累计解释比例(%)	19.83	52.42	73.36

B.6
中国新生代农民工文化融入研究报告

王 军　叶一舟　陈静仪*

摘　要： 让新生代农民工更好地融入城市文化生活，既是全国人民共享改革开放成果的具体体现，又是我党为之努力奋斗的目标。本报告利用2016年中国劳动力动态调查数据，从职业、社区、文化三个方面对新生代农民工的文化融入进行分析，并重点关注新生代农民工文化融入的内部差异。本报告发现，新生代农民工文化融入状况总体较好，呈现明显的“半融入”过渡状态。无论是职业文化、社区文化还是观念文化的融入状况都比较乐观，呈现向本地市民靠拢的趋势。文化融入的内部差异方面，男性相比女性的文化融入要好一些；年龄越大且教育程度越高的群体更易于融入城市文化，这与其社交经验与能力直接相关；而迁移距离越远，越呈现内部抱团情况，故文化融入越差。

关键词： 新生代农民工　文化融入　劳动力动态调查　职业　社区　观念

在20世纪80年代末，我国出现了民工潮。大量的农村剩余人口涌入城市中，引起政府和社会各界的广泛关注，学术界关于农民工的研究也自此开

* 王军，中山大学社会学与人类学学院副教授；叶一舟、陈静仪，中山大学社会学与人类学学院2015级本科生。

始。随着城镇化与现代化的快速发展，新生代农民工开始成为农民工大军的主体，其数量是庞大的。国家统计局的调查数据发现，截至 2014 年，中国农民工总量达到 2.74 亿，其中新生代农民工约占 60% ~70%。由此可见，现如今的新生代农民工群体是不可忽视的一个重要群体，他们已经成为城市建设和发展的主要力量。此外，改革开放以来，有关农民工的政策从未间断过，特别是近几年，我国政府在农民工问题上不断努力，包括颁布政策文件、组织调查研究等，政策的落实和制度的实现也取得了有效成果。研究和解决占农民工群体主要力量的新生代农民工问题具有重要的理论意义和实践作用。

我国目前的城镇化发展水平还远不及世界发达国家的水平，但是我国的城镇化发展速度与日俱增，在城镇化进程中，农民工尤其是新生代农民工不断从农村迁移至城市。随着城乡一体化以及国家政策的不断完善，新生代农民工在经济和政治融入上相对容易，属浅层次地融入城市，深层次的融入则体现在文化融入上。相对而言，经济融入、政治融入快于文化融入。文化融入要求农民工的价值观念、心理形态、行为模式等方面从传统走向现代。

一　多角度呈现新生代农民工文化融入的状态

2010 年中央一号文件提出，要“着力解决新生代农民工问题”。这是党的文件中第一次使用“新生代农民工”这个词。中国社会科学院王春光教授在学术领域也有所提及，他指出，“新生代农民工是介于第一代农村流动人口和第二代农村流动人口之间的过渡性农村流动人口”①。我们可以从年龄、职业、制度身份、劳动关系以及地域五个方面对新生代农民工这个群体进行认识和界定：在年龄方面，新生代农民工主要出生于 20 世纪 80 年代，在 20 岁左右外出打工；在职业方面，新生代农民工主要从事非农性质的职

① 王春光：《新生代农民工城市融入进程及问题的社会学分析》，《青年探索》2010 年第 3 期。

业；在制度身份方面，农民工的户籍基本是农业户口，极少数能够获得城市户口；在劳动关系方面，农民工主要是在国有企业、集体企业、私营企业中工作，多为雇用身份；在地域方面，农民工多数来自农村地区。

新生代农民工最迫切的诉求之一就是对所在城市的融入，而文化作为精神文明的集中反映，又成为新生代农民工城市融入的关键所在。对于文化融入，雷德菲尔德在1936年提出，文化融入是指两个具有不同文化的群体直接或间接接触后，两种文化在个体或者群体层面上发生冲突和碰撞，一种文化融合另一种文化，或者两种文化互相借鉴融合的过程[①]。

就新生代农民工而言，文化融入指的是他们长期在城市工作生活后，受现代城市文化的影响和吸引，迫切地想加入这种文化中去，适应和习惯迁入地的具有区域特征的语言文字、生活方式、风俗习惯、心理特征等，实现从身份到心理的“转变”。新生代农民工的文化融入具有双向性，即新生代农民工在保留自身农村文化的前提下，在承认、重视城市文化与农村文化的差异前提下，尊重、协调城市文化与农村文化，在已有的文化基础上形成新的生活方式、文化心理、价值观念等，最终融入城市生活。

本报告主要将新生代农民工的文化融入分为三个维度，职业文化融入、社区文化融入和观念文化融入。职业文化融入指新生代农民工在工作上的文化融入，包括工作氛围和工作目的，工作是个人生活的重要组成部分，工作上的文化融入，有利于形成良好的工作状态；社区文化融入指的是新生代农民工对居住社区的文化融入，包括社区熟悉程度、地方语言使用和本地好友数量，不同社区有着不同的文化，融入社区文化，可以帮助农民工促进睦邻关系，更好地调节自己的生活状态；观念文化融入是指新生代农民工在精神观念层面的融入，包括文化能力和文化观念，城乡间的观念差异是存在的，而观念文化的融入则体现农民工对城市文化的适应程度。本报告将分别对这三个维度的现状、趋势和影响因素进行分析。

① Redfield R., R. Linton & M. J. Herskovits, Memorandum for the Study of Acculturation. *American Anthropologist*, 1936, 38 (1), pp. 149 - 152.

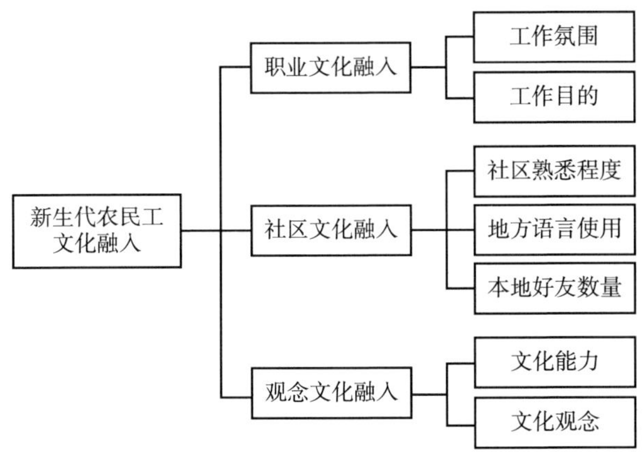

图1　新生代农民工文化融入的结构示意

本报告使用2016年中国劳动力动态调查（简称CLDS）的数据。① 中国劳动力动态调查是全国第一个以劳动力为主题的全国性追踪调查。选取该数据，一方面是由于我们研究的新生代农民工群体属于劳动力群体，CLDS是针对中国劳动力的调查，非常适合我们使用。另一方面，CLDS针对劳动力流动状况做出了特别处理，能较好反映新生代农民工这一流动人口的真实情况。同时，中国劳动力动态调查聚焦于中国劳动力的现状与变迁，内容涵盖教育、工作、迁移、健康、社会参与、经济活动、基层组织等众多方面，针对本报告中文化融入的各个维度，CLDS均有涉及，能较好地切合本报告的主题。

本研究将首先对新生代农民工的基本状况进行描述，包括其性别年龄分布、来源地和迁移状况、教育程度、职业与收入等人口学背景。其次，本研

① 中国劳动力动态调查（China Labor - force Dynamics Survey）是由中山大学社会科学调查中心组织并实施的一项全国追踪调查，调查内容涵盖城乡劳动力的教育、工作、迁移、健康、社会参与和经济活动等众多研究议题，旨在以村/居为单位动态追踪调查中国城乡家庭和劳动力状况。该调查每两年一次，通过多轮调查系统监测村/居社区的社会结构和家庭、劳动力个体的变化及其相互影响，并逐步建立社区、家庭和劳动力三个层次的追踪数据库，从而为实证导向的理论研究和政策研究提供基础数据。2016年调查于当年7~9月完成，属于该项目的第三轮全国调查。调查样本覆盖中国29个省、自治区和直辖市（除西藏、海南、港澳台外），调查对象为样本家庭户中的全部劳动力（年龄范围为15~64岁）。

究把新生代农民工文化融入操作化为职业文化融入、社区文化融入和观念文化融入三个层面，以计算新生代农民工文化融入的总体得分；此外，将对该三个维度的具体表现进行描述。最后将对该三个维度的影响因素进行探讨与分析。

二　新生代农民工的特征以及文化的“半融入”状态

根据国家统计局在“农民工监测报告”中的定义，我们将年龄16周岁以上，户籍地农村，从事非农工作且非雇主的人群称为新生代农民工。根据此定义，CLDS的21086个样本中共有1887个新生代农民工，占比8.95%。需要特别指出，本报告所指农民工群体不局限于跨地域流动的农民工，还包括跨省流动、跨市流动、市内流动和就地非农业化的农民工。

（一）新生代农民工的特征

本报告将先对新生代农民工群体的基本特征进行简单的描述，主要包括此群体的性别与年龄、来源地与迁移状况以及教育程度、职业和收入等几个主要特征，以供读者更好理解新生代农民工文化融入的人口学背景。

1. 新生代农民工性别均衡，以大龄青年为主

新生代农民工的性别比例较为均衡，其中51.4%的人口为男性；这个群体的平均年龄为28岁，人口集中分布在25～35岁年龄段，其中16～20岁年龄段劳动力明显较少，我们认为这是和受教育年龄的普遍提高有关的。比较性别年龄的联合分布可以发现，男性群体主要在相对大龄的劳动力数量中比例更大（见图2）。

2. 东部新生代农民工更倾向远距离迁移

本文根据国家标准对新生代农民工来源地进行划分，分别为东中西三地区，其中来自东部地区的新生代农民工有1249人，占比66.2%；来自中部地区的新生代农民工有299人，占比15.85%；来自西部地区的新生代农民

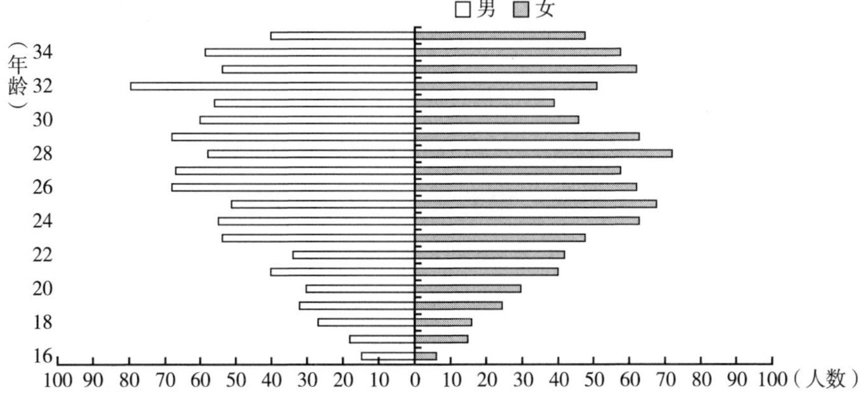

图2　新生代农民工性别年龄结构（2016）

数据来源：CLDS 2016。

工有339人，占比17.97%。

本文还对新生代农民工的迁移距离进行了划分，其中属于“离土不离乡”的新生代农民工1221人，占比64.71%；在本乡镇内迁移的新生代农民工91人，占比4.82%；在本县区内迁移的新生代农民工82人，占比4.35%；而迁移范围超过本县区的新生代农民工493人，占比26.13%。整体而言，新生代农民工呈现要么不迁移、要么远距离迁移的状况。

对来源地和迁移距离因素进行交叉后，可以发现东部地区新生代农民工更倾向于远距离迁移，中西部的新生代农民工则更保守一些，倾向于离土不离乡的模式。（见表1）

表1　新生代农民工来源地与迁移状况分布（样本量：1887）

单位：%

地区	非迁移	本乡镇内迁移	本县区内迁移	本县区以外迁移
东部地区	59.33	4.88	2.96	32.83
中部地区	75.92	4.01	6.69	13.38
西部地区	74.63	5.31	7.37	12.68
总数	64.71	4.82	4.35	26.13

3. 新生代农民工完成高等教育者占1/5，从事第三产业比重大，群体内部收入不均

本报告还对新生代农民工的人力资本作出描述。总体而言，新生代农民工基本完成了九年义务教育，完成九年义务教育的人数比例达到 92.3%。这个群体的平均受教育年限为 10.8 年，其中最高学历为高中及同等学力的人数占比 27.56%，而完成了高等教育（本科、大专）的比例则占 20.3%。新生代农民工群体在教育方面的性别差异很小，性别平等程度较高。

新生代农民工职业高度集中在第二产业的制造业与第三产业的服务业，比例分别是 37% 和 48.4%。新生代农民工中的专业技术人员也占了一定的比例，这部分人中的大多数是具有高中或以上学历的。新生代农民工进入管理岗位的人员较少，这一方面和他们的年纪较小有关，另一方面也和他们的农民工属性有关。（见图 3）

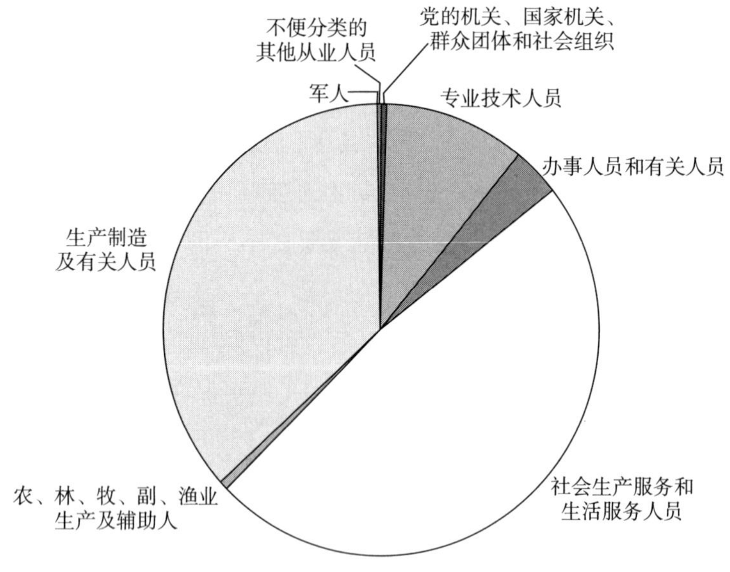

图 3　新生代农民工职业分布

新生代农民工的 2015 年收入均值为 28633.4 元，而这个群体的收入呈现较大的内部异质性，收入从 0 到 40 万不等。其中超过 90% 的新生代农民工 2015 年工资性收入都在 7 万元以下。（见图 4）

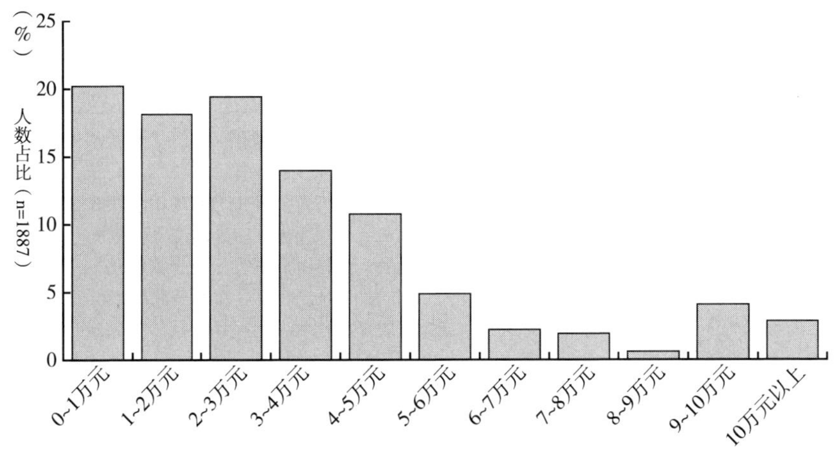

图4　新生代农民工2015年收入分布

（二）新生代农民工的文化融入处于一种“半融入”状态

为了能更好衡量新生代农民工的文化融入现状及其变化趋势，本文将生成新生代农民工的总体文化融入得分，进行群体间的比较，试图直观反映新生代农民工的文化融入进程。综合考虑新生代农民工文化融入的各个层面后，本文将结合职业文化融入、社区文化融入和观念文化融入三个层面特征，更全面地生成新生代农民工得分。

进行群体间比较主要是为了更好反映新生代农民工的文化融入进程，所以对比的主要群体就是新生代和老一代的农民工群体，为了更好地衡量整体进程，本研究将纳入新生代农民和新生代城镇劳力作为参照组进行整体比较。通过对比可以发现，新生代农民工文化融入明显优于老一代农民工，处于城乡过渡中的中间位置，整体态势良好。（见表2）

对新生代农民工的文化融入进程有了基本判断后，本文将进一步对其文化融入的各个侧面进行描述和分析，并对其文化融入影响因素做出详细的探讨。

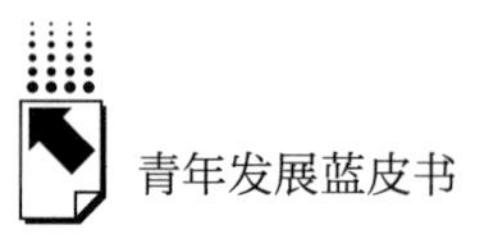

表 2　各劳动力群体文化融入得分对比*

	新生代农民	老一代农民工	新生代农民工	新生代城镇劳动力
文化融入得分	0.0	-22.5	44.3	100.0

*样本量6457。职业文化层面主要纳入项目为工作目的与工作氛围，社区文化层面主要纳入考虑的项目为社区融入与本地好友，观念文化层面则主要考虑新生代农民工群体的文化能力。最终生成文化融入得分项目分别为：工作目标中的自我效能得分、工作语言中的普通话使用比例、社区文化融入整体得分、本地好友数量与文化能力得分。关于各个层面指标的具体情况请参见下文的描述、对比和分析，在此先不赘述。生成新生代农民工文化融入总体得分的方法是加权平均，先对五个测量指标进行标准化的处理，再为每一个指标赋予20%的权重，最后对加权后的各指标得分进行加总，从而生成文化融入的总体得分。本文已以新生代农民文化融入状况作为起点，以新生代城镇劳动力文化融入状态作为终点，对文化融入总体得分做了标准化处理。

三　从职业、社区和观念三方面呈现新生代农民工的文化融入

根据上文所述，本文将分别从新生代农民工的职业层面、社区层面和思想观念层面探讨此群体的文化融入状况，试图尽可能全面地从生活的各个层面对这个群体的文化融入状况作出具体的理解。

（一）新生代农民工为谋生而工作，但逐步提高对自我实现的需求

本文认为，新生代农民工在职业层面的文化融入主要可以通过工作目的和工作氛围加以衡量。

工作目的指的是新生代农民工为什么要从事当前的工作，传统而言工作的目的就是谋生，而在现代的职业文化下工作更多地带有自我实现的意味，也就是说工作是新生代农民工出于自我兴趣、社会价值等取向的选择。测量工作目的，可以有效反映新生代农民工对现代化强调个人价值的职业文化的融入程度。

工作氛围则是指新生代农民工能否融入所处的职业群体，尤其是身边的

同事之中。在当代社会，工作构成了一个人社交生活的重要维度，通过测量能否融入所处的职业群体，就能较好地反映新生代农民工对所在城市文化的融入程度。

CLDS 分别询问了劳动者对以下工作目的的认可程度，认可程度从非常符合到非常不符合共有五项，以下是问卷中测量的项目：谋生、让自己心安、认识更多朋友、获得尊重、兴趣和发挥自己能力。

本文对新生代农民工各项工作目标作出对比分析，发现强烈认可谋生是工作目标的人为数不少；而其他项目中，自我认同和社交需要也占据一定的优势；出于自我实现和个人兴趣的则相对较少，有不少新生代农民工均对此呈现无所谓的态度。总体而言，新生代农民工在工作目的上呈现一定程度的融入，但是可提升空间仍然较大。（见表 3）

表 3　新生代农民工工作观念状况（样本量：1887）

单位：%

项目＼符合与否	非常符合	比较符合	无所谓	比较不符合	非常不符合
谋生	40.01	45.47	8.11	5.14	1.27
让自己心安	12.14	53.95	22.52	8.43	2.97
认识更多朋友	12.45	52.52	23.00	9.01	3.02
获得尊重	10.17	52.36	27.29	7.63	2.54
兴趣	10.02	42.29	30.15	12.56	4.98
发挥自己能力	12.03	47.75	25.70	10.81	3.71

本文对各劳动力群体的工作目的进行统计分析，发现其中主要存在两个维度，我们分别建立经济目的得分和自我效能得分，前者主要代表了谋生这一观念，后者则代表了其余的观念。本文将新生代农民工与老一代农民工加以对比，并以新生代的农民和新生代的城镇劳动力作为两端的参照组，以判断新生代农民工的工作目的的文化融入状况。

通过对比可以发现，新生代农民工与老一代农民工相比，更不单单看重工作的经济目的，也重视在工作中实现自我的效能；这一点同样体现在新生代群体内部的比较之中，新生代农民工呈现典型的城乡过渡状况，在工作目的上的文化融入状况较好（见表4）。

表4　各劳动力群体工作目的对比（样本量：6457）

项目＼群体	新生代农民	老一代农民工	新生代农民工	新生代城镇劳力
经济目的得分	0.0	－196.8	139.0	100.0
自我效能得分	0.0	42.8	61.2	100.0

CLDS并没有专门测量新生代农民工的工作氛围，本文采用CLDS中对工作语言的询问来测量这一指标。选用工作语言对工作氛围进行测量是因为语言通常会对人际交往产生重要影响，当新生代农民工在工作中使用了更多城镇劳动力所使用的语言，就证明了他们已更适应城市的文化，在工作上的文化适应就会更好。

通过对比可以发现，新生代农民工在工作中使用方言的比例较小，使用普通话的比例高于新生代农民和老一代农民工，更接近新生代城镇劳力群体，这体现了新生代农民工在职业文化上融入状况较好的特征。（见表5）

表5　各劳动力群体工作语言对比（样本量：6457）

单位：%

群体＼语言	普通话	本地方言	老家方言	其他
新生代农民	19.57	53.33	6.52	20.58
老一代农民工	25.28	67.86	5.71	1.15
新生代农民工	58.93	34.96	3.91	2.20
新生代城镇劳力	76.68	20.68	1.23	1.42

总体而言，新生代农民工在职业文化的融入上表现整体较好；通过与各个劳动力群体的对比，可以发现新生代农民工群体无论工作目的还是工作语言均显示了融入进程良好的特点，整体情况较为乐观。

（二）新生代农民工的邻里区隔较大，呈现现代都市社区交往形态

如果说职业文化融入体现了新生代农民工在工作时间内的文化融入状况，那社区层面的文化融入则可以较好反映这个群体在“八小时以外”的文化融入状况。新生代农民工除了工作之外，大量的社交生活都是发生在社区层级的，社区层级的文化融入代表了他们从生活上融入城市文化的程度。本文将主要通过社区熟悉程度、地方语言使用以及本地好友的数量对新生代农民工的社区文化融入加以测量。

社区此处特指新生代农民工居住的社区，熟悉程度则包括了信任、友好等特征。社区熟悉程度反映了新生代农民工工作以外的社区社交，熟悉程度越高，也就说明新生代农民工越熟悉社区的文化氛围，能更好地融入居住地的群体当中。

地方语言使用与工作语言使用类似，同样测量的是新生代农民工融入群体文化氛围的状况。区别在于地方语言使用关注的是下班后的情形，能较好反映新生代农民工对工作以外的居住城市的融入，具有对地域文化融入进行衡量的特征。

本地好友数量同样带有对地域文化融入进行测量的特征，能够有效反映新生代农民工在他们所生活的地区的融入程度。

社区熟悉程度在 CLDS 问卷中有直接的测量，主要采用了“您和本社区居民的熟悉程度”、“您和本社区居民的信任程度”和“您和本社区居民的互助程度”三个问题进行测量，能较全面地反映新生代农民工的社区关系质量。新生代农民工在各项的倾向相对统一，均呈现中值偏好的态度，负面状况较少，优化潜力也相对较大。（见表 6）

表 6　新生代农民工社区文化融入状况（样本量：1887）

单位：%

类型＼程度	非常低	比较低	一般	比较高	非常高
您和本社区居民的熟悉程度	3.60	15.00	31.58	33.65	16.16
您对本社区居民的信任程度	1.22	8.48	47.43	36.14	6.73
您和本社区居民的互助程度	7.63	19.24	37.73	30.79	4.61

同样，本文对社区熟悉程度采用了统计技术进行分析，将得出来的社区融入得分在各劳动力群体间进行对比。可以明显看出，新生代农民工的社区融入程度并不乐观，明显低于新生代农民和老一代农民工，却高于新生代城镇劳力。就本身意义而言，新生代农民工的社区文化融入并不好，邻里间存在更大隔阂；但是从另一个角度理解，这更加符合城市的生活方式，区别于乡村的人情社会，城市的社区文化相对疏离。（见表 7）

表 7　各劳动力群体社区融入得分对比（样本量：6457）

群体	新生代农民	老一代农民工	新生代农民工	新生代城镇劳力
社区融入得分	100.0	85.9	32.3	0.0

在下班后使用语言的对比中可以发现，新生代农民工群体普通话的使用率高于新生代农民和老一代农民工，但在方言的使用上则区别不大。下班后语言的使用并不能清晰地反映他们的文化融入状况。（见表 8）

表 8　各劳动力群体下班后使用语言对比（样本量：6457）

单位：%

群体＼语言	普通话	本地方言	老家方言	其他
新生代农民	9.06	62.59	7.48	20.86
老一代农民工	7.39	78.67	13.26	0.68
新生代农民工	20.08	62.69	15.69	1.54
新生代城镇劳力	45.10	48.02	5.65	1.22

对本地好友数量的测量本文直接使用了 CLDS 中对应的问题“在本地，你有多少关系密切，可以得到他们支持和帮助的朋友/熟人”，因为其中超过三十人的数量不多，且异质性较大，所以将超过三十的统一为三十。从各劳动群体本地好友数量的均值对比中可以发现，新生代农民工的平均本地好友数量最少，在这方面的融入并不乐观。（见表 9）

表 9　各劳动力平均本地好友数量对比（样本量：6457）

单位：人

群体	新生代农民	老一代农民工	新生代农民工	新生代城镇劳力
本地好友数量	8.09	7.54	7.37	8.45

总体而言，新生代农民工在社区层级的文化融入状况并不乐观，无论是地方好友的数量还是社区融入的质量在各劳动力群体中均处于较低水平，这可能主要是因为非本地的属性，相比之下，同样属于外来群体的老一代农民工社区层级的文化融入较好，可能与融入时间有关系。

（三）新生代农民工现代观念提高，网络运用得心应手

职业融入与社区融入都倾向于实际层面的文化融入，而文化融入的另一个重要层面是精神观念的层面。本文认为要有效衡量新生代农民工精神观念层面的文化融入，需要关注其文化能力与文化观念两个侧面。

文化能力主要指的是接受和使用现代文化如信息技术等的能力。对文化能力的测量能比较有效地反映新生代农民工文化融入的实际作用。而文化观念则相对柔性，主要指的是新生代农民工在一些现代化的理念上的接受程度，相比文化能力，主要反映的是新生代农民工在文化融入上的思维方式层面。

本文选择了 CLDS 中劳动者使用各种信息技术的能力作为测量文化能力的指标，可以明显看出在各项指标中呈现了三个梯度，发短信和 ATM 机的使用能力最好，阅读和写信次之，网银和网购火车票相对较弱。但总体上呈现较为良好的状况。（见表 10）

表 10　新生代农民工信息获取与使用状况（样本量：1887）

单位：%

	完全没问题	还可以	不太行	完全不会
阅读报刊	78.54	16.22	3.34	1.91
写信	74.88	15.85	6.25	3.02
用手机发短信	86.91	10.60	1.38	1.11
使用网上银行	67.67	12.51	8.32	11.50
网上购买火车票	62.48	12.45	10.86	14.20
银行 ATM 取款	86.43	8.21	2.17	3.18

同样，本文生成了文化能力得分以对各劳动力群体的状况进行比较。可以发现比较之前的各个侧面，文化能力对年龄更为敏感，新生代农民工明显优于老一代农民工，呈现良好的融入状况。（见表 11）

表 11　各劳动力群体文化能力得分对比（样本量：6457）

	新生代农民	老一代农民工	新生代农民工	新生代城镇劳力
文化能力得分	0.0	-25.0	73.7	100.0

相比文化能力，文化观念的测量则需要依据城乡文化差异做出更多有针对性的对比，幸运的是 CLDS 中对此也有详细的测量。但同时需要注意，CLDS 只针对离土不离乡的农民工群体进行了该部分的测量，并不能代表新生代农民工的整体情况，因此在此部分不作对比，主要关注此群体文化观念的内部结构。通过对比可以发现，新生代农民工群体在生育观念和生产观念上的现代化程度更高，更好地融入了现代文化；在理财观念方面仍带有较浓厚的乡土保守色彩，文化融入程度稍低。（见表 12）

总体而言，新生代农民工在精神观念上的文化融入程度良好，信息使用能力、生育观念和生产观念均呈现明显的现代化色彩，而理财观念则带有相对浓厚的保守色彩。

表 12　新生代农民工文化观念状况（样本量：856）

单位：%

	非常赞同	比较赞同	一般	不太赞同	非常不赞同
家里生男孩比生女孩好	1.87	7.01	21.96	41.82	27.34
多子多福	6.19	20.91	23.01	34.58	15.30
上大学越来越没有用了	2.92	9.35	17.87	39.49	30.37
我比其他村民积极使用新农业技术	14.95	35.86	35.98	9.11	4.09
即使不缺钱,也该省着花	31.19	48.48	12.15	5.84	2.34
不会贷款去城镇买房	15.54	30.26	20.09	24.77	9.35
外出打工优于在家务农	18.11	40.19	20.44	16.59	4.67
农业生产对我家来说越来越不重要	8.29	22.66	26.29	32.59	10.16
越来越不适应农村生活	2.69	11.10	23.36	41.94	20.91

综合职业文化融入、社区文化融入和观念文化融入，我们可以发现新生代农民工在工作和思想观念上均表现出了良好的融入状况和势头，但是在社区层级的融入遭遇了一定的问题，呈现两头不讨好的情形。也就是说新生代农民工群体在能力和观念层面融入较好，但是在实际的交往上却未能适应，受到了城市文化的一定排斥力，具有较大的提高空间。

四　新生代农民工文化融入的内部差异

在上文中我们已经对新生代农民工文化融入各个层面的具体情况作出了详细的描述，并对这些层面各自进行了在不同劳动力群体中的对比，可以发现新生代农民工的文化融入整体呈现较佳状况，但仍然存在明显短板有待补齐。接下来，本文将对新生代农民工文化融入各个层面的内部异质性作出分析，探讨是什么因素影响了这个群体文化融入的内部差异，从而有的放矢地对相关因素进行调整和改善。

在对新生代农民工文化融入影响因素的分析中，本文主要将常见的群体特征变量纳入考虑，包括性别、年龄、教育程度、来源地、迁移状态、职业和收入等，通过统计分析来探讨各变量对新生代农民工各项文化融入指标的影响状况。

本部分将延续上一部分的结构，分别对新生代农民工职业文化融入、社区文化融入和观念文化融入进行分析。

（一）职业文化融入

1. 年龄越大，受教育程度越高的新生代农民工职业文化融入程度越高

通过统计分析，我们发现对新生代农民工工作语言使用产生影响的因素不多，本文将逐一对其进行解释。数据显示，年龄越大的人越倾向于讲本地方言，这可能是因为年龄大的人所处的职业更传统一些，身边的同事也更年长一些；男性也同样是更倾向于使用本地方言。

受教育程度越高的人则越不倾向于使用本地方言和老家方言，这和他们基于较长的受教育年数能获得的职业有关，这部分群体在职业文化上的融入程度明显较高；同样的，职业为专业技术人员的人群由于他们工作的属性，也明显倾向于使用普通话。值得注意的是，收入对工作语言的使用并没有产生影响。

来源地为西部的群体倾向于在工作中使用老家方言，这可能是族裔经济产业导致的，这部分群体很多都加入了同一地方的职业群体；流动在区县以外的群体呈现复杂的倾向，他们不是非常喜欢讲普通话，对流入地的本地方言讲得也少，明显地对老家方言有所偏好，这一定程度上反映了远距离流动的农民工可能是有组织有群体的，这种集体性的流动尽管给他们带来了内部群体组织，却也一定程度上阻碍了他们对流入地社会的融入。

2. 新生代农民工的经济压力越小，对工作的自我效能越重视

新生代农民工普遍对于工作的经济目的较为认同，其中年纪大的群体持更积极的态度，办事人员群体略微呈现不那么认同的倾向。这也同样和他们的生存境况有关，年纪较大的新生代农民工更多地面临下一代的养育压力和父母的赡养需求，对收入更为看重。而办事人员则属于新生代农民工中工作比较稳定的一个群体，相对而言心态则没有这么紧张了。

相比之下，对工作的自我效能目的认同的组内异质性要更强，中部地区

群体更不认同工作是为了自我满足与实现，西部地区群体则反之；迁移距离远的群体也对此较为不认同，这可能是背井离乡带来的经济压力与社会压力所导致的。职业群体中，干部、专业技术人员和服务业人员均显示出对自我效能更多的重视。

总体而言，在新生代农民工群体内部，年纪越大，对地方性的职业文化融入越好；而受教育水平较高的群体和专业技术人员对现代性的职业文化融入较好；迁移距离越远的群体，越呈现内部抱团情况，不利于其在流入地的文化融入。

（二）社区文化融入

1. 来自西部的年长的男性新生代农民工能更好融入社区

通过对社区融入指数的分析可以看到，年长者、男性和来源地为西部地区的群体融入情况较好。我们认为这是和社区交往频率和时长有关的，年长者在社区居住时间往往更久，文化融入水平相对较高，男性则相比女性拥有更多的社交机会；西部地区的新生代农民工社区融入较好可能与他们相对热情的地方文化有所关联，且来自西部的新生代农民工还更倾向于群体聚居，这同样助力了他们的社区融入。

同时我们还可以注意到，随着迁移距离的增大，新生代农民工的社区融入不断减弱，这也符合我们常规的认识，离家乡越远的社区越具有文化上的异质性，文化融入难度更大。

2. 受教育程度高的、收入高的新生代农民工的本地好友数量越多

统计结果显示，在本地好友数量上年龄并没有显著影响，男性、受教育程度高、来自西部和收入高的群体则占据了显著的优势。区别于一个社区内的互动，在本地范围内因为年轻人具有更高的活跃性，年长者具有相对的时间优势，所以区别不大；受教育程度和收入的提高则使得新生代农民工可以接触到的群体增多，好友数量也有一定的上升。

同样的，远距离迁移也对本地好友数量产生了负面影响，再次印证了我们认为远距离迁移的新生代农民工面临了文化融入困境的观点。

总体而言，在社区文化融入的层级，职业的影响不再显著，差异主要集中在性别、年龄、受教育程度和流动状态上。年龄越大、受教育程度越高的群体社区融入程度越高，男性也占据明显的优势，远距离迁移者则面临一定的文化融入困境。

（三）观念文化融入

在观念文化融入的测量中，我们在上文使用了文化能力和文化观念两个指标。但是由于文化观念指标在 CLDS 中只针对离土不离乡的群体进行测量，而这个群体在地域分布和职业类型等变量上均具有较强的相关性，因此并不能对新生代农民工群体具有较好的整体代表性，所以我们在本部分将集中分析文化能力层级的观念文化融入。

受教育程度高的年轻新生代农民工更好地融入城市观念文化。通过回归分析可以发现，年龄越大的人文化能力越低，受教育水平越高的人则文化能力越高，同时农副产业从业人员则略微处于弱势地位。这些结果也是符合我们认知的，年长者对新生文化事物接触较少；受教育程度高的人由于职业特点等因素，则更熟练地掌握了信息时代的文化技能；在职业因素的影响之下，农副产业人员处于相对的劣势。

综合来说，年龄在新生代农民工的文化融入中影响颇大，年纪越大的人职业文化融入、社区文化融入、观念文化融入程度越高。男性在各个指标上均占据一定的优势，这和性别身份带来的更多的社会交往是直接相关的。受教育程度越高的群体，文化融入，尤其是现代性的文化融入状况就越好。迁移距离和文化融入呈现负相关，迁移距离越远的人越容易面临文化融入的困境。总体而言，职业身份和收入对新生代农民工的文化融入影响并不大，各个群体融入状况相对一致。

五　结论与建言

本报告展示了新生代农民工在城市生活中的融入状态，这种文化融入的状态主要体现在职业文化融入、社区文化融入和观念文化融入三个层面，本文还进一步探讨了影响新生代农民工文化融入的因素。本报告不仅有利于丰富和扩展新生代农民工的研究，更为实现新生代农民工融入城市文化生活提供重要的政策理论支撑。

总体来说，新生代农民工文化融入状态是十分乐观的。总体得分处于老一代农民工和新生代城镇劳动力之间，呈现明显的过渡状态。新生代农民工比老一代的融入能力显著提高，但城乡二元结构导致生活在城市的农民工群体依然无法完全融入城市文化，缺乏认同感与归属感，处于一种“半融入”状态。

而从具体表现来看，新生代农民工在职业文化融入上整体较好，他们在工作目的与工作氛围的融入上都呈积极状态，新生代农民工不仅重视工作的收入，也看重工作的自我价值实现程度，且在工作中，更常使用普通话；新生代农民工的社区文化明显处于一种过渡状态，他们对社区的熟悉程度低于老一代农民工而高于新生代城镇劳动力；在观念文化融入上，新生代农民工的文化能力和文化观念的融入趋势良好，对比老一代农民工也有所提高，但是我们认为，新生代农民工在观念文化上的融入是整个时代的现代化发展带来的，社会文化的现代化不断发展促进新生代农民工在文化融入上更加顺畅。

此外，我们可以发现新生代农民工的性别、年龄、教育程度、来源地、迁移状态会显著地影响他们的文化融入程度，而职业身份、收入影响则较小。具体来说，新生代男性农民工要比女性的文化融入更好；而年龄越大、教育程度越高的新生代农民工更容易融入城市文化，我们认为，年龄和文化程度越高，新生代农民工的社交经验与能力也越高，而迁移距离越远，越容易出现新生代农民工的内部抱团问题，这导致了文化融入较差。

基于以上的发现，本报告认为，在新生代农民工文化融入的良好态势中，国家、社会、企业和新生代农民工个人都应该采取积极措施以促进其文化融入。国家可以考虑在制度上保障新生代农民工享有与城市居民同等的权利，包括在户籍制度、教育制度、就业制度、社会保障制度等方面，以减少新生代农民工的迁移阻力，并提高其文化融入的经济资本和文化资本；社会应该在文化上增加产品供给，丰富社区文化，营造良好文化氛围，以增加新生代农民工参与城市文化的机会；此外，企业应增多文化培训，完善人才培养体系，完善文化设施，形成良好的工作氛围，为新生代农民工提高职业技能、提高就业能力提供良好的文化平台，提高其职业效能，以促进文化融入；对于新生代农民工个人而言，则应对文化融入持积极态度，努力提高自身文化知识水平和专业技能，积极参与城市文化，与老一代农民工、城镇市民共同构建和谐的社会网络。

参考文献

王春光：《新生代农民工城市融入进程及问题的社会学分析》，《青年探索》2010 年第 3 期。

Redfield R. , R. Linton & M. J. Herskovits, Memorandum for the Study of Acculturation. *American Anthropologist*, 1936, 38 (1), pp. 149 – 152.

B.7 中国新生代农民工的政治参与研究报告*

叶 华　张 奕　蒋雨琦**

摘　要： 利用2015年“中国社会状况综合调查”数据，本研究分析了新生代农民工的政治参与。通过将新生代农民工与老一代农民工、新生代城市劳动力进行对比，并分析新生代农民工的内部差异，本研究发现相对于老一代农民工，新生代农民工参与基层民主的积极性较低；相对于新生代城市劳动力，新生代农民工在政治参与能力和知识方面有所欠缺，且参与兴趣也较低。在政治参与行为上，新生代农民工相对更倾向于采用非常规化、非制度化的方式。

关键词： 新生代农民工　政治参与　世代　户籍

随着我国农村家庭联产承包责任制的实施和户籍制度的松动，农村地区的富余劳动力大规模地迁移到城市地区以获取现金收入。2015年1%人口抽样调查的主要数据公报显示，我国流动人口已达2.46亿，对农村外出务工人员的研究成为学术界的热点。但对农民工政治参与的研究还较少，比较新

---

* 本研究所使用的数据来自中国社会科学院、中国社会科学院—上海市人民政府上海研究院资助的“2015年中国社会状况综合调查”。该调查由中国社会科学院社会学研究所执行，项目主持人为李培林。作者感谢上述机构及其人员提供数据协助。文责自负。

** 叶华，中山大学社会学与人类学学院副教授，研究兴趣为社会分层与社会流动；张奕，中山大学社会学与社会工作系本科生；蒋雨琦，中山大学社会学与社会工作系本科生。

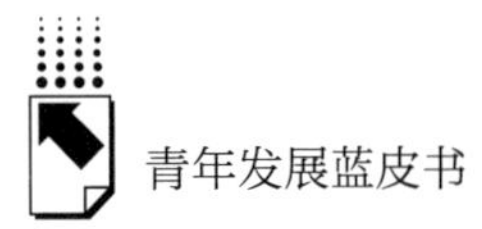

生代农民工与其他群体在政治参与上差别的研究则更少。我国农民工的规模巨大，在城镇化的背景下，研究不同世代农民工的政治参与，对把握我国居民的政治参与的全貌具有重要意义。

一　新生代农民工政治参与情况的回顾

王春光指出“新生代农民工”这一概念应有两层含义：第一层含义是年龄在 25 岁以下，于 20 世纪 90 年代外出务工经商的农村流动人口，这一层定义反映了年龄要素标准；第二层含义是“新生代农民工”是介于第一代和第二代之间过渡性的农村人口，这一层定义反映了代际要素标准[①]。这也是学者首次提出的年龄要素标准和代际要素标准。李培林和田丰则在此基础之上，将 1980 年以前出生的农民工定义为老一代农民工，而将 1980 年之后出生的农民工群体定义为新一代农民工[②]。全国总工会 2010 年研究指出当前在新生代农民工中，具有高中及以上文化程度的仍然只有三成左右。他们虽是农村户口，但是生活在城市，务农时间比较少，以非农业生产和经营所得作为生活主要来源，消费观念更加开放，注重物质和精神的双重享受[③]。进城务工的目的也不只是出于生存需求，而是更加注重融入城市，希望在城市有自己的话语权，以便更好地追求经济、文化利益等。

过往针对新生代农民工的研究主要集中于群体特征、就业、生存状况、与第一代农民工之间的差异、城乡流动模式等，近年来，对新生代农民工政治参与的研究也日益增加，但是与之相较，对农民工政治参与的代际比较研究则相对较少[④]。

就参与渠道而言，现有研究指出，除了基层人大选举等传统的参与模式

① 王春光：《新生代农村流动人口的外出动因与行为选择》，《中国党政干部论坛》2002 年第 7 期。

② 李培林、田丰：《中国农民工社会融入的代际比较》，《社会》2012 年第 5 期。

③ 陶美庆：《中国新生代农民工政治参与问题研究》，黑龙江大学硕士学位论文，2016。

④ 徐志达：《新生代农民工政治参与研究》，华侨大学博士学位论文，2012。

之外，新生代农民工日益成为网民中的重要组成部分，网络政治参与给他们同时带来了机遇与挑战①。农民工由于户籍身份的限制和流动就业的特点，直接政治参与非常有限，此外农民工由于工作的不固定性，也极少参与工作单位的政治活动，从现有政治制度框架中，难以找到适合他们进行政治参与的有效途径②。以参与选举为例，只有 21.6% 的新生代农民工参加过老家最近一次的村委会选举，参加过打工地所在城市社区居委会选举的新生代农民工仅占 5%③。新生代农民工回乡参加选举并不符合经济理性，经济、精力上的花费较多，因而影响了农村投票率。他们虽然对于城市政治参与表达了一定的兴趣，但是在现实中屡屡受限。从政治结社来看，新生代农民工所在的工会在保障他们的权益上发挥的作用也不大。

对于新生代农民工政治参与意愿与行为的研究，大部分都集中于现状和模式的研究，对于影响因素的研究则往往集中在经济、政治文化、社会等宏观因素上④。从微观层面而言，影响因素还有社会经济地位和群体/个体心理等因素，如政治效能感和对政府的信任程度等⑤。城乡二元户籍制度的限制，使得农民工缺乏制度化的政治参与渠道，无法参与城市选举和公共事务的管理，缺乏利益表达的渠道，造成农民工政治话语权的缺失，同时也放任了城市社会对于农民工利益的侵害，加剧了农民工的被排斥感，造成新生代农民工对自己所在的城市以及户口所在地都缺乏认同感。在身份认同上的双重边缘化，是导致新生代农民工政治参与上的非理性和低参与度的根本原因。总体上而言，新生代农民工的政治效能感较低，没有随着代际更替而发

① 胡庆亮：《新生代农民工网络政治参与的困境与出路——以深圳龙岗为例》，《广州社会主义学院学报》2011 年第 3 期。

② 杨桂宏、王伟：《农民工政治参与比较研究》，《北京工业大学学报》（社会科学版）2014 年第 3 期。

③ 邓秀华：《“新生代”农民工的政治参与问题研究》，《华南师范大学学报》（社会科学版）2010 年第 1 期。

④ 朱平：《新生代农民工政治效能感对其政治参与的影响研究》，华侨大学硕士学位论文，2014。

⑤ 杨桂宏、王伟：《农民工政治参与比较研究》，《北京工业大学学报》（社会科学版）2014 年第 3 期。

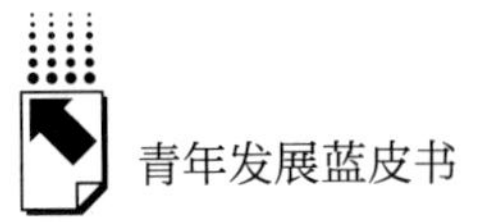

生变化，在政治生活上反映出意愿不强、不感兴趣、政治参与不主动、对政治机构缺乏信任等特征。

现有研究对新生代农民工的政治参与已有很多发现，但尚有不足。一方面，新生代农民工的界定标准之一是年龄，年龄也是研究新生代农民工与老一代农民工差异的重要因素，但年龄对农民工政治参与的影响仍然不清楚。此外，目前对于农民工代际差异的研究往往集中在两代农民工的流动模式、社会融合、教育需求等方面，虽然这些特征与农民工的政治参与有高度关联，但是对政治参与意愿与行为的影响因素的户籍比较研究相对较少。故而，我们认为有必要通过比较城市劳动力与农民工的政治参与，以更好地分析户籍对政治参与的影响。

本研究采用“2015 年中国社会状况综合调查”数据（CSS 2015）①。本文参考已有研究，将新生代农民工界定为出生在 1980 年后，户口类型为农业户口且目前主要以非农工作为主的个体②。为了更清晰地描述农民工的政治参与状况，需要把农民工和其他群体进行比较，因此本文从横向与纵向两个维度选取新生代农民工的对照群体：从纵向时间角度，我们将比较在不同时期出生的农民工，即对比新生代农民工与老一代农民工。在横向角度上，对比同处于非农劳动力市场、出生于同一时期的不同户籍的群体，即对比新生代农民工与新生代城市劳动力。剔除缺失值后，我们的分析样本中有新生代农民工 496 人，老一代农民工 810 人，新生代城市劳动力 352 人。除了将新生代农民工作为一个整体与其他群体比较外，他们内部的差异也值得重视，我们也将进行分析。

---

① “中国社会状况综合调查”（Chinese Social Survey，简称 CSS）是中国社会科学院社会学研究所于 2005 年发起的一项全国范围内的大型连续性抽样调查项目，目的是通过对全国公众的劳动就业、家庭及社会生活、社会态度等方面的长期纵贯调查，来获取转型时期中国社会变迁的数据资料，从而为社会科学研究和政府决策提供翔实而科学的基础信息。该调查是双年度的纵贯调查，采用概率抽样的入户访问方式，调查区域覆盖了全国 31 个省/自治区/直辖市，包括了 151 个区市县，604 个村/居委会，每次调查访问 7000 到 10000 余个家庭。此调查有助于获取转型时期中国社会变迁的数据资料，从其研究结果可推论全国年满 18 ~ 69 周岁的住户人口。

② 李培林、田丰：《中国新生代农民工：社会态度和行为选择》，《社会》2011 年第 3 期。

二　新生代农民工的政治参与行为

（一）新生代农民工的政治面貌

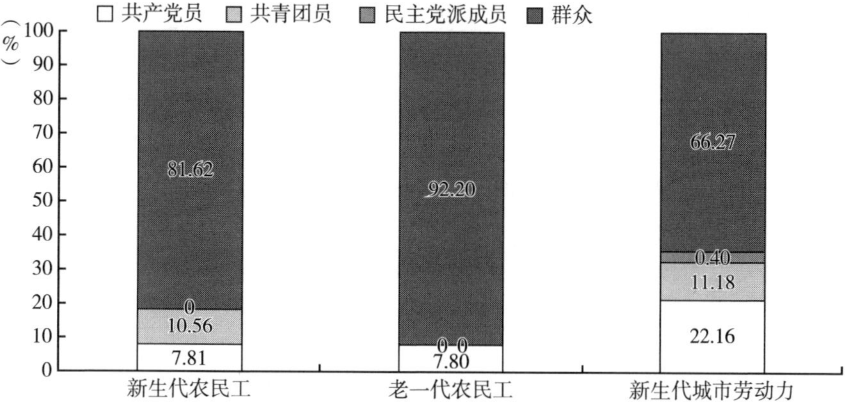

图1　新生代农民工、老一代农民工和新生代城市劳动力的政治面貌

新生代农民工中共产党员的比例为7.81%，这一比例与老一代农民工（7.8%）相当，但远低于新生代城市劳动力，仅为其（22.16%）三分之一左右。出于年龄原因，老一代农民工中没有共青团员，新生代农民工中还有10.56%的共青团员，与新生代城市劳动力中共青团员的比例（11.18%）相当。

2015年中国社会状况综合调查中，被访者被询问“自2012年来，您有没有参加过下列事情”。以下我们用问卷中被访者对各政治参与事项的肯定回答，来研究新生代农民工的政治参与状况。

（二）新生代农民工的政治讨论状况

在与他人讨论过政治问题的比例上，新生代农民工中只有28.31%在近三年来参与过政治讨论，比例低于新生代城市劳动力（38.88%），但高于

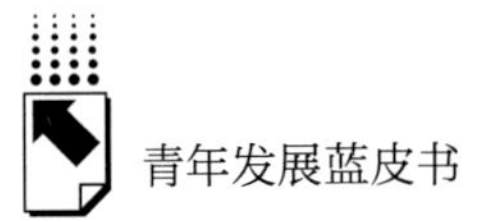

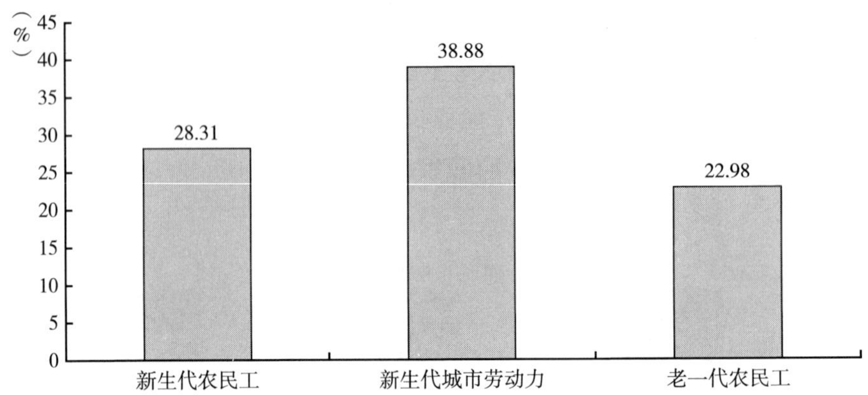

图 2　近三年以来与他人讨论过政治问题者的比例

老一代农民工的政治讨论比例（22.98%）。总的来说，农民工群体政治讨论参与度相对于新生代城市劳动力而言更低。

（三）新生代农民工与政府部门的互动

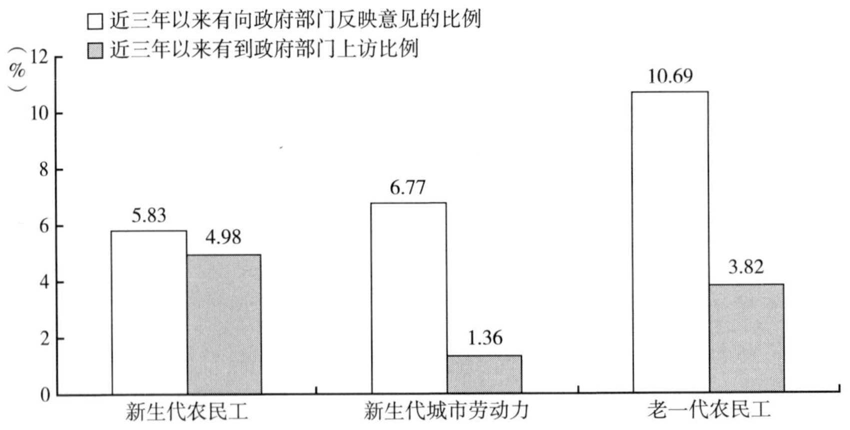

图 3　与政府部门互动状况

我们对劳动力与政府部门互动的方式进行区分，一是较为常规的直接反映意见，二是较为非常规的上访。相对于老一代农民工，新生代农民工更少直接向政府部门反映意见，他们中只有5.83%近三年来有向政府部门反映意见的经历，约是老一代农民工（10.69%）的一半，这一点与同世代的城市劳动力（6.77%）相似。同时，新生代农民工较多地向政府部门上访，近三年来有上访经历的占4.98%，明显高于新生代城市劳动力上访的比例（1.36%），也高于老一代农民工上访的比例（3.82%）。虽然新生代农民工上访比例仍然低于反映意见的比例，但相比老一代农民工和新生代城市劳动力，新生代农民工更倾向于采用非常规的方式与政府部门互动。

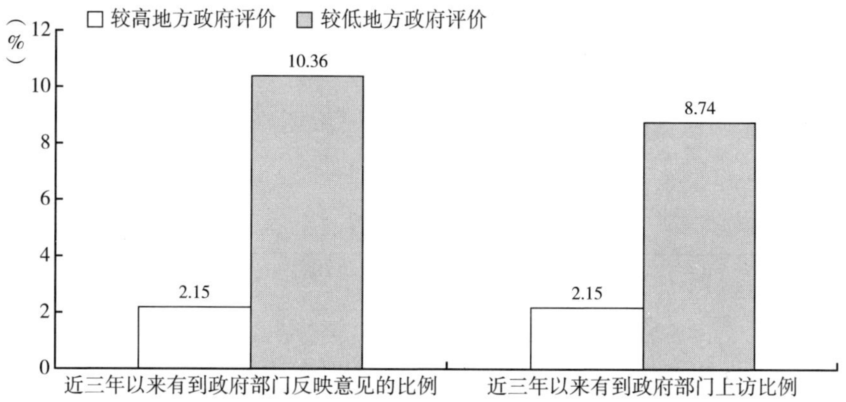

图4　新生代农民工对地方政府的评价及其与政府部门互动

调查中询问了被访者对“总的来说，地方政府的工作”的评价，我们将“很好”“比较好”归为“较高地方政府评价”，将“不太好”“很不好”归为“较低地方政府评价”。在新生代农民工群体之中，对地方政府的高评价会明显减少其向政府部门反映意见和上访的行动。相较于高政府评价的新生代农民工，低政府评价的新生代农民工近三年来有到政府部门反映意见的比例（10.36%）约是前者的五倍（2.15%）。而有上访经历的比例则约是四倍（8.74%相比于2.15%）。

当然这也可能是一个双向影响的过程，向地方政府反映意见和上访也可能导致对地方政府产生负面评价。新生代农民工在更多地与城市发生联系时，也遇到了伴随而来的更多问题。这些问题的解决需要与其所在环境的良性互动，否则将会陷入“问题无法解决——评价降低——更多问题——再次寻求解决”的循环之中。因此，地方政府应该重视新生代农民工问题的解决，并且引导这一群体与政府进行良性互动。

（四）新生代农民工基层民主参与

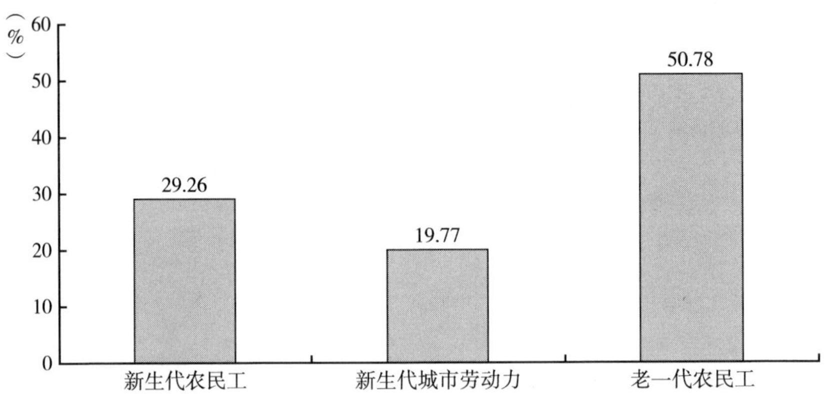

图5　近三年来参与过村（居）委会选举的比例

新生代城市劳动力近三年来参加村（居）委会选举的比例较低，仅有19.77%，老一代农民工参加村/居委会选举的比例高达50.78%，而新生代农民工的比例（29.26%）处于两者之间。

出现这种情况，我们认为是户籍和世代共同影响的结果。由于农村户籍人口参与村（居）委会选举的比例相对较高，因此新生代农民工的基层民主参与比例高于新生代城市劳动力。又由于新生代农民工相对年轻，在所处的人生阶段相对缺乏时间和精力参与基层民主，因此比老一代农民工更少参与村（居）委会选举。此外，新生代农民工更多地与城市发生互动，与户籍所在地的农村关系更弱，但户籍限制了他们参与居住地的基层民主，这最终使得他们的基层民主参与处于过渡阶段。在城镇化的背景下，如何使农民工群体尤其是新生代农民工更好地参与到基层民主中，是一个重要课题。

（五）新生代农民工非制度性的激进政治表达

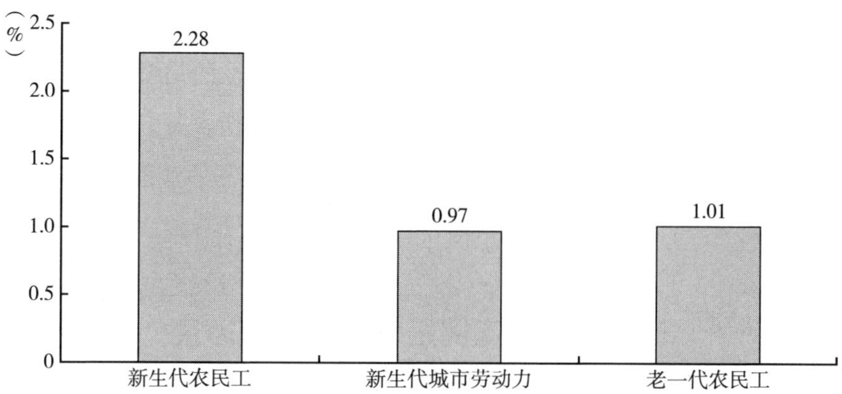

图6　近三年来参加过游行示威、罢工罢市、罢课比例

从绝对比例看，新生代农民工与其他两个群体参加过游行示威、罢工罢课等非制度性政治参与经历的比例都很低，只有极少数人有这样的经历，这表明在当今社会环境下，非常规化、非制度化的政治参与方式并不是人们的普遍选择，而是较为个别的现象。但从相对比例来看，新生代农民工的这一比例（2.28%）相对较高，是新生代城市劳动力（0.97%）与老一代农民工（1.01%）的大约两倍。

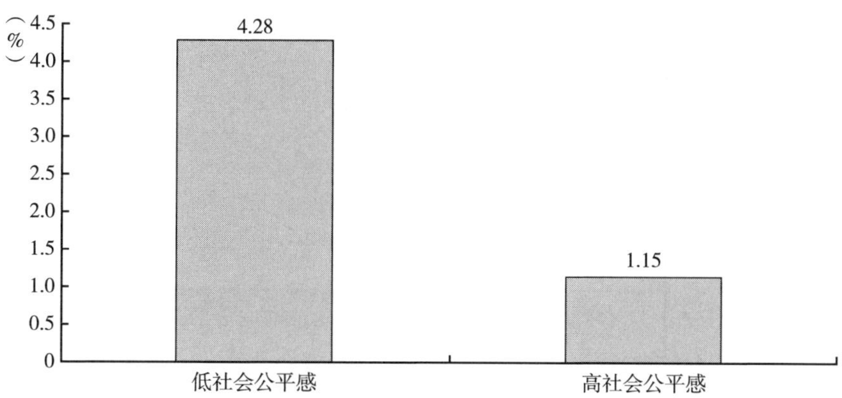

图7　新生代农民工的社会公平感

调查中询问了被访者对“总体上的社会公平状况”的看法，我们将“非常不公平”“不太公平”归为“低社会公平感”，将“比较公平”“非常公平”归为“高社会公平感”。虽然新生代农民工中采用游行示威、罢工罢市、罢课作为政治参与方式的比例极低，但是值得关注的是影响选择这些政治参与方式的因素。我们发现，低社会公平感的新生代农民工更有可能采用这样的政治参与方式，比例达到4.28%，是高社会公平感群体（1.15%）的近4倍。

三 新生代农民工的政治参与态度

不是所有人都有政治参与的行为。为了比较新生代农民工与其他群体在政治参与态度上的差异，我们将2015年中国社会状况综合调查里“您是否同意以下问题”中关于各政治参与态度表述的回答进行处理，按照选项“很不同意”“不大同意”“比较同意”和“很同意”反映的同意程度将回答赋值为1~4，得分越高表示受访者对这一问题认可程度越高。

（一）新生代农民工基层民主态度

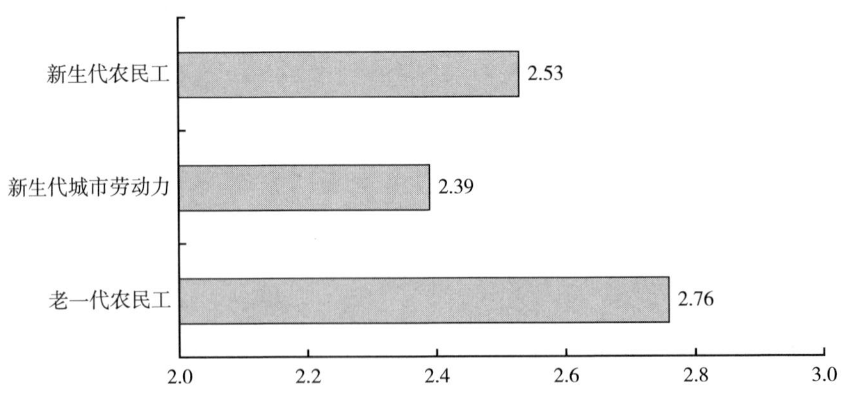

图8 对村（居）委会选举的关注度

新生代农民工对“关注村（居）委会选举”这一问题的回答介于“不大同意”和“比较同意”之间，关注程度低于老一代农民工，但高于新生代城市劳动力。这一状况与图5新生代农民工基层民主的参与经历一致。

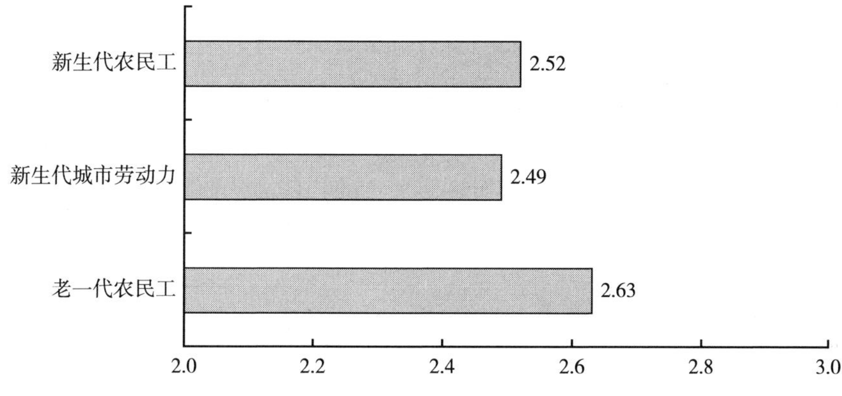

图9　选民的投票对村（居）委会选举结果没有影响

我们用被访者对“在村（居）委会选举中，选民的投票对最后的选举结果没有影响”的回答，作为被访者政治效能感的测量标准。在对这一问题的回答上，三个群体差异不大，相对而言，新生代农民工与新生代城市劳动力更为接近，而且处于三个群体中的中间水平。

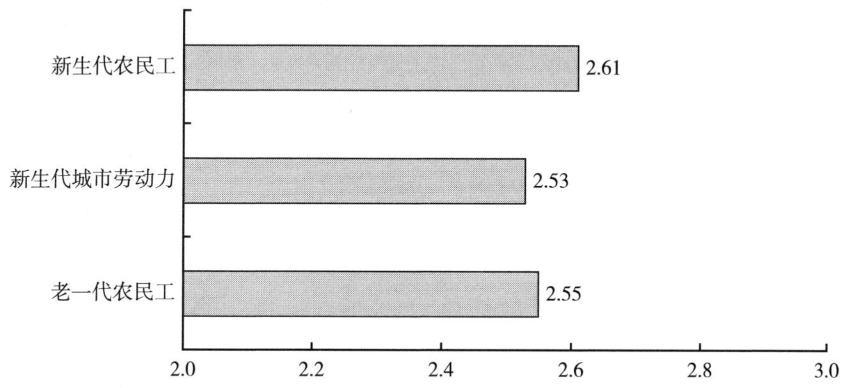

图10　村（居）委会根本不在乎和我一样的普通村（居）民的想法

与前述结果一致，三个群体对“村（居）委会根本不在乎和我一样的普通村（居）民的想法”这一说法的看法差异较小，农民工群体相较而言认同度更高，而新生代城市劳动力对此说法的认同度相对另外两个群体更低。

从以上结果可以发现，基层民主政治态度与政治参与行动是个相互影响的过程，而其中关注程度和实际的参与行动直接关联，关注度越高则参与行动越积极。值得关注的是，三个群体中参与最积极的老一代农民工的基层民主参与效能感更为负面。这说明在基层实际参与的深入过程中，对于基层民主的具体状况观察可能会削弱其对基层民主的公信力认知。未来在推动基层民主的过程中，需要民主过程的透明化、保证流程的公平公正，避免打击积极参与者的热情。

当我们再次聚焦新生代农民工对基层民主的态度水平，可以发现其对基层民主的关注度与效能感处于另两个群体的中间水平，同时他们对基层民主中表达的有效性有一定怀疑。一般而言，村委会选举中村民的参与度相对于居委会选举中居民的参与度更高。农民工拥有双重身份，既拥有农村户籍，又从事非农工作，且新生代农民工融入城市的程度要高于老一代农民工，这也就导致其基层民主参与模式与传统村民相异。与此同时，与年长的老一代农民工相对比，新生代农民工年富力强，迁移经历更多，这也就导致其与居住地和迁出地的基层民主都发生不同程度的疏离，但仍在一定程度上受农村户籍的影响而保持了对基层民主的高关注度。这样与基层民主参与若即若离的状态也就导致了他们对自身表达有效性的怀疑。最后就是出生世代的影响，相对而言，不管是新生代农民工，还是新生代城市劳动力，他们对基层民主的关注度都相对较低。

（二）自我政治参与能力与积极性评价

2015 年中国社会状况综合调查中询问了被访者是否认为“我有能力和知识对政治进行评论和参加政治活动”，选项有很同意、比较同意、不大同意、很不同意，我们按照同意程度高低将“很同意”赋值为 4，“比较同意”赋值为 3，“不大同意”赋值为 2，“很不同意”赋值为 1，以此反映被访者对自身政治参与能力的自信程度。

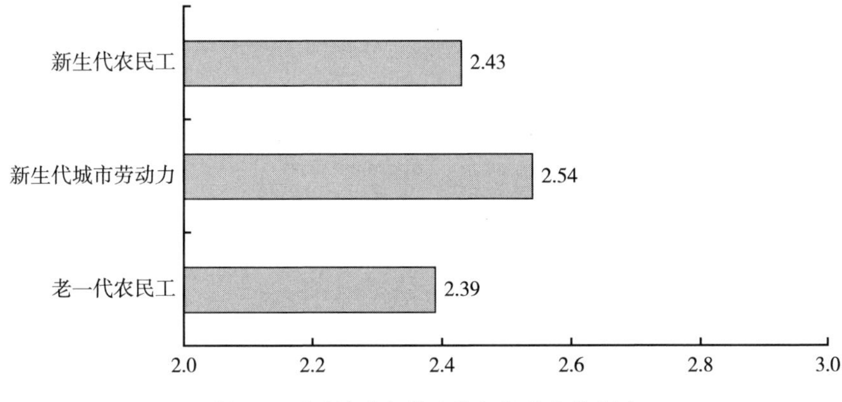

图 11　对政治参与能力和知识的自信程度

相对于新生代城市劳动力，农民工群体在不同程度上表达出对自己政治参与能力的怀疑。虽然新生代农民工相对老一代农民工更为自信，但仍然低于新生代城市劳动力，这可能与农民工群体相对较低的受教育水平有关。

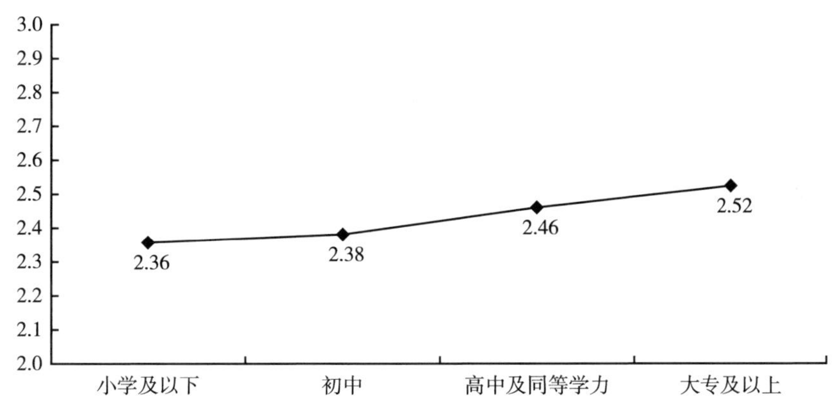

图 12　新生代农民工受教育水平与政治参与自信

在新生代农民工群体内部进行比较，我们发现受教育水平越高，政治参与自信水平越高。大专及以上受教育水平的新生代农民工政治参与自信程度与新生代城市劳动力整体相当。

调查中还询问了被访者是否“对政治不感兴趣，不愿意花时间和精力在这上面”，我们同样将“很同意”赋值为4，“比较同意”赋值为3，“不大同意”赋值为2，“很不同意”赋值为1，以此反映被访者对政治不感兴趣的程度。

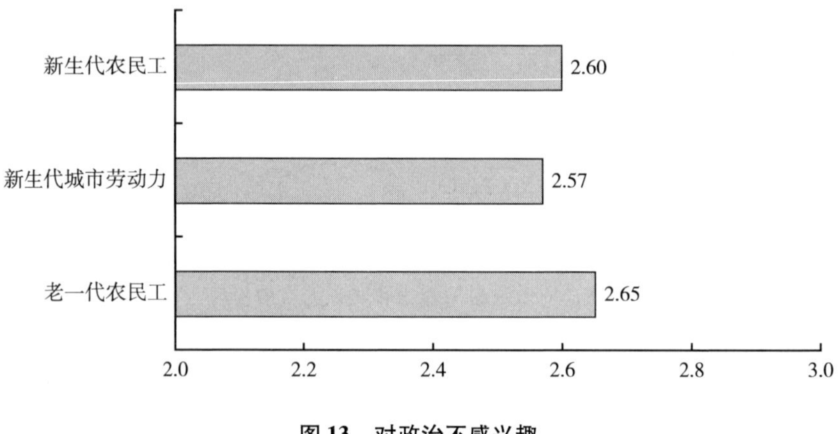

图13　对政治不感兴趣

三个群体“对政治不感兴趣，不愿意花时间和精力在这上面”的得分差别不大。相对而言，老一代农民工对政治更不感兴趣，新生代农民工对政治感兴趣的程度稍高，更接近新生代城市劳动力。

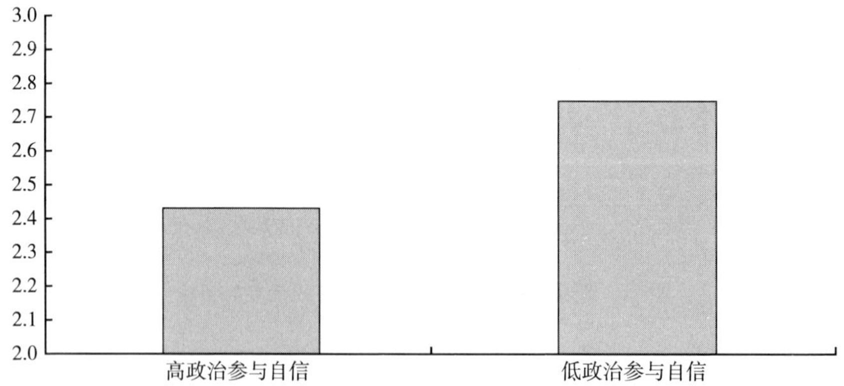

图14　新生代农民工政治参与自信

我们将对“我有能力和知识对政治进行评论和参加政治活动”这句话表示“很同意”及“比较同意”的被访者归为“高政治参与自信”，将表示“不大同意”和“很不同意”的被访者归为“低政治参与自信”，可以发现在新生代农民工群体内部，对自己的政治参与能力和知识自信度较低的个体更容易表达出对政治的不感兴趣，不愿意花时间在政治参与之中，而自信度较高的个体则相反。

政治参与自信与个体获取政治知识的能力息息相关，而个体获取政治知识的能力又与受教育水平相关。虽然新生代农民工的受教育水平高于老一代农民工，表达出更高的政治参与自信，但仍然与新生代城市劳动力有一定程度的差距，这也就导致新生代农民工的政治参与自信相较新生代城市劳动力低，从而影响其政治参与兴趣与水平。

四　结论与讨论

新生代农民工的特征主要体现在两个方面，一是户籍，二是出生世代。通过前文的比较，我们发现这两个特征也影响了他们的政治参与状况，以及与其他群体的差异。户籍的影响主要体现在两个方面，一是政治参与素养，由于教育、信息获取等多方面的城乡差异，农村户籍人口即使处于非农劳动力市场之中，其政治素养与城市劳动力对比仍然存在一定程度的劣势。虽然城乡之间的教育差距随着世代推移相对缩小，但新生代农民的政治参与的自信度相对于新生代城市劳动力更低，而同时兴趣也较低。此外，新生代农民工在政治参与行为上也更倾向于非常规化、非制度化的政治参与方式。户籍的第二个影响是迁移，农村户籍人口的高基层参与关注度在新生代农民工中有一定程度的体现，但由于农村所能提供的非农劳动机会有限，一部分新生代农民工必须到城市寻求工作机会，而这个“离土又离乡”的群体在政治参与上与迁出地和迁入地都产生了一定程度的疏离，既由于户籍限制没有参与现居住地的选举，也出于种种原因无法参加家乡的村委会选举，这削弱了新生代农民工的基层民主参与。

出生世代的影响体现在教育水平的提高使得新生代农民工的政治素养相对老一代农民工更高上。然而，老一代农民工由于年龄、习惯、乡村认同感等多方面的影响，参加基层民主的积极性要高于新生代，实际行动上参与度也较高。随着年龄提高，老一代农民工也更可能逐渐回到家乡寻求工作机会，形成“离土不离乡”的状态，这也可能是其具有高基层民主参与度的原因。除此以外，观念上的差异也是新生代农民工特有的政治态度的重要原因。新生代对政治参与空间的诉求更高，而其对政府与社会的评价标准也相对较高，而这也可能导致这一群体在实际政治参与中更易受这些态度的影响，从而在方式的选择上相对更为激进。

新生代农民工政治参与的这些特点，可能与他们在生命历程中所处的阶段有关：他们相对年轻，对制度化政治参与的途径了解有限，因此参与更少也更不积极，却有表达意愿，甚至有更强的非常规、非制度化参与意愿。有针对性地在政治参与方面加强对新生代农民工的宣传，引导他们参与制度化的政治活动，对新生代农民工更好地发出自己的声音以及融入城市社会有重要意义。

参考文献

蔡禾、王进：《“农民工”永久迁移意愿研究》，《社会学研究》2007 年第 6 期。

邓秀华：《“新生代”农民工的政治参与问题研究》，《华南师范大学学报》（社会科学版）2010 年第 1 期。

邓秀华：《农民工政治参与模式变迁及其实现路径选择》，《求索》2007 年第 2 期。

郭未、宋天阳：《中国新生代农民工的政治参与图景——基于 CFPS 的发现》，《青年研究》2014 年第 2 期。

郝保英：《试论新媒体对新生代农民工政治参与的影响》，《河北学刊》2014 年第 6 期。

胡庆亮：《新生代农民工网络政治参与的困境与出路——以深圳龙岗为例》，《广州社会主义学院学报》2011 年第 3 期。

雷勇：《农民工政治参与问题研究述评》，《西南民族大学学报》（人文社科版）2015 年第 2 期。

李骏：《住房产权与政治参与：中国城市的基层社区民主》，《社会学研究》2009 年第 5 期。

李培林、田丰：《中国农民工社会融入的代际比较》，《社会》2012 年第 5 期。

李培林、田丰：《中国新生代农民工：社会态度和行为选择》，《社会》2011 年第 3 期。刘传江、程建林：《第二代农民工市民化：现状分析与进程测度》，《人口研究》2008 年第 5 期。

刘春泽：《代际差异中的新生代农民工政治认同研究》，吉林大学博士学位论文，2015。

刘林平、张春泥：《农民工工资：人力资本、社会资本、企业制度还是社会环境》，《社会学研究》2007 年第 6 期。

彭远春：《论农民工身份认同及其影响因素——对武汉市杨园社区餐饮服务员的调查分析》，《人口研究》2007 年第 2 期。

全国总工会：《关于新生代农民工问题的研究报告》［EB/OL］．（2010－6－21）［2010－10－24］．http：//news. sina. com. cn/c/2010－06－21/113817685852s. shtml。

史成虎：《新制度主义视角下的新生代农民工政治参与问题》，《陕西理工学院学报》（社会科学版）2011 年第 4 期。

孙秀林：《城市移民的政治参与：一个社会网络的分析视角》，《社会》2010 年第 1 期。

陶美庆：《中国新生代农民工政治参与问题研究》，黑龙江大学硕士学位论文，2016。

王春光：《新生代农村流动人口的外出动因与行为选择》，《中国党政干部论坛》2002 年第 7 期。

王浦劬：《政治学基础》，北京大学出版社，1995。

吴建华：《新生代农民工政治参与现状及其改善》，《中共山西省委党校学报》2013 年第 2 期。

熊光清：《新生代农民工政治效能感分析——基于五省市的实地调查》，《社会科学研究》2013 年第 4 期。

熊易寒：《从业主福利到公民权利——一个中产阶层移民社区的政治参与》，《社会学研究》2012 年第 6 期。

徐志达：《新生代农民工政治参与研究》，华侨大学博士学位论文，2012。

徐志达：《新生代农民工制度化政治参与的困境及对策》，《成都理工大学学报》（社会科学版）2011 年第 1 期。

徐志达、庄锡福：《新生代农民工政治参与主体素质的现状及提高之策》，《当代世界与社会主义》2012 年第 4 期。

杨桂宏、王伟：《农民工政治参与比较研究》，《北京工业大学学报》（社会科学版）2014 年第 3 期。

赵芳：《“新生代”，一个难以界定的概念——以湖南省青玄村为例》，《社会学研究》2003 年第 6 期。

郑永兰：《新生代农民工政治参与研究》，南京大学出版社，2013。

郑永兰、丁晓虎：《基于区域合作治理视角的新生代农民工政治参与的考量》，《统计与决策》2012 年第 23 期。

郑永兰、徐亚清：《2010～2014 年新生代农民工政治参与研究综述》，《山西农业大学学报》（社会科学版）2015 年第 4 期。

朱平：《新生代农民工政治效能感对其政治参与的影响研究》，华侨大学硕士学位论文，2014。

Liang, Zai. 2001. "The Age of Migration in China." *Population and Development Review* 27 (3): 499－524.

Tsai, Lily L. 2007. "Solidary Groups, Informal Accountability, and Local Public Goods Provision in Rural China." *American Political Science Review* 101 (02): 355－372.

B.8
中国新生代农民工自组织研究报告

刘成斌*

摘　要： 农民工自组织主要包括在政府部门登记的正式自组织与完全处在自发自生状态的非正式自组织。前者往往规模较大、程序化明显、目标清晰，活动开展规律化，社会影响外在化，后者往往小规模、潜在存续、随意性强、活动时间与程序无规律但亲近程度更高、信任程度与获得感、归属感也更高。新生代农民工的老乡会、趣缘群体等自组织不但可以为农民工解决打发时间、排解空虚无聊，而且可以通过社会交往形成信息交换、技术交流等解决日常工作与生活中的事务性问题，并同时为因处于流动状态而缺少社会支持的农民工解决在工作与生活遭遇方面产生的负面情绪提供安全阀机制。

关键词： 新生代农民工　自组织　社会整合

农民工在发生劳动力转移之前，在农村是明确归属于村庄共同体的，并且有血缘关系、地缘关系等先赋性社会关系网络对个人进行支持与制约。但农民工外出流动进行非农转移之后，“去组织化”问题比较突出。根据国家统计局2017年4月28日发布的《2016年农民工监测调查报告》，在城镇就业的农民工总体中，知道所在单位有工会组织的仅占20.8%，知道务工所在单位没有工会组织的占59.6%，还有19.6%的农民工不知道所在单位是

---

* 刘成斌，华中科技大学社会学院教授。

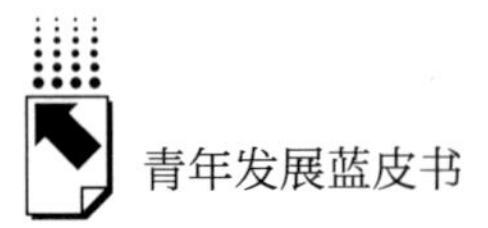

否有工会组织。在第一类知道有工会的农民工人群中，加入工会的也只占53.8%，即在就业农民工群体中，总体上加入工会的比例为11.19%。在已经加入工会的农民工当中经常参加工会组织活动的占21.3%。由此可以推算出，总体农民工群体中经常参加工会活动的比例为2.38%。这种统计反映了社会组织对农民工的吸收与接纳情况，也反映了农民工权益维护、社会支持网络、社会归属感等相关问题。在农民工总体上被工会吸收比例仅为11.19%、农民工经常参与工会活动比例低至2.38%的背景下，农民工如何解决自己的社会交往需求、权益维护、情感关怀等网络支持问题？老乡会是最为重要的一个选择，《2016年农民工监测调查报告》表明，农民工业余时间人际交往对象中占比最高的就是老乡，这是仅次于家人的交往对象，占比35.2%，其次是当地朋友、同事等。

由此可以看出，相比于流动外出前的社会交往网络与组织参与而言，进城农民工一方面确实出现较高比例的去组织化现象（除就业关系外没有明确的组织归属），另一方面又存在较高比例的自组织现象，如老乡会。根据笔者多年来对农民工领域的研究经验来看，除老乡会这种先赋性与自致选择相结合的地缘性自组织外，还有一部分农民工精英会发动部分积极分子成立农民工自组织，这些农民工组织征得广泛的社会支持、政府支持，例如一些基金会、联谊会，等等。

本研究拟以湖北省某农民工帮扶基金会A及笔者长期从事农民工领域研究的田野经验为基础，分别讨论正式组织化的农民工自组织、隐性非正式化自组织的发展状况及其对农民工的影响。[①] 具体采取质性研究方式，主要采用田野观察、访谈、座谈会的方法收集资料。对基金会A的调研主要围绕基金会成立背景、组织架构、资金来源、运作程序、对农民工群体的发展作用、未来期待等内容展开。而对非正式自组织的调研主要基于浙江义乌、河南平顶山等地的主题调研材料。

---

① 也有一些研究者认为自组织仅指没有在民政部门注册登记的非正式组织。本文作者认为自组织主要是强调组织发轫的内生性，因此将注册和未注册的组织均称为自组织。

一　中国新生代农民工的组织参与现状

根据中山大学劳动力调查2016年度数据，新生代农民工参与社区活动的积极性更低，参与比例明显下降。[①] 总体农民工参与社区活动的情况：不去参与投票的占四成，新生代农民工不去参加投票的比例上升至近五成，这表明新生代农民工参与投票的积极性有所下降。同时，新生代农民工“自己去投票”的比例比农民工整体低18.26个百分点。

表1　新生代农民工参加社区活动的情况

单位：%

	自己去投票	家人代投票	没去投票
农民工整体(N=4019)	43.39	16.55	40.06
新生代农民工(N=1532)	25.13	26.44	48.43

同时，调查数据还表明新生代农民工没有参与业主委员会，但参加老乡会自组织的比例明显高于整体农民工参加老乡会的比例，新生代农民与整体农民工参加宗亲会的比例分别0.16%、0.11%。由此表明，新生代农民工参加自组织的积极性更高。具体数据如表2所示。

新生代农民工参加老乡会的比例更高、积极性更高的原因可能与新生代农民工社会交往需求更强烈、业余时间更充裕等因素有关。

① 中国劳动力动态调查（China Labor - force Dynamics Survey）是由中山大学社会科学调查中心组织并实施的一项全国追踪调查，调查内容涵盖城乡劳动力的教育、工作、迁移、健康、社会参与和经济活动等众多研究议题，旨在以村/居为单位动态追踪调查中国城乡家庭和劳动力状况。该调查每两年一次，通过多轮调查系统监测村/居社区的社会结构和家庭、劳动力个体的变化及其相互影响，并逐步建立社区、家庭和劳动力三个层次的追踪数据库，从而为实证导向的理论研究和政策研究提供基础数据。2016年调查于当年7~9月完成，属于该项目的第三轮全国调查。调查样本覆盖中国29个省、自治区和直辖市（除西藏、海南、港澳台外），调查对象为样本家庭户中的全部劳动力（年龄范围为15~64岁）。

表 2　农民工参加自组织的情况

单位：%

	参加居委会	参加业主委员会	老乡会自组织	参加宗亲会
整体农民工(N＝4700)	1.02	0.17	0.60	0.11
新生代(N＝1887)	1.01	0.00	1.06	0.16

新生代农民工自组织按照组织的制度认证与否可以划分为非正式自组织与正式自组织两大类。非正式自组织是没有经过政府备案登记、完全自在成立与存续的自组织，正式自组织则是经过政府认证备案手续并接受一定社会评估与监督的自组织。根据笔者田野调查的情况来看，农民工参与的正式自组织相对较少，而参加非正式自组织的情况更为普遍，因为组织正规化、活动程序化、对象精准化等是正式登记的自组织的关键特征，具有参与相对更具程序性、介入过程难等特征。而随意性、潜在性、情感化等是非正式自组织的关键特征，介入比较容易，开展活动自由。

二　新生代农民工非正式自组织——老乡会与趣缘群体

非正式自组织的建立与存在往往跟职业特征、工作或居住地点密切相关。老乡会的地理边界可以是一个村、乡镇、县，甚至一个省。来自同一地区的工友特别容易结成老乡会，居住在同一个小区的邻里之间如果是老乡的自然也会经常往来，从日常聊天、一起看电视或打牌，再到一起玩游戏、逛街、去公园，甚至会举办集体烧烤、出游活动，共同拼车往返家乡等。

在老乡会与工作同事的交往过程中，部分来往频率高、话题投机的青年农民工往往又存在老乡会中的小团体、亲密伙伴群。同理，部分青年农民工会受个人性格特点、消费偏好、交往需要、文化观念等方面因素影响而进行再选择、再组合，进而建立一些趣缘群体。[①] 比如，喜欢打牌的男女青年往

① 高崇、杨伯溆：《新生代农民工的同乡社会网络特征分析——基于“SZ 人在北京”QQ 群组的虚拟民族志研究》，《青年研究》2013 年第 4 期。

往组成一个相对稳定的牌友群体，业余时间更多地从事打牌娱乐；那些喜欢逛街的青年农民工会三五成群经常相约去符合他们消费水平的步行街等地方去闲逛，虽然每次逛街的具体人数、地点等都不固定，但核心成员基本不变；有一些青年农民工基于网络购物的简便性、消费口味的趋近性而结成“阿里消费群体”，有什么促销活动他们会及时通知，有什么好看的衣服和合适的化妆品，他们会相互交换自己的评价意见，为了节省邮费等他们会合伙下单采购。

（一）新生代农民工非正式自组织的发起特征

1. 新生代农民工自组织的组建动机

在组建动机方面往往更纯粹、简单，组建过程比较随意、自然。老乡会的组建过程有随机偶然的，但更多的还是通过先前的老乡逐步介绍，滚雪球一样拓展。这跟正式自组织在组建起点上不同。少量有创业想法的青年农民工会有“社会资本”的念头，想通过同乡交友搭建朋友之间的人脉关系平台。这种有创业想法的青年农民工大多会抱有“多条朋友多条路”“有朋友走遍天下、没朋友寸步难行”的交往观念，但这种自组织观念一方面在青年农民工当中比例非常低，另一方面想创业的青年农民工受市场化大环境的影响越来越认识到作为“本钱”的经济资本、关键技术与市场经营方法等更为重要，朋友往往只是给个情面、捧个场面。在这种意义上，趣缘群体也好，老乡会也罢，一方面日常交往与逢年过节时大家可以一起吃饭聊聊天，另一方面有经济困难或其他事情需要帮忙时，彼此有个照应与救助。个别青年农民工有意地去组建朋友圈、扩大自己的人力资本等现象已经变得比较少见。这一方面是社会大的文化环境已经改变，另一方面青年农民工跟城市青年一样，越来越平等化、自主化、个性化，形成“个人行为导向”。[①]

2. 新生代农民工自组织的组建路径

新生代农民工自组织的组建往往以地缘关系、业缘关系等社会关系网为

① 刘传江：《新生代农民工的特点、挑战与市民化》，《人口研究》2010 年第 2 期。

路径，具体组建与筛选的过程可能受性格偏好、业余爱好与趣缘关系等因素的影响。

从笔者多年来的田野经验感受而言，很多新生代农民工的老乡边界在逐渐泛化，原来可能是以一个村、乡镇为地缘边界，现在以一个县、省为边界。这样，老乡的网络就很宽泛，规模也很大。老乡结伴组建自组织群体受性格偏好、业余爱好等因素影响，同时也受婚恋状况、职业特征的影响。

未婚恋的新生代农民工往往更容易在工友中形成老乡会，而已经婚恋的人由于一般不再在集体宿舍中居住，而是自己到外面租房，除工友外，还会在居住地的邻里中形成老乡会。但未婚恋的新生代农民工参与老乡会的积极性更强、频率也更高。

从职业上讲，制造业工人、餐饮服务业的员工等往往更容易在工友中形成老乡会，而美容美发师、售楼小姐、汽车销售等销售行业的新生代农民工更容易在居住地形成老乡会。

3. 新生代农民工自组织的规模

新生代农民工老乡会与趣缘群体的组建规模都比较小，最小的可能只有2个人，最常见的4~8人，能够达到10人以上就算规模性的老乡会或趣缘自组织了。即使有10人以上的规模性自组织，互动频率高、态度积极的自组织成员往往以2~4人最为常见。小规模、非正式化自组织的发展动机通常以情感型诉求为主。

（二）新生代农民工非正式自组织的运行特征

1. 新生代农民工自组织的存续与发展历程

新生代农民工自组织的发展过程顺其自然的居多，少有出现显在的目的控制。参与活动的新生代农民工多数情况下没有明确的目标追求，“就是打发时间”，觉得一个人太孤独、生活太无聊。参与活动的新生代农民工一般没有明确的“组织”概念，他们的感觉与出发点就是年轻人一起玩玩，大家相互做个伴。即使有个别新生代农民工想通过老乡会、趣缘群体来达到恋爱、扩展交往圈的目的，也基本是通过常态化的交往“产生感觉”后才有

“目的性”的。最重要的，如果是以恋爱等明确目标的“工具理性”交往观念支撑的话，这种工具性比较强的自组织成员在达到目的后很快就会退出自组织。比如，以恋爱为目的者在有了恋爱对象之后便要去追求二人世界了。所以，没有明确工具性目的的纯粹交往、大家一起玩的自组织是自组织能够发展、持久存在的常态。这是跟正式自组织在运转程序上的不同。

2. 新生代农民工自组织的活动时间

新生代农民工自组织的活动、互动时间主要是业余时间，活动持续时间根据不同活动形式少则几十分钟，多则几个小时，放假期间则以天为单位。

跟正式自组织大多组织活动都是在工作时间不同，老乡会、趣缘群体的活动开展绝大多数是在非上班时间，从吃饭、打牌、逛街，到集体外出、网上采购等，基本都是在业余时间段进行的。业余时间段进行自组织活动一方面是上班时间不允许游玩，另一方面上班期间，新生代农民工大多有事做而感到充实，不会无聊。而业余时间，则会由于“无事可做”的个人独处而使孤独、空虚、无助等负面情绪更为彰显，随着日积月累的“郁闷”加重，可能会逐渐形成心理扭曲，不少年轻的农民工往往会陷入游戏等虚拟世界，也有部分控制力更弱的青年农民工会陷入吸毒等泥潭。无论是陷入游戏等虚拟世界，还是失足于吸毒等刺激，都是部分新生代农民工迷茫、迷失的表现。

当然，有由职业特殊性导致的工作时间与休闲时间边界不清的例外，如在卡拉 OK 厅、歌舞厅等从事娱乐行业的服务人员或者是在发廊工作的理发师等。业余时间参与自组织打发时间、进行消遣除了可缓解工作疲劳、放松个人身心等之外，还可以通过自组织交往为以后的朋友支持、邻里照应等做好铺垫。

（三）新生代农民工非正式自组织的功能

1. 新生代农民工自组织的事务功能

新生代农民工在婚前往往为了打发时间、排解孤独而寻求交往、共同游玩，有了婚姻家庭之后，无论是遇到事务性的经济困难，还是遇到子女上学、家人生病、夫妻矛盾等家庭性事务，都需要老乡会成员等熟人来给予信

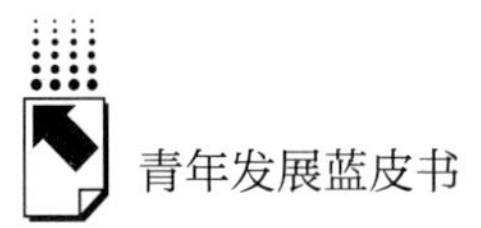

息交流、情感支持甚至经济支持等来实现彼此的互助。正如相关学者所描述的那样：人情关系网是一种强关系，对农民工的就业与生活事件会起到重要影响，“人情关系不仅提供信息，更能提供实质的‘影响’和帮助”。①

按照农民工的说法是“谁都会摊上一些事儿”，“遇到麻烦的时候，有个熟人照应”。例如，笔者在浙江等地的田野调查中发现，许多新生代农民工从外省来浙江，即使时间比较长，仍然对外来人口如何在就业地落户、如何解决小孩在就业地入学的手续等问题一筹莫展。虽然网络越来越发达，但很多新生代农民工发现网上的信息参差不齐而且权威的解释往往难以找到，有实际操作经验的网上资料很少。基于个人操作办理的需要，还是老乡自组织成员的借鉴、模仿更实际和富有成效。

除日常生活性事务外，新生代农民工在工作中也会寻求老乡会与趣缘自组织的支持。比如，有的农民工觉得自己的报酬太低了，老板的工作要求太苛刻了，就会找自组织成员彼此交流自己的工作待遇、工作技巧等。有的是想通过改善工作技巧进而提升自己的业绩，例如汽车销售人员、房地产销售人员，在同顾客打交道的销售技术方面，与自组织成员交流心得、技巧可以逐步实现业务提升。再比如，在处理同事关系、上下级关系方面，新生代农民工往往涉世未深，可通过彼此交流为人处事经验而更好地掌握与领导、老板交流的技巧，可以更好地提升人际交往能力进而促进自己的业务关系提升等。

2. 新生代农民工自组织的获得感功能

新生代农民工自组织的互动频率与获得感更高。由于新生代农民工自组织在功能方面以娱乐、情感沟通为主，老乡会成员在语言、文化观念等方面非常接近，个人背景信息又在互动过程中逐步“对等化”、透明化，新生代农民工在“集体玩儿”的交往诉求中产生较强的“我群体信任”。相对于阶层差异明显、地位悬殊的城里青年人而言，这种“我群体的信任”让参与自组织互动的新生代农民工产生了组织归属感、社会获得感，与社

① 刘万顺、刘洋：《农民工城市生活的实践逻辑——基于济南市的个案研究》，《青年研究》2010 年第 6 期。

会他群体之间的对比形成“物以类聚、人以群分”的格局。这在一定程度上弱化了新生代农民工的相对剥夺感、社会排斥感，进而达致社会心理平衡。所以，新生代农民工自组织中成员间的互动频率及情感共鸣、认可度明显高于正式登记的自组织，心理亲近感与归属感更强，在组织参与过程中的获得感也更强。

3. 新生代农民工自组织的安全阀功能

为新生代农民工不顺心、不公平遭遇提供安全阀排泄机制。参加自组织，出于交往频率、日常互助、人际信任等原因，彼此在心理上形成“我群体”的依靠关系。作为流动人口的新生代农民工在社会中往往会遇到各种社会不平等、不公正及排斥、歧视等。从年龄结构上讲，新生代农民工往往是遭遇社会排斥与歧视的主体——不一定是客观的社会排斥与歧视更多，而是新生代农民工不再像父辈那样任劳任怨，他们更追求平等，更向往自由、公正的生活环境，因此会对同样的社会结构、状态产生更多的逆反心理与不公平感。从社会心理学的安全阀机制的角度讲，新生代农民工遭遇排斥后的相对剥夺感、不公平心理需要通过对信任对象的诉说来达到心理上的平衡。而同样作为“外来建设者”的我群体自组织恰恰提供了这一机遇窗口，普通的同事、不相关“他人”难以理解新生代农民工的内心感受。“杀马特”现象不被主流文化认可而在新生代农民工中普遍流行就是一个社会文化群体间的区隔与分离标志。

三　农民工正式自组织

从研究的操作化需要出发，本文以基金会 A 为例探讨正式自组织的发展与功能等问题。

（一）正式自组织的组建特征

1. 自发组建与登记经过

基金会 A 成立于 2010 年 8 月 23 日。这个农民工帮扶基金会之所以使用目前的名称，是缘于一对包工头兄弟张西森与张土森的动人故事[①]。哥弟俩在2010年之前一直是湖北自发组建的民工建筑队的包工头，带领湖北武汉、黄陂等地的农民工在北京从事建筑承包业务，工程有大有小，从业20多年。2010年2月9日在中国农历腊月26日，哥哥张土森携带26万元农民工工资驾车返回武汉，准备给过年的农民工发放工钱，但在开封县陇海铁路桥段的南兰高速上发生车祸，张土森及其同行的家人不幸遇难。次日由于联系不上哥哥，张西森开车沿线寻找，在得知哥哥遇难后，接替哥哥于腊月二十九日赶回家乡黄陂，像往年一样在年关完成所有农民工工资的发放工作。后来，《楚天都市报》记者了解了这一故事，在《湖北日报》的头版显著位置刊发了采访报告，并配发评论。张西森后被推选为全国道德模范、感动中国人物等。2010年8月，张西森用社会各界所捐的33万元成立基金会A，从成立之日至今，基金会坚持"信义如天，温暖传递"精神，立足于农民工群体代言人与帮扶者角色，按照"救急济难"原则，为农民工"兄弟"提供帮扶。从成立至2017年12月，该基金会已经累计支出善款1200多万元，受益农民工及其亲属人数达4万多人。

2. 正式自组织首先有非常明确的组织框架与机构

基金会A在成立时于湖北省民政厅进行登记。在民政部"慈善中国"网站可以查询到其统一社会信用代码，由此表明农民工自组织的正式性和法律地位。基金会A常设机构有理事会、秘书处。理事会有17名成员，监事会有3名成员。理事会属于基金会的领导机构，主要负责制度设置、资金筹募、组织方向与功能设计等，并不参与具体的帮扶活动。

> 在项目的执行过程中，比如我们策划一个项目的时候，我们会根据对象的需求以及基金会自身的资金情况和资源去进行初步的设想和策划，然后把初步的方案和策划提交给理事会，因为您也看到了，（理事会成员）都是我们湖北的一些企业家，他们特别忙，那我们没有办法

① 按研究惯例，本文对所有相关人物均做了处理。

面对面地沟通的时候，经常就通过微信平台或者微信把我们的方案发给他们，他们有什么意见再回复过来做一些修正，最后形成方案。把我们项目实施的时间、规模、资金及其来源、使用的方式、周期等做一个完善之后就开始执行［LB，基金会秘书长］。

秘书处负责日常工作的开展，秘书处设秘书长一人、办事员两人，其中一名负责公益项目的组织、策划和宣传，另外一名办事人员负责网站还有资料，在后方完善基金会台账、记录与宣传等各项工作。

（二）正式自组织的存续特征

1. 帮扶农民工及其家人——自组织的活动开展

基金会 A 的目标定位就是帮扶农民工群体，并将重点定位于经济困难帮扶与对困境人群的援助。

农民工帮扶基金会在筛选救助对象时，首先要求受助对象必须是农村户口，第二是致贫的原因要由基金会工作人员去界定和了解——应当是因病、因灾或是务工受伤、职业病等原因。对因病的受助对象基金会要求提供相关的诊断书、诊疗费的清单，提交基本情况的申请表并由村委会和街道确认，一般情况下自组织也会去他们家里了解基本情况。

基金会作为一个农民工自组织的支出结构以医疗救助与助学为主：疾病救助达到 40%，助学占 40%～50%，这两方面比较常规化，其余的都是比较零散的救助。前者主要针对农民工自身，后者则针对农民工子女。由于农民工大多常年在外，特别是建筑行业的农民工由于居住地点常年不固定，流动性强带来居住不稳定，很难携子女共同外出，就产生大量农民工子女留守的问题。除助学金外，基金会 A 还针对留守儿童于 2013 年启动了“亲情电话屋”项目。

我们 2013 年开展了“亲情电话屋”的公益项目，当时就是跟中国移动合作的，跟省移动签的合同。当时我们把这个项目提出来之后，我们跟省妇联和省教育厅沟通和汇报了这件事，他们觉得非常好。我再补充介绍一下为什么会有“亲情电话屋”这个项目，当时我是2013年4月份来的，当时我来了之后就做了两个活动。第二个活动是“6·1”之前的关爱留守儿童、贫困家庭，给孩子买书包、文具，当时在我们黄陂的一个留守儿童学校，准备了大概有200套（书包和文具），活动仪式完了之后跟孩子们座谈。当时我和张总几个人跟孩子座谈，就问他们父母多久回来一次，有的孩子说半年，有的说一年，有的甚至说已经两年没见到了，我们当即就说你们能记得爸爸妈妈电话的现在就用我们的电话打，结果有三个电话都是空号。当时我们看到这个现象就在思考这个问题，这个留守儿童亲情缺失的问题是社会问题，后来看到这个问题我们就思考研究了，最后决定在这些学校设立“亲情电话室”，由我们来提供电话、话费，后来项目在留守儿童比较集中的学校，根据留守儿童的人数设立电话数量，一部电话一个月是提供3000分钟的长途（话费），保证每个留守儿童每周在校期间能打5～10分钟的长途，主动打过去给父母。电话设备和亲情电话室由我们基金会来完成，当时跟中国移动谈了这个项目，移动非常支持，话费由他们给予减免费用，监控由教育部门负责［LB，基金会秘书长］。

这个项目聚焦于农民工留守子女的亲情需要，也即农民工的亲情沟通需求。加强亲情沟通是这个项目的定位与宗旨。根据对农民工的调查发现，在早些年，相当多的农民工不是不愿意跟家里联系，而是因为他们经济条件有限——不舍得打长途，嫌电话费太贵了。后来，该基金会还考虑到智能电话越来越普及，想用可视电话践行这个亲情沟通的帮扶活动，但后来推行过程中发现：很多农民工不愿意接视频通话。调查发现原因在于拨出这边是免费的流量，但农民工在流动地接收视频通话往往不是免费的，只有少部分人在工作地点有免费Wifi的情况下才会接通视频通话。所以，对农民工人群而言，经济条件与他们的生活方式是很多项目开展的前提。

2. 救助农民工这一弱势群体——文化价值理念

基金会 A 作为专门针对农民工进行帮扶的自组织，在文化上强调对农民工事务的文化认同，背后承载的是对农民工“兄弟”的认同，即将农民工的社会地位、情感需求均视为一种文化价值要求参与者进行认可，这既是一种动员，也是一种参与行动的文化支撑与价值符号。

基金会对理事会成员的“价值识别”过程：

> 我们基金会主要还是考虑进到理事会来的成员能够对我们基金会、我们的公益认同，以及他们能够给予我们很好的支持，所以为什么在第二届理事会的成员中有增加呢？就是因为考虑到他们有很强烈的意愿加入我们的公益活动中去，所以我们就增加了。我们在运营过程中还发现，因为我们都不是专业的，所以在过程中不断地学习和优化。今年理事会是第三届了，即将换届，我们这一届的理事会成员可能要缩减。因为我们还是想让真正有心来做这个基金会的事情的人来担任基金会的理事，如果他们确实忙不过来我们也不勉强，所以在第三届的时候这一块我们也会做一个调整［LB，基金会秘书长］。

基金会 A 的秘书长 LB 在 2013 年进入基金会。他进入该基金会之前是做文化传播的，跟张总于 2013 年春季在一个慈善活动上相识。受张总邀请来担任基金会秘书长，并将文化价值理念的传播定位于向农民工传递兄弟般的温暖。

> 我也不是专业的，但是现在我明白做公益跟做文化传播是一样的，需要传播理念。我们通过整合基金会的资料，提出了“信义如天，温暖传递”的口号，然后界定我们的属性一定是针对农村弱势群体开展系列活动。我来之后的第一个活动就是为农民工免费体检，直接跟黄陂区人民医院的体检科联系，把他们的设备搬到了工地上，现场给 200 多个农民工体检［LB，基金会秘书长］。

自2013年至今，基金会A秉承“信义如天，温暖传递”理念，并在基金会办公大楼制作了显眼的红色logo。在这一宗旨的指引下，基金会A每年都会拿出专项资金来帮助特困家庭，这些特困家庭中有的是“因病致贫”，有的是“天灾人祸”致贫。通过物质、就业渠道等各种帮扶，让贫困的人感受到温暖，让失业的人找到就业渠道，让无助的人在社会帮扶中重拾生活的信心。

3. 结构稳定性与动态改进

结构稳定性体现为连续性、系列性，动态改进则表明正式自组织的上升与进化。

关于系列性与连续性。基金会A成立一系列队伍，比如“基金会A志愿者服务队”，不仅吸纳本建筑单位的员工开展志愿者活动，还广泛吸纳大学生、热心市民等参与到志愿者队伍中来。基金会A还开设有“基金会A志愿服务网”，并运行有“基金会A”、“基金会A公益”等公众平台。基金会持续开展的相关活动包括关爱农民工兄弟、关爱农民工子女特别是留守儿童、志愿助残、捐资助学、援疆慰问等。其中针对农民工留守子女设立的“亲情电话屋”等亲情沟通项目有效缓解了农民工群体的家庭情感缺席问题。该项目自2013～2017年覆盖了武汉及周边县留守儿童较为集中的学校49所，受益学生近万名。

关于动态改进性。基金会A一方面不断探索更为合理的帮扶路径、项目类别，另一方面在操作办法与实施细则上逐步完善、改良。

> 其实为什么2013年我们基金会开展的活动如此之密集，其实我们也是在找什么活动可以作为我们的常规活动，一直到2013年11月份我们才找到了留守儿童“亲情电话屋”作为第一个固定的项目，每年都要去做的。第二个就是助学，首先就是大学生助学，结合我们《楚天都市报》助学，以前的模式是《楚天都市报》说有多少需要资助的孩子，需要多少钱，我们直接捐钱。2014年我们放弃了这种模式，采用资助名单由我们来定的方式，同时我们资助的这些学生我们也希望他们

能回馈社会，在武汉读书的学生我们还会经常跟他们保持联系，他们有困难也可以继续跟我们提，但是将来有志愿服务活动的时候我们也希望他们能够参加，这样能够保持一个双向的、良性的传递和互动。同时，我们的助学活动也从大学延伸到了小学生、初中生和高中生。去年我们对高中生这个群体特别关注，为什么？因为大学有各种助学，小学生有各种关爱，初中生也在义务教育中，但唯独高中生在义务教育之外，所以这一部分辍学的人特别多。我们在工地上了解年轻的工人读书到什么时候为止，他们回答说在初三读完就没书读了，因为家里贫困没钱，所以我们从2014年对黄陂的贫困高中生进行资助，资助高中生中贫困且学习优秀的。我们在前两届的时候叫助学金，但在前两年我们改成了奖学金，因为要保护孩子们的自尊心［LB，基金会秘书长］。

正式自组织除了登记手续外，还要接受国家相关部门的监管与考核。基金会A 2010~2015年的考核结果，除2012年为基本合格外，其他均为合格。2013年LB担任秘书长之后，首先把基金会的组织工作抓上去，把程序规模化、明确化。注重信息主动公开、档案管理、资金流程、做开会记录等，台账部分逐步完善。2016年拿到的考核结果已经达到4A级。同时结合考核的需求，2013年之后，基金会的活动安排密度和频率逐步均衡。

四　正式自组织的功能：互惠双赢与多赢

基金会A在开展输血性帮扶的同时，也注重拓展造血性帮扶项目，助力帮扶者与受助对象、受助对象之间形成互惠性社会网络。具体的实施项目就是帮助返乡农民工组建不同规模、不同类型的建筑、装修施工队。这样既解决了返乡农民工的就业问题，也化解了留守老人与子女的相关困境。

我们基金会做公益跟张总（张西森）做人大代表履职有一个非常好的结合，我们的目标群体主要是农村弱势群体，所以我们每次活动的开展或者前期的一个调研都是走街串巷，到村子里去，到学校里去，我们就能看到很多问题，这些也能够作为全国“两会”提案的一个素材。去年“两会”的时候，张总提了一个关于农民工返乡就业创业的建议案，提议加大鼓励农民工返乡就业创业力度。为什么提这个议案呢？因为这个方面国家能够很好地加强的话，实际上能够很好地解决“三留守”问题，外出打工的农民工有文化、有阅历，甚至有一定的资金，沿海的用工成本很高，能活下来的都是采用智能技术的企业，不需要工人，因此也造成很多剩余劳动力返乡了，同时也因为国家的精准扶贫政策，很多地区的经济也不断在发展，如果能够把他们吸纳回来在家乡就业和创业，就能够解决“三留守”问题［LB，基金会秘书长］。

基金会 A 经过开展基金会各类活动，凝聚人心，传递温暖，与帮扶对象、与全社会形成互惠关系。大量的农民工在知道基金会 A 这一组织之后，主动找到基金会所在的建筑公司，要求加入以求得到有保障的劳动待遇，尤其是在 2013 年前后农民工工资拖欠非常普遍的时代背景下。很多外地的农民工都不远千里来到黄陂要求在基金会理事长张西森的建筑单位干活。另外，大量的社会企事业单位、政府部门也基于基金会的善行，将相关建筑业务都委托给基金会理事长张西森为法人的建筑公司。该建筑公司从 2010 年前只有几十人最多时一百人左右的建筑队成长为用工规模上万人的建筑公司。这一规模化过程与基金会 A 的传播功能密切相关。善行的合作凝聚人心、正式化自组织团结力量，规模化反过来又提升了这一自组织的发展速度、业务能力。

我在想公益应该怎么做？公益必须要策划创新，要接地气，让大家在献爱心的同时觉得很舒服。基金会的运作，我觉得就是用企业的思维去运作，而不能仅仅是“收钱、花钱”。基金会其实有两个功能，一个是感召、引领；一个是桥梁的作用，是连接爱心人士和受助群体的一个桥梁，就像哑铃中间的杠杆［LB，基金会秘书长］。

正式化自组织基于组织运转的开支经费等原因，往往需要一个挂靠主体。因此，自组织的运营除公益这一目标外，还要给挂靠单位带来相应的收益。基金会 A 是挂靠在和 A 同名的建筑公司，基金会组织对该企业的回报主要在于两个方面：一是宣传企业，提高其社会知名度和社会责任感；二是公益行动能够让政府给其减免税费。从形象宣传这个角度上讲，企业每年用一千万元来做广告产生的效果，不如用一千万元来做公益引起的关注。就算是广告投放很精准，建筑的广告也是没有号召力的，农民工帮扶基金会从长远来说效果更好，并且这种良性宣传效应一直在扩散。广告即使在当下短时间的效果好，但是时间一长谁还记得呢？但是公益不一样，比如说基金会救助的学生、农民工，十年、二十年之后可能就会回到这个公司里来，并且他也会传播基金会 A 的资助，在成长中有一颗感恩的心。甚至在他们的孩子中，都会有一个好的口碑。这些是广告根本没有办法相比的。

同时，多赢的还有政府与社会。湖北省政府、武汉市政府、黄陂区政府等各级政府领导都大力肯定、宣扬这一事件，并极力支持基金会 A。一方面这是对社会信义流失现象的道德拯救，另一方面国家领导人对农民工拖欠工资等问题的关注，对鼓励农民工自组织发展进而解决农民工工资拖欠问题有政治效用。社会舆论的广泛参与及社会传播效果也确实引起广泛关注，让全社会都更关注农民工的处境与发展。

综合前述面对整体农民工的正式自组织案例，与非正式自组织结构化特征的描述，农民工自组织的规律性比较可以做如表 3 的概括。

表 3　正式与非正式自组织的比较

维度	指标	正式自组织	非正式自组织
存在形式	登记与监管主体	政府部门	无
	规模	大	小
运行过程	组织目标	明确	模糊
	合作意图	明显	顺其自然
	组织精英与核心成员	显	无
	控制性与组织力度	强	一般没有控制与刻意组织
	农民工参与频率、密度	低	高

续表

维度	指标	正式自组织	非正式自组织
功能	组织功能	权益性、经济性	娱乐、情感主导
	凝聚力与归属感	弱	强
	开放性与稳定性	高	低

不论是正式的自组织，还是非正式甚至是隐形的自组织，都是普通民众自发发起的社会组织，概念的提出是相对于“官方组织”而言的。因此，自发性是农民工自组织的基点，[①] 这种非官方特征，即由农民工个人或群体自觉发起的群体、群众性社会组织是我们判断自组织的基础。同时，我们也应该清晰地认识到，自组织也是一种社会组织，社会组织是人们按照一定的目标有意识、有意图并通过一定的沟通或协商程序组建的，自组织也就相应具备一定的目的运作性，即使非正式自组织的目的性不明显，也必须有一定的交流、互助目标隐含在组织成员的互动过程中才能保持自组织的运行与持续。随着网络社会的普及，基于联络方便、快捷、不受场地限制等特征，中国新生代农民工的自组织形态可能越来越多地网络化[②]、虚拟化，所以，与备案的正式自组织相比，非正式自组织中新生代农民工参加自组织的互动频率、交往需求、文化依赖与关系互惠性等方面发生的新变化值得进一步关注与研究。

五　讨论与展望

由以上研究内容可以发现，农民工自组织的根本功能在于为农民工提供自我群体成员间的互助、心理慰藉、社会支持。因此，自组织是一种有机整

① 莫筱筱、明亮：《社会组织对新生代农民工城市化的影响研究》，《青年探索》2017 年第 2 期。

② 陶建杰：《新生代农民工的信息需求及影响因素研究——兼与老一代农民工的比较》，《人口与经济》2013 年第 5 期。

合，单位制与正式组织则是机械团结。有机整合可直接或间接形成强有力的社会互助、支持进而团结原子化的个人。相反，没有自组织就会形成弱社会、弱归属、弱网络的原子化状态；但自组织强化后在带来社会支持强劲、网络归属感增强的同时，也会导致权益维护冲突增加等问题。

就组织类型的参与过程比较而言，自组织是以自主参与为主，正式组织以动员式参与、接受性参与更为普遍。正式自组织规模较大，所以其成员结构往往比较多元，但非正式自组织往往更同质化——具备成员共同认可的文化价值理念，并且以这些共同认可的价值理念作为组织成员互动、对外行动的价值观支撑与文化符号，所以老乡会持续存在的关键维系力量往往是业缘与趣缘等同质性结构。趣味相投、生活方式与劳动节奏等同质结构使中国新生代农民工的自组织形态往往具备一定的连贯性，活动连续性开展，组织秩序相对稳定。从功能上讲，新生代农民工自组织的功能主要是满足情感沟通、社会交往需求，而经济功能、政治功能普遍较弱。

由此我们对农民工自组织的发展前景的看法是：从正功能的角度考虑，应当大力鼓励新生代农民工自组织发展。从近几年流行的“佛系”青年文化来看，丧失斗志、没有发展活力的青年从大学生扩展至白领等脑力劳动群体，也波及不少家庭条件不好而且个人生活前景堪忧的新生代农民工，这群人中的大多数想靠拼爹在城里买房基本已不太可能，想通过个人奋斗在城市立足希望渺茫，于是出现了不少倦怠和失去人生目标的“佛系”青年农民工。具体表现是“宅”在出租房里玩手机游戏，或长期到网吧玩游戏，而不愿意从事他们认为“辛苦”的工作。更有甚者，部分青年受“佛系”文化的影响失去生活目标与重心进而迷失自我，最终走向吸毒来麻醉自己，或者走向反社会行为与犯罪等。而新生代农民工自组织一方面可团结青年农民工走出封闭的个人生活状态从而进入开放、互动、交流的群体生活，进而获得集体融入、群体交往、情感交流、社会支持的机会，另一方面可避免与控制消极文化的影响，促进青年农民工健康发展、积极向上。

关于自组织能不能正式化的问题：本研究认为不可。原因在于正式化则会导致去意义化悖论：情感关怀、社会沟通、网络交流性的自组织一旦被正规化，往往会让农民工产生被控制的感觉，尤其是程序化的操作形式会产生疏离感，从而丧失亲密感与获得感。由此造成单个农民工与组织的互动频率大大降低，甚至对组织失去常态性互动的信任；但经济救助、权益维护的功能则需要正式化、操作程序化。

关于新生代农民工自组织的信息化发展趋势：随着时代进步与社会变化，老乡会与趣缘自组织中，新生代农民工互动模式既有现实的各种交往，也有网上老乡会、趣缘群，尤其是在打牌等娱乐方面线上活动的比例逐步增加，但必须指出的是，相关研究表明新生代农民工的社会网络信息化存在明显的“断裂”与非融合，例如，农民工的乡村社会信息系统与城市社会信息系统之间、农民工的社会关系网络与城市社会关系网络之间存在明显的断裂与隔阂。①

总之，农民工自组织是一个以社会情感支持为主的互动概念，而非政治概念，具有日常生活互助、情感支持的属性，绝大多数老乡会与趣缘自组织没有名称，有“老乡”而无“老乡会”是普遍存在的。

参考文献

高崇、杨伯溆：《新生代农民工的同乡社会网络特征分析——基于“SZ 人在北京”QQ 群组的虚拟民族志研究》，《青年研究》2013 年第 4 期。

刘传江：《新生代农民工的特点、挑战与市民化》，《人口研究》2010 年第 2 期。

刘万顺、刘洋：《农民工城市生活的实践逻辑——基于济南市的个案研究》，《青年研究》2010 年第 6 期。

莫筱筱、明亮：《社会组织对新生代农民工城市化的影响研究》，《青年探索》2017 年第 2 期。

陶建杰：《新生代农民工的信息需求及影响因素研究——兼与老一代农民工的比较》，《人口与经济》2013 年第 5 期。

① 李红艳：《新生代农民工就业信息获取渠道中的断裂现象》，《青年研究》2011 年第 2 期。

B.9

当代中国新兴青年群体发展调研报告

廉思教授课题组*

摘　要： 本报告基于课题组新兴青年群体调查数据，总结梳理了新兴青年群体的十大特征，并得出认识：作为四十年改革开放的受益者，新兴青年群体并不谋求从根本上变革现行体制，而是希望通过深化改革开放，更好维护自身利益，并获取更多的“话语权”，这就决定了其诉求与现行体制不仅没有根本性的冲突，而且是对现行体制的一种有效参与。同时，通过政治价值观的分析模型，课题组认为当前新兴青年群体政治价值观整体呈积极向上的态势，但其思想状况存在群体差异，价值观分众化趋势显著，对一些重点问题仍需关注。最后，从“革新理念，树立工作思路”“顺应趋势，强化平台建设”以及“改善环境，营造良好氛围”三个方面，对做好新兴青年群体工作提出了思路与建议。

关键词： 新兴青年群体　青年社会组织　从业人员　青年自由职业者　青年网络人士

进入新时代，世情国情发生深刻变化，对实现国家治理体系和治理能力的现代化提出了新要求。由于新的社会阶层具有“体制外”身份，以往以单位行政资源为依托的统战工作和群团工作难以发挥有效作用，亟须创新工

* 廉思，对外经济贸易大学教授、博士生导师，中国青少年研究会副会长，青年纪工作室首席专家，其领衔的课题组擅长社会调查、大数据分析、田野经验和人物深访。

作理念、工作载体和方式方法。团结引导新的社会阶层是新时代党的一项重大而紧迫的任务，2016 年 7 月和 9 月，中央统战部和共青团中央分别组建了专门面向新的社会阶层人士的工作部门①，为加强政治引导和阵地统战迈出了坚实的一步。

据不完全统计，新的社会阶层人士约有 7000 余万人，主要包括四类群体：私民营企业和外资企业管理技术人员、中介和社会组织从业人员、新媒体从业者和自由职业者。新的社会阶层中 70% 左右是 40 岁以下的青年人②，因此，新的社会阶层中的青年又被称为“新兴青年群体”。他们思想活跃，流动性大，分散性强，与各社会阶层互动频繁，利益诉求差异较大，且一直处于快速变化之中。

为准确把握新兴青年群体的基本情况，分析新兴青年群体对经济、政治和社会的影响，并在此基础上进一步梳理工作思路、探讨工作载体，团中央社会联络部委托对外经济贸易大学廉思教授课题组，于 2016 年 8 月至 2017 年 12 月期间，采用调查问卷、焦点小组座谈和深度访谈等方式针对新兴青年群体中的若干类别开展了几次调研，形成了对新兴青年群体的一些基本判断。

一　新兴青年群体的十大特征

改革开放四十年来，我国经济结构和社会结构发生了深刻变化，作为时代晴雨表的青年群体，对此必然有所反映。与传统类型的青年相比，新兴青年群体有着相对明晰的基本特征。其中，青年社会组织从业人员是指活跃于自发成立、自主发展、自行运作和以自我治理为主要组织形态，以活动为平台载体的青年社会组织中的（高校社团除外）40 岁以下的社会人士。青年

---

① 2016 年 7 月，中央统战部正式组建八局——新的社会阶层人士工作局。2016 年 9 月，共青团中央正式组建新部门——社会联络部。

② 廉思等：《当前我国新社会阶层的特征分析、杠杆作用以及工作思考——关于新社会阶层的调研报告》，《中国青年研究》2016 年第 11 期。

自由职业者是指不供职于任何企事业单位或政府部门，在国家法律法规以及政策允许的范围内，凭自己的知识、技能与专长，为社会提供某种服务并获取报酬的40岁以下的劳动者。主要包括青年群体中的签约作家、自由撰稿人、独立制片人、独立演员歌手、自由美术工作者等。青年网络人士是指活跃于互联网中，以网络内容生产为主要谋生方式，在网络平台中具有一定的粉丝规模，具有网络舆论影响力和号召力的40岁以下的从业者。三类青年群体既有区别，又有联系。整体来看，具有以下十大特征①。

（一）从成长特点看，具有较为明显的身份标识

一是年轻且年龄段集中。调查数据表明，从年龄分布来看，受访者以80后为主，人数最为集中的是20～30岁年龄段，占整体的比例均超过半数，总体呈现“两头小中间大”的正态分布。其中，20～30岁年龄段的青年自由职业者占整体的64.2%，20～30岁年龄段的青年社会组织从业者占总体的56.4%，19～35岁年龄段的青年网络人士则占总体的94.0%。

二是政治面貌上呈现“三三”格局。在政治面貌方面，受访的青年自由职业者中，比例最高的是群众，占比为41.9%；其次是共青团员，占比

① 此部分数据来源于2016年8月～2017年6月针对青年社会组织从业人员、青年自由职业者和青年网络人士三类新兴青年群体展开的调查。调查问卷设计由廉思教授课题组负责，维度划分与问题设计均依据已有文献和焦点组座谈的相关材料，通过团中央社会联络部的组织渠道，依据判断抽样的原则，在不同地域、不同领域的青年中发放问卷。其中，青年社会组织从业人员共发放问卷5000份，回收有效问卷4682份，有效回收率93.6%，主要围绕从业者的发展状况、发展瓶颈、组织管理、政治态度、社会参与等方面展开调查，涵盖全国30个省（自治区、直辖市）。自由职业青年共发放问卷1000份，收回976份，回收率97.6%。主要围绕自由职业青年的经济状况、生活态度、职业倾向、价值取向、政治态度、社会参与等方面展开调查，涵盖了北京、上海、天津、重庆、广东、江苏、浙江、四川、辽宁、山东、湖北、陕西等12个省（直辖市）。青年网络从业者主要涉及网络领袖、网络作家和网络媒体从业者三个子群体，主要依据团中央宣传部已有调查数据进行分析。此外，课题组在问卷样本中选取了部分具有典型性的新兴青年进行了深入访谈。深入访谈以一对一的形式进行，主要围绕生活方式、工作性质、思想观念等内容展开。深入访谈的目的是丰富定量数据的内容，使得报告更为充实。课题组同时通过走访多个省份的群团部门，听取他们关于新兴青年群体的经验介绍，力求掌握从工作对象到工作职能部门各个层面的第一手资料。

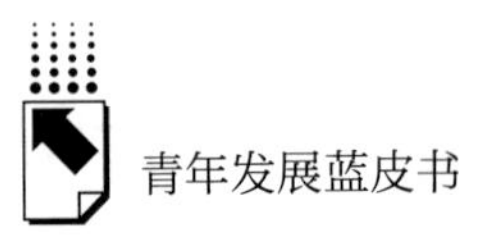

为31.8%；再次是共产党员，占比为19.5%；而无党派和民主党派人士的比例分别为5.4%和1.4%。在受访的青年社会组织从业人员中，群众占比也达到了30.8%，而无党派和民主党派人士的比例分别为4.0%和1.6%。该群体总体呈现“党员、团员、群众”“三三”格局。

三是大多数是同龄群体中的高学历者。从学历情况看，拥有本科及更高学历的受访者占总体的半数以上。在青年自由职业者中，拥有本科学历的受访者占比53.6%，拥有研究生学历的自由职业者占比10.9%；在青年社会组织从业者中，拥有本科学历的受访者占比57.7%，拥有研究生学历的自由职业者占比8.0%；在网络人士中，拥有本科学历的受访者占比71.8%，拥有研究生学历的受访者占比16.1%，反映出受访者总体受教育水平较高的状况。

（二）从经济地位看，属于比较典型的中等收入群体

从调研情况来看，对比我国相对通用的中等收入标准（年收入6万~12万元），该群体是典型的中等收入群体。

一是收入中等。从收入来看，不同类型受访者的收入有所不同，但基本在全国城镇居民平均收入之上（2015年全国城镇职工收入为3.12万元），属于中等偏上收入群体。在自由职业青年中，该群体最近一年的年均收入为9.9万元，其中，年收入在5万~15万元区间内的占比达到53.7%，年收入在5万元以下的占28.9%，年收入在15万元以上的占17.4%。在受访的青年社会组织从业人员中，半数以上最近一年收入在5万元以下，占59.4%，另有29.7%的从业人员收入在5万~10万元之间，收入在10万元以上的仅占10.9%，该群体高收入者较少。在受访的网络人士中，42.0%的受访者收入在5万~15万元之间，22.0%的受访者收入在16万~20万元之间，收入在16万元以上的占48.8%，该群体收入水平相对较高。

二是职业以“智力劳动”为主。从职业分布看，受访者职业类型呈现多元化特征，但基本上对应“白领”“金领”职业。青年自由职业者中，自

由美术工作者占23.4%，独立演员、歌手占15%，自由撰稿人占14.1%，自由摄影师占10.7%，签约作家占7.4%，其他自由职业者还包括按摩师、网约车车主、自由戏剧人、健身教练等；在网络人士中，党政机关工作人员占29.0%，事业单位员工占26.1%，企业员工占16.3%。

三是社会保障不完善。当前我国社会保障体系仍有许多不足，难以应对职业结构变化带来的挑战。新兴青年群体受体制外身份的影响，其社会保障水平总体滞后于“体制内”青年群体。从调查的情况看，既有的保底型社会保障很难满足其实际需求；同时，社会保障的地域化、户籍化特点，又使其难以享受与体制内青年同等的社会保障，社会保障对新兴青年群体来说受益不多、覆盖面不广，而后者恰恰对养老、失业、医疗、住房公积金等社会保障给予高度关注。经济收入和工作的不稳定是他们压力的主要来源，特别是社会组织从业人员普遍收入水平较低，生存和福利待遇难以保障，工作生活缺乏安全感，造成身份认同度低、工作流动快。

（三）从生活保障看，个体普遍面临较大的焦虑和生活压力

整体上看，新兴青年群体对单位组织的依赖性较弱，工作和生活相对自由，具有较高的工作自由度和灵活的生存发展空间。但与之相伴的焦虑则是缺少组织与制度的保障，各种生活压力全部聚焦在个体之上。

一是生活满意度“软件”超过“硬件”。我们对新兴青年群体各方面的满意程度进行量表调查，由非常不满意到非常满意分为5档，1为非常不满意，5为非常满意。在生活方面，自由职业青年对工作前景（3.34）、生活环境（3.22）和职业声望（3.13）满意度较高，对经济收入（2.91）、工作稳定性（3.06）和社会福利（2.79）满意度较低。青年社会组织从业人员对工作前景（3.58）、生活环境（3.58）、工作稳定性（3.55）、职业声望（3.49）的满意度较高，但是对经济收入（3.15）和社会福利（3.30）的满意度较低。

二是住房条件缺少独立性。拥有自购房屋的新兴青年群体比例也处于较低水平。在自由职业青年中，仅有28.8%的受访者拥有自购楼房或单元房，

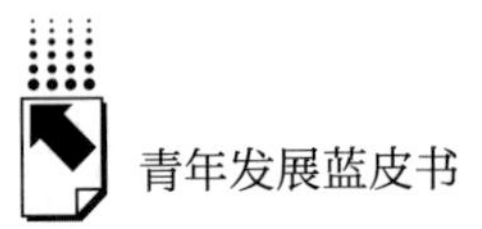

40.5%的受访者租房，17.4%的受访者住在父母家中，该群体大多数以不同形式租房和借住。对自由职业青年而言，69.9%的受访者表示压力的最大来源主要是经济和工作；在社会组织从业人员中，受访者也普遍认为“经济压力”是最大的压力源，在房价快速上涨、资产贬值等大背景下，该群体最渴望解决的就是“增加收入”的问题。综合来看，该群体对改变经济现状的诉求比较强烈。

三是收入受经济波动影响大。由于新兴青年群体处于社会经济改革的最前沿，其收入水平往往受社会经济变化的影响较大。调研中发现，对青年社会组织从业人员而言，他们的收入往往与所供职的社会组织资金筹募息息相关，一旦资金链断裂，便极容易出现降薪乃至欠薪的情况。对青年社会组织目前面临的最主要问题，采用矩阵量表法，根据面临问题的程度，把最不常见设为1，依次递进，最普遍为5，最严重的是缺乏资金（3.60）。青年自由职业者与网络人士的收入波动性更强，由于多处于自雇用状态，经济收入取决于个体承接项目的多寡，当所处行业的大环境不佳时，便需要个体直接承受环境变迁带来的风险。

（四）从空间分布看，以“大城市”为中心

调研发现，新兴青年群体主要分布在一线城市和东南沿海省会城市，在京津冀、长三角、珠三角等城市群的中小城市也有分布，如上海附近的苏州、常州、无锡等也有不少，总体上呈现中心辐射分布形态。特别是在特大型城市中，按照课题组的估算，大致集中了全部人数的70%，北京、广州、上海、深圳、杭州、成都、厦门等是几个主要分布地。新兴青年群体分布的地区主要与当地的经济发展水平有关，这也在一定程度上反映了地方政府对社会建设和服务业的支持力度。值得关注的是，对文化领域的新兴青年群体而言，他们非常关心身份区分，往往选择同类同质人群聚居生活，在某一区域形成一定的“场”。比如在北京从事美术创作、音乐、舞蹈、戏剧、影视的新兴青年群体约有8.4万人，其中62%集中在通州区宋庄、朝阳区798、怀柔中影基地等区域。此外，新兴青年群体中的很

多人关注“三农”问题和弱势群体的权益保障，他们积极到农村开展各类活动（以慈善和扶贫为主），支持社会组织发展，帮助弱势群体自我组织起来。

（五）从就业方式看，表现为“专业化”生存

调研发现，新兴青年群体受教育程度普遍较高，普遍具有社会需要的专业特长。“知识就是力量，奋斗成就梦想”是该群体普遍认可的准则。

一是具有社会需要的技能。新兴青年群体选择的生活状态和工作岗位的基础是他们具备了某种专业特长。如北京地区文化领域新兴青年群体中53%因为专业、兴趣而走上了艺术道路。十余年的专业学习使得这些青年更加坚定了从事该行业的信心。他们中认为奋斗成就人生的比例高达83%。可见，新兴青年群体笃信知识的价值，在他们的成长经历中，大多是通过考试进入高等学府、运用知识获得向上流动的机会，并且大多通过专业知识在所处的领域得到自我实现和社会尊重。这些专业特长既可以通过接受高等教育获得，如自由作家、自由撰稿人等，也可以通过某些专业技能培训获得，如独立演员歌手、健身教练、动漫创作人等等。

二是从业类型多样。当前，新兴青年群体中越来越多的人员借助O2O平台出售自己的技能和服务，这些人在未来还将有较大幅度增长。从调研情况看，受访的自由职业者包含了签约作家、自由撰稿人、独立制片人、独立演员歌手、自由美术工作者、自由摄影师、自由导游、家庭医务人员、按摩师、网约车车主、健身教练等。社会组织从业人员则存在着由党政机关、群团组织、事业单位等主导的“体制内”社会组织与“体制外”组织的差异，存在着经济、文化、社会、生态、教育、科技等行业属性的差异，存在着在相关单位注册、备案的可监管社会组织与游离于监管范围之外的未注册、备案的“草根”组织的差异。网络人士包括网络媒体从业者、网络主播、网络作家和网络意见领袖等群体，他们职业化程度相对较高，流动性大，职业属性也比较复杂。新兴青年群体各职业不断分化与重组后又可以细分为更多的职业类型，其就业方式和生活方式具有多样性，更适应市场经济和社会需

求的瞬息变化，但在一定程度上也造成了不同从业者在价值取向、行为方式等方面的差异。

三是个体发展诉求强烈。新兴青年群体提供的是具有一定知识含量、精神性、服务性的生产劳动，依靠自己的知识和技术谋生，所以该群体对个体发展的诉求比较强烈。就该群体期望得到的帮助类型看，有超过四分之一的受访者期望提高收入，有 18.0% 期望得到稳定的生活。另外，期望得到人脉资源、平等的发展机会、丰富的就业信息等帮助的分别占 6.6%、6.5% 和 5.6%。

（六）从价值实现看，“无赋权的权威”初露端倪

新兴青年群体以专业立足。一般认为，传统意义上某一领域的认可需要来自权威的赋权，如官员必须依靠组织提拔，教授必须有学校聘任，演员和导演也需要职称和某个大奖作为背书。所有人物似乎都需要来自其他权威的赋权。而新兴青年群体的出现让我们认识到，尽管他们在某一领域有了权威，但是背后却没有赋权，他们是自我赋权的阶级。在新时代环境中，青年就业的心态发生了变化，不再拘泥于传统业态，而更在乎实现自我价值，以个体价值实现为核心进行的轻度、灵活的跨界协作正在成为新的生长机制。此次青年社会组织从业人员的调查显示，首先是为实现自身价值和个人兴趣爱好的，占比分别为 37.3% 和 30.1%；其次，认为对事业有帮助的占 11.3%；再次，为社会做贡献的占 10.2%。在关于网络主播的调查中发现，不少网络主播是由自由职业者、社会组织从业人员转换而来。因为具有先天的发声优势，他们生产的文化内容及思想舆论成为青年价值观、人生观形塑的重要社会力量，社交化自媒体的出现又实现了部分“赋权”，增强了这种能力。此次调查发现，自由职业青年自己制作的视频被大量下载或浏览的占 12.0%，通过代理服务器浏览境外网站的占 11.2%，担任某知名论坛版主的占 7.3%。总体来看，新兴青年群体对网络的运用非常娴熟，在网络中发声较多。自由活跃的身份使得新兴青年群体能够快速对社会发展和经济动态做出反应，以个人能力为核心，自主、灵活、多元的职业规划将成为实现个

体价值、提升阶层身份的新通道。

价值实现的目标使新兴青年群体能相对忽略其他方面的诉求，能够承受因从业而带来的经济生活压力。调查显示，半数以上的青年社会组织从业人员年收入在5万元以下（占59.4%）。按当前中等收入群体的界定（年收入为6万~12万元），该群体多是中等偏下人群，承受着经济收入方面的压力，但在对各方面满意程度的调查中，该群体的总体评价满意度最高，评分为3.64分（总分为5），可以看出该群体虽然在收入上有怨言，但还是积极向上。在此次调查的自由职业者中，有43.0%的受访者表示承受能力还行，40.2%的受访者表示基本能承受，而完全能承受、不太能承受和根本承受不了的占比较小，分别为8.2%、7.2%和1.2%。由此可见，该群体压力基本可承受，总占比达到83.2%。

（七）从社会参与看，呈现“逆组织化”趋势

新兴青年群体追求的是个人的自由与个性，工作具有较高的自主性与灵活性，他们在体制内的政治组织和社会组织中参与度较低，而对体制外的社会组织兴趣浓厚，参与类型多为“兴趣型、行业型、志愿型”，主要目的是满足个人兴趣爱好和实现自身价值。比如，青年自由职业者有五分之一左右（21%）参加了兴趣类社会组织，15.8%为实现个人价值参加了行业组织，15.4%为更好地服务社会而参加了公益志愿组织。青年社会组织从业人员为实现自身价值和个人兴趣爱好而参与组织的分别占37.3%和30.1%，为服务社会而参与组织的占比10.2%。

虽然新兴青年群体参与国家公共事务积极性不高，但对热点新闻、社会事件、网络舆情的在线发帖、跟帖讨论和转帖传播相对活跃。如在对自由职业青年网络经历的调查中发现，在博客/论坛中所发文章或帖子曾被大量转载或回帖的占24.6%，在微博中评论社会现象或社会事件的占18.6%，吸引了大量网友关注。此外，网络人士的互联网行为更加频繁，该群体获取信息的主要渠道就是互联网，多数受访者使用主流门户网站（新浪、腾讯、凤凰网等）来获取信息。

新兴青年群体注重自己的发声和社会地位，积极在社会中表达自己。调查显示，在自由职业青年中，20.0%以上会选择在互联网公开发表自己的看法，而通过人大、政协会议提交议案的仅占13.3%。因为“自由”的特点，他们会与政府保持一定的距离。有些还承担“为民请命”的角色，号召群众通过非正常渠道向政府表达诉求。网络人士知识水平较高，善于表达且影响力广泛，同时还是多元信息的第一时间接触者，对重大事件有着解读与分析的能力，通过网络经营与网络发声的配合，在引导网络关注热点、网络舆论导向等方面具有很大的影响力和话语权。该群体思想上保持相对独立，坚持自己的声音，笃信自己的判断。如何做好这一思想活跃群体的意识形态工作，是未来面对的重大挑战。

（八）从社会结构看，位于“边缘化”地位

与其他青年群体相比，新兴青年群体尚未处于社会的中心，受关注程度不高，共同的难题是人难找、人难统、人难聚。因为游离于体制之外，他们往往成为制定政策中的“盲点”。很多城市的医疗制度、保障制度、住房制度和教育制度等都把他们排除在外，导致这部分人群遇到困难时不知道向谁求助、如何求助。如在调研中发现，社会对社会组织从业人员存在诸多误解，认为后者的所有服务都应该是无偿的，要求社会组织的所有经费都必须用于活动项目，不能花在运营、管理方面。在实际操作中，协会工作人员即便是用所筹经费为自己和志愿者（活动参与者）买一瓶水，都有可能遭到非议，出现“流汗又流泪”的情况，自身尊严受到伤害。在社会交往方面，新兴青年群体以专业性较强的“内循环”为主，局限于一个个认同度较高的“小圈子”，将自己排除在其他组织之外。而由于社会分工的细化，他们所从事的职业类型千差万别，在自己的空间中生活、工作，单枪匹马闯天下。由于缺乏共同的群体利益、共同的群体意识、普遍认同的群体文化、比较完善的群体组织（工会、协会）和群体代言人，他们表现出较弱的群体性，使得整个社会感受不到群体的力量和群体的存在。根据各地统计的数据分析，未注册的青年社会组织大约为已

注册组织的10倍，如上海已登记青年社会组织约5000家，未注册的青年社会组织约45000家；山东已注册青年社会组织2600多家，未注册的估算为29000多个。青年社会组织中有相当一部分与党团组织和政府没有联系，甚至不在党团组织和政府的视野之内。在自由职业青年中，有27.3%的人通过行业协会参与政府公共事务管理；通过所在社区和依靠公会、共青团、妇联等社会组织参与的分别占18.1%和17.7%；另外，借助媒体力量和加入社会组织来参与政府公共事务的占比分别为12.1%和9.1%；其他参与途径占比较少，整体来看在参与公共事务方面存在“体制外游离”状态。

（九）从价值观念看，流露出“体制外”担忧

调查发现，新兴青年群体对党和政府有信心，对主流意识形态较为认可。如自由职业青年对“中国共产党一定能够带领中国走向强大”的评分为4.05分（满分5分），“中国改革开放的成就大于引发的问题”评分为3.89分（满分5分）。对中国共产党的历史和未来表现比较认可。有关“对于本届党和政府的最大特点的感受”，32.6%的自由职业青年认为是更有力的反腐；认为有更强烈的改革意愿的占23.9%，认为有更亲民的执政姿态的占20.7%；另外，认为是更严格的依法治国、更强硬的外交话语的分别占比9.0%和6.4%。在对于共产党执政基础的认识上，47.7%的自由职业青年和51.7%的青年社会组织从业人员认为应建立在经济社会发展的治理绩效上，这在所有选项中排名第一。

深度访谈发现，新兴青年群体对手中的财富有较强的不安全感。由于不具有“体制内”的身份，他们担心政府的某一个决策会压缩自己的生存空间、威胁自己的既得利益（如有37.0%的自由职业青年和49.6%的青年社会组织从业者表示存在因权力导致的不公平）。因此，他们对社会现状带有一定批判性，尤其是对与自己密切相关的制度设计极为关注，如司法制度、劳动保障制度、社团注册制度以及新闻制度等，并需要更健全的法治来保障自己的权益。如在《中华人民共和国宪法》规定的公民权利中，有22.3%

的青年社会组织从业者和24.3%的自由职业青年认为人身自由不受侵犯、人格尊严不受侵犯、住宅不受侵犯的权利最需要加强保护，排名第一。可见，新兴青年群体期待自由发展和公平公正的法治环境，希望中国的发展始终在良性的轨道上稳健运行。

（十）从社会影响看，充当着“路由器”节点

随着移动互联网对传统媒体行业的颠覆，舆论场正在呈现新的特征。传统媒体式微造成的结果使得新兴青年群体的话语权在逐渐提升。居住于一线、二线城市的新兴青年群体成为网络舆论的主要发起者和参与者。由此，新兴青年群体的局部问题被放大，在舆论上，具体体现为一线城市的白领对清洁空气的需求大于三线、四线城市的蓝领对工作岗位的需求。而在城镇化过程中，人口流动管理、户籍改革、公共服务均等化等存在相对滞后的问题，导致大城市新兴青年群体产生了较强的相对剥夺感。由于他们大多处于竞争性较强的行业，工作和生活压力又增加了其焦虑感，这成为网络舆论场负能量的重要来源。在技术“平权”的过程中，传播门槛不断降低，对新媒体的敏感和对新语言的使用是施加“影响力”更为重要的因素。新兴青年群体由于本身的知识储备、工作属性和社交需要，是与新媒体接触最多的群体，这就决定了他们是社会思潮的“扩音器”和广大青年价值观的“路由器”，具有集散思想文化信息的软实力和引导社会舆论走向的潜力。

比如青年网络人士中的网络主播，北京地区全职主播7.6万人，兼职主播23.9万人，提供互联网直播平台服务的企业已超过100家。北京聚集了全国40%以上的网络直播平台。个人在直播时可以决定直播内容和直播风格，并随时根据观众的即时反馈和要求调整节目内容。这是一种完全不同于传统模式的演播模式。这种随机反馈型节目存在监管风险和盲区，有少数主播甚至以低俗的方式来获取流量，以提升自己的关注度。

整体来看，中国经济发展方式的转型升级亟须发展具有一定知识层次和

标准化的高端制造业和服务业，并推动产业链地位向微笑曲线的上端转移。新兴青年群体大多是具有高等教育背景的低龄劳动力人口，平均受教育程度已超过12年，具有较多知识储备及较长的潜在就业年限，有助于中国经济发展方式的转型升级，为高端制造业和服务业等知识密集型产业提供了较优质的劳动力。一方面，新兴青年群体为中国经济快速发展提供了充裕的劳动力资源，通过参与就业竞争，促进了城市劳动者素质的不断提高，同时有效抑制了劳动力成本的上升速度，成为保持中国劳动力素质优势和劳动力成本优势的重要因素，为中国发挥劳动力资源优势、提高国际竞争力做出了重要贡献。另一方面，新兴青年群体在一线、二线城市工作期间积累了较为丰富的经验和经济、社会、文化资源，这使得该群体成为能够推动三线、四线中小城市社会发展的纽带和载体。新兴青年群体促进中小城市产业和劳动力的聚集，增强了规模经济效应，扩大了市场有效需求，从而进一步吸引投资和人口迁移，对都市圈、城市群中的中小城市形成了连锁性、乘数级的经济推动力。

二　新兴青年群体的政治价值观分析

综合调研结果，课题组认为：新兴青年群体是随着我国改革开放的不断深入和经济社会结构的深层次调整而出现的新生事物。对这个群体，我们不能以“老眼光审视新事物”，而要从群体职业发展的一般路径和规律来认识和开展工作。新兴青年群体在推进经济和社会发展、构建社会主义和谐社会方面起到了一定的积极作用。作为四十年改革开放的受益者，他们并不谋求从根本上变革现行体制，而是希望通过深化改革开放，更好地维护自身利益，获取更多的“话语权”。这就决定了他们的诉求与现行体制不仅没有根本性的冲突，而且是对现行体制的一种有效参与。换言之，保障和扩大新兴青年群体的利益，本身就是现行体制自我完善的重要内容。因此，研究新兴青年群体的政治价值观，有助于深化对该群体的了解，更好地发挥其积极主动性参与经济社会建设和公共生活。

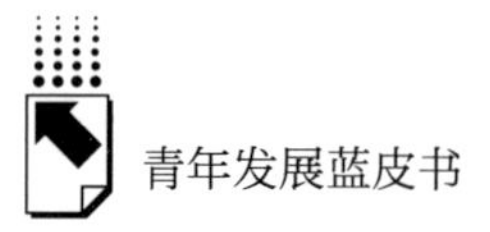

不同的学者对政治价值观给出的定义各有侧重，西方学者对此有较为深入的研究，中国学者的研究则起步较晚，其研究范式主要参照西方政治学。本课题组在建立测量新兴青年群体政治价值观的指标体系上进行了探索。综合一些著名学者的观点，政治价值观更多地被定义为公民对政府或者政治系统将运作产生与他们的期待相一致的结果的信心或信念。另外一些学者将其分为公民对政府在职责上、政权上和制度上的信任，认为政治价值观是一个政治系统合法性的基础。

课题组提出了自己的研究框架，认为政治价值观的形成是一个从思想观念到实践结果的连续过程，根据从抽象认同到具体实践的顺序，政治价值观可以划分为政治制度、执政效能、信息权威三个维度。其中政治制度是指公民对民主、党派等政治制度的态度，可以由公民对国家政治理念的信任得到体现；执政效能是指公民对整个政治共同体的执政能力的评价，可以由公民对国家各个方面的满意度来体现；信息权威是指公民对政治行动者发布信息的信任程度和依赖程度。三个维度中，对政治制度的信任感属于政治价值；对执政效能的满意度属于政治主体；对信息权威性的依赖度属于政治实践。其基本关系如表 1 所示。

表 1　政治价值观的一个分析框架

政治价值	政治主体	政治实践
政治制度信任感	执政效能满意度	政治信息权威性

课题组按照政治价值观的层次，从政治价值、政治主体、政治实践三个维度出发，继续确定测度价值观的测度指标。测度指标是指指向新兴青年群体政治价值观的具体表现指标，是维度指标的具体体现。课题组根据新兴青年群体的实际状况，确定各维度的测度指标如下。

政治制度信任感——主要考察新兴青年群体对执政党的认同度和对政治制度的认知度，主要从三个测度进行测量：社会主义制度，社会主义民主，坚持党的领导。

执政效能满意度——主要考察新兴青年群体对党的十八大以来执政各个方面的满意度和认可度，主要从四个测度进行测量：五位一体，四个全面，国防，外交。

政治信息权威性——主要考察新兴青年群体对政府各个方面信息的信任度和依赖度，主要从七个测度进行测量：统计数据，经济走势，房价走势，环境问题，事故灾难，群体性事件，反腐动态。

为完成测度指标的测量，需要针对每一个测度指标确定相应的调查问题。课题组为各项测度指标确定了基本的问题族。每个问题按照从 1 到 4 的分数打分，1 为最不认可政治价值观的表述，4 为最认可政治价值观的表述，由此将问题选项转化为一定的指标得分（1 为 25 分，2 为 50 分，3 为 75 分，4 为 100 分），并按照每个选项得分的比重折合为最后的测度指标得分。

（一）新兴青年群体的政治价值观整体呈积极向上的态势

在确定测度指标得分后，通过层次分析法（AHP），从总样本中独立随机抽取 500 个样本作为训练样本[①]。进而得出不同指标的权重，以确保最终量化得分的科学性、合理性。最终从问卷样本中计算出新兴青年群体政治价值观得分为 80.2（满分 100 分，75 分以上为较为认可），这表明当前新兴青年群体政治价值观整体呈现积极向上的态势。

政治价值观指标体系框架及此次调查计算后的权重和分值如表 2 所示。

---

① 此部分调查数据来源于 2017 年 6 月至 2017 年 12 月，课题组对北京、上海、广东、浙江、辽宁、湖北等 20 个省份的新兴青年群体进行的调研，共发放问卷 5535 份，收回 5278 份。问卷第一部分为基本信息，主要考察新兴青年群体人口学基本信息和工作生活状况方面的基本内容；第二部分为政治制度信任感，主要考察新兴青年群体对于执政党的认同度和对政治制度的认知度；第三部分为执政效能满意度，主要考察新兴青年群体对于党的十八大以来执政各个方面的满意度和认可度；第四部分为政府信息权威性，主要考察新兴青年群体对于政府各个方面信息的信任度和依赖度。

表 2　调查显示的新兴青年群体政治价值观权重和分值

整体指标	维度指标（权重）	分值	测度指标（权重）	分值
政治价值观（80.2）	政治制度信任感（26%）	85	社会主义制度（33.4%）	83.7
			社会主义民主（34.2%）	83.0
			坚持党的领导（32.3%）	85.9
	执政效能满意度（28.3%）	82.3	五位一体总体布局（22.1%）	79.3
			四个全面战略布局（21.5%）	82.1
			国防（29.2%）	82.7
			外交（27.2%）	80.9
	政府信息权威性（45.8%）	75.8	统计数据（13.3%）	74.0
			经济走势（14.9%）	75.9
			房价走势（15.5%）	68.6
			环境问题（16.7%）	72.8
			事故灾难（14.3%）	76.2
			群体性事件（13.7%）	74.3
			反腐动态（11.6%）	78.6

1. 在政治制度信任感方面，绝大多数新兴青年群体对制度先进性、民主满意度和党的领导力表示认同

调查结果表明，新兴青年群体对政治制度信任感的评价最高（85），远高于执政效能满意度（82.3）和政府信息权威性（75.8）。在政治制度信任感下的各测度指标分值也高于执政效能满意度和政治信息权威性下的各测度指标分值，说明新兴青年群体对社会主义制度的评价已经超越绩效合法性和信息依赖性的层面，进入价值层面的深度认同。具体而言，在对“中国特色社会主义制度是具有明显制度优势和强大自我完善能力的先进制度”这一表述的评价上，“非常同意”和“比较同意”的合计占比达76.3%。在“不照搬西方的政治模式，我国能够实现比西方更加广泛、充分和健全的民主”这一表述的评价上，“非常同意”和“比较同意”的合计占比达74.9%。在对“坚持和完善党的领导，关系到国家和人民的根本利益”这一表述的评价上，“非常同意”和“比较同意”的合计占比为79.5%。可见，新兴青年群体对党和国家的发展理念、发展方向、发展道路具有较高的支持率和认同度。

2. 在执政绩效满意度方面，绝大多数新兴青年群体点赞“五位一体”和“四个全面”的实施情况

调查结果表明，新兴青年群体对执政绩效的满意度低于政治制度信任感，但高于政府信息权威性，其各测度指标打分在80分左右。随着中国特色社会主义事业的深入发展，十八大后的各项政策正在持续发挥作用，新兴青年群体对执政绩效的认知愈加积极，高度评价国家取得的各项成就。在“五位一体”总体布局方面，各项分值为：经济建设82.1，政治建设80.3，文化建设78.3，社会建设79.7，生态文明建设76；经济建设评分最高。在座谈和深度访谈中了解到，尽管受到国际经济形势大环境的影响，但绝大多数新兴青年群体认为我国能够实现经济又好又快发展，对我国经济的基本面依然看好。特别是随着中央应对政策措施的不断推出，新兴青年群体对我国经济发展形势仍然保有较高信心。

在“四个全面”战略布局方面，各项分值为：全面建成小康社会82.3，全面深化改革81.9，全面依法治国81.3，全面从严治党82.9；全面从严治党评分最高。此外，在“对反腐败斗争的前景是否有信心”的问题上，“很有信心”和“比较有信心”的合计占比为77.7%。在座谈和访谈中了解到，新兴青年群体认为十八大以来从严治党效果显著，能够感受到党风廉政建设给工作和生活带来的积极变化，党风带政风促民风，凝聚了民心，弘扬了正气，重塑了务实、干事、廉洁、为民的干部形象。

此外，在国防（82.7）、外交（80.9）方面的评分也很高，均超过80分，新兴青年群体对中国“承担大国责任，推动国际合作”的形象高度认可。

3. 在政府信息权威性方面，有限信任政府权威，对民生问题改善充满期待

调查结果表明，相较于政治制度信任感和执政效能满意度，新兴青年群体对政府信息权威性的评分略低，但各测度指标打分均在70分上下，集中分布在比较信任和非常信任之间。各类政府信息的权威性从高到低排序依次为：反腐动态（78.6），事故灾难（76.2），经济走势（75.9），群体性事件（74.3），统计数据（74），环境问题（72.8），房价走势（68.6）。其中有

关环境问题和房价走势相关的政府信息仍有较大改进空间。在座谈和访谈中了解到，新兴青年群体对民生建设非常关注，问题主要集中在“看病难、看病贵”（医疗）、“上学难、资源少”（教育）、“房价高、保障低”（住房）等方面。此外，大部分受访者对日益严重的环境污染表达了自己的担忧和对下一代成长环境的焦虑。

新兴青年群体对政治制度价值的认同度普遍较高，但同时对政治信息的权威性信任感偏低，反映出各级组织在贯彻中央政治理念的过程中还有所欠缺。各级组织是否严于律己、言出必行，以及对中央执政理念的落实程度，对政治信息权威性起到很大的影响作用。目前这种“政治信息权威性”相对低的原因既有思想政治和道德建设上的欠缺，也有市场经济中政府行为趋于利益化的原因。再加上科层体系的行政化导致信息传导衰减，使党构建的价值体系在具体制度和实践中得不到充分的体现，从而使新兴青年群体对政治信息权威性产生有限信任。

课题组将“政治制度信任感”、“执政效能满意度”和“政府信息权威性”三个维度进行连续变量相关性分析后发现，“政治制度信任感”和“执政效能满意度”相关系数为0.805。“执政效能满意度”和“政府信息权威性”相关系数为0.774，“政治制度信任感”和“政府信息权威性”相关系数为0.680。可见，三个维度间两两呈现显著的正相关关系。新兴青年群体对政府信息的信任会导致执政效能满意度的增加，进而会增强其对政治制度的认同。反之，如果对政府信息怀有不信任，也会影响执政效能的满意度，进而降低其对政治制度的认同感。现实困境往往是激发思想和情绪波动的导火索。在今后工作中，既要高度重视对新兴青年群体的思想引领和价值引导，也要注重治国理政水平的提高和政府信息的有效传导。

（二）新兴青年群体思想状况存在群体差异，价值观分众化趋势显著

1. 知识资本的累积影响政治制度信任感

此次调查中，课题组对新兴青年群体的政治制度信任感主要从三个指标

进行考察：社会主义制度、社会主义民主、坚持党的领导。调查结果显示，学历水平和海外经历与政治制度信任感有显著相关性。

在学历上，博士对“社会主义制度”的认可度（81.6）高于硕士（80.2）、本科生（76.2）和大专生（70.2）；对“社会主义民主”的认可度（81.2）高于硕士（78.9）、本科生（74.6）和大专生（68.3）；对“坚持党的领导”的认可度（86.9）高于硕士（84.1）、本科生（79.2）和大专生（72.3），且在每个测度上都呈现博士 > 硕士 > 本科生 > 大专生的梯度结构，随着学历的提升，对政治制度的认可度越高。

在海外经历上，非海归新兴青年群体对“社会主义制度”的认可度（94.0）高于海归（87.7），对“社会主义民主”的认可度（93.3）高于海归（84.7），对“坚持党的领导”的认可度（96.1）高于海归（87.0）。整体来看，非海归的政治制度信任感更强，尤其体现在坚持党的领导这一问题上，非海归和海归的认可度相差9.1。学历水平和成长经历在一定程度上决定了人们的认知水平和价值判断。随着知识的积累和实践的深入，对于党和国家所处的历史阶段和面临的主要矛盾更能够理性客观地看待。

2. 与体制距离的远近影响对执政效能的满意度

新兴青年群体对中国特色社会主义事业总体布局和战略布局实施情况的评价反映了其对执政效能的满意度。此次调查将新兴青年群体按照政治身份和管理职级进行了分类。调查结果显示，政治身份和管理职级均和执政效能满意度有显著相关性。

新兴青年群体中党员对“五位一体”总体布局实施情况的满意度（经济建设87.3，政治建设82.9，文化建设78.8，社会建设82.5，生态文明建设72.4）高于民主党派（77.7，69.3，65，71.9，59.8）、群众（75.3，70.0，68.0，71.2，64.4）和无党派人士（66.4，60.7，59.9，62.5，57）。新兴青年群体中党员对“四个全面”战略布局落实情况的满意度（全面建成小康社会85.7，全面深化改革84.5，全面依法治国83，全面从严治党86.1）高于民主党派（74.9，71.5，69.1，74.1）、群众（74.3，73.3，

72.2，73.6）和无党派人士（65.3，64.8，63.4，65.3），且总体呈现党员 > 民主党派 > 群众 > 无党派人士的分布格局。

新兴青年群体中管理人员对“五位一体”总体布局实施情况的满意度高于无管理职务人员，各项满意度差值为：经济建设 2.8、政治建设 2.9、文化建设 1.8、社会建设 2.3、生态文明建设 2.1。管理人员对“四个全面”战略布局落实情况的满意度高于无管理职务人员，各项满意度差值为：全面建成小康社会 3.1，全面深化改革 2.7，全面依法治国 2.6，全面从严治党 3.6。

整体来看，党员和管理人员显示出更强的发展自信和更高的模式认同度。随着改革开放的不断深化和创新创业的大力推进，未来新兴青年群体中民主党派或无党派、无管理职级的人数会有所增长，对由人口结构变化引起的思想状况波动，需要未雨绸缪，给予关注。

3. 时间空间的变化影响对国家发展的信心

调查显示，年龄大小和地区差异与国家发展信心有显著相关性。在 30 岁以上新兴青年群体中，71.8% 对“2020 年全面建成小康社会”有信心，高于 30 岁以下组的 67.0%，77.8% 对“2049 年建成社会主义现代化强国”有信心，高于 30 岁以下组的 73.1%。且在各个测度上均呈现信心度随年龄增长线性提升的态势，具有“年龄越大，对国家发展越有信心”的特点。

在分地区分析中，课题组按照国家统计局的划分标准，将此次问卷发放涉及的省（自治区、直辖市）分为四个地区：西部、中部、东北、东部。调查结果显示，西部地区有 70.6% 的被调查者对“2020 年全面建成小康社会”有信心，高于中部地区的 70.0%、东北地区的 68.1% 和东部地区的 65.8%。西部地区有 76.9% 的对“2049 年建成社会主义现代化强国”有信心，高于中部地区的 75.5%、东北地区的 73.8% 和东部地区的 71.9%。而且在各个测度上均呈现信心度从西至东逐步递减的态势。整体而言，经济发达地区的新兴青年群体对国家发展的信心不如相对落后地区，具有“经济越发达，越感觉信心不足”的特点。

（三）新兴青年群体政治价值观方面需要重点关注的问题

1. 对党的执政理念高度认同，但对其在基层落地生根心存疑虑

课题组采用文本分析法，对焦点组座谈会、深度访谈记录进行信息抓取、特征词提取与词频统计分析，发现新兴青年群体在谈到对党中央的看法时，词频较高的词（括弧内为词频数）有：正直（3588）、清廉（3312）、为人民服务（3231）、伟大（3113）、习近平（2988）、亲民（2910）、负责（2898）、以身作则（2845），用词整体偏向正面。而在谈到对基层组织看法时，词频较高的词有：功利（2324）、高高在上（2124）、高冷（2076）、腐败（1956）、无感（1932）、严肃（1921）、不了解（1889），用词整体偏向负面。新兴青年群体普遍为十八大以来政治制度出现的新变化、新常态叫好，认为中国共产党执政能力得到了又一次锤炼和提升。其中，更强烈的改革意愿、更有力的反腐举措成为新兴青年群体眼中本届中央领导集体最大特点。但同时他们也对基层的政策执行不满意，认为“坏和尚念歪经”现象普遍存在，很多时候“门好进了、脸好看了，但事情不解决了”。绝大多数新兴青年群体没有机会接触到高级别的党组织和领导干部，基层组织和基层干部是他们获得对党和政府整体认知的主要渠道。对基层组织和基层干部的不满意，将会导致新兴青年群体对党中央政治信任感的流失。

2. 对国家的改革发展稳定充满期待，但不乏担忧

近年来党和国家取得的伟大成就和变革以及党的十九大胜利召开，带来新兴青年群体的更高期待，同时，发展不充分不平衡问题造成部分新兴青年群体的现实获得感存在一定反差，这可能会造成一定程度的困惑迷茫。一方面，新兴青年群体普遍拥护改革，高度关注改革动态，认同改革在推动社会进步上的重要性和必要性，对“创新创业”“社会治理”等改革要求有迫切期待，对“民生工程”等涉及公共利益的改革举措比较认同；另一方面，他们又担忧改革中出现新的形式主义、走形变味。这些矛盾心态形成了“既对深化改革高度拥护，又对深化改革过程中出现的问题表示担忧；既对中国道路和制度优势高度认可，又对基层部门的调控能力和执行力度表示担忧”的纠结特征。

3. 对中国特色社会主义道路总体上持肯定性评价，但少数新兴青年群体在局部问题上持批判性评价

新兴青年群体对共产党执政能力的坚定信心没有变，但对民主进程、反腐预期、法治建设的信心仍有待加强，尤其是少数新兴青年群体的价值观念需要引起重视。由于技术迭代的速度不断加快，新兴青年群体的竞争压力不断增大，少数新兴青年群体将自身发展面临的一些瓶颈和日常生活中观察到的一些不良现象错误归因为体制机制导致的问题，如对我国民主政治建设现状不满意，觉得政治体制改革“步伐太小太慢”，对政府处理公共事务的态度、方式及效果不满意，对反腐败过程中出现的新情况缺乏正确认识和客观分析，对法治不完善、社会分配不公、贫富差距过大等问题的解读过于悲观，对国家发展的前景信心不足，甚至在网上发表过激言论。新兴青年群体知识层次高，发声能力强，思想观念活跃且掌握一定话语权，网络放大了少数人的负面意见，社会上其他一些群体的思想价值观念或受其影响，或与其形成共振。

三　做好新兴青年群体工作的思路与建议

做好新兴青年群体工作，是共青团深化改革、扩大工作有效覆盖面、广泛团结凝聚青年的重要任务，是做好新社会阶层人士工作的重要方面，是巩固和扩大党执政的青年群众基础的必然要求。因此，要强化已有的工作基础，加快新兴青年群体工作的探索步伐，切实担负起共青团的重要使命。

新兴青年群体的大量涌现已经成为当今社会不容忽略的事实，在单位制解体、个体解放和社会化转型的过程中，团组织要转变传统的服务管理观念，到社会中以社会工作的视野和思维开展工作，在服务过程中实现对新兴青年群体的吸纳和整合。现代服务业是“自由人—共享平台—消费者”的共享经济模式，随着“自由人联合时代”的到来，社会生产也从“劳动者的模块化组合”向“自由人的平台化联合”转变。按照这种发展趋势，共青团需要在广大新领域服务青年，搭建青年参与的新平台。此外，应紧密结

合新兴青年群体的现实需求，营造有利于支持他们成长成才和发挥作用的良好环境。

参考文献

陈剑主编《中国新的社会阶层研究》，学苑出版社，2017。

邓凌：《新的社会阶层人士身份认同研究：开拓新领域凝聚新力量》，河海大学出版社，2017。

黄天柱：《新的社会阶层的政治参与：价值、特点及引导》，《上海市社会主义学院学报》2014 年第 1 期。

李春玲：《新的社会阶层的规模和构成特征——基于体制内外新中产的比较》，《中央社会主义学院学报》2017 年第 8 期。

李路路：《新社会阶层：谱系・变革・挑战》，《统一战线学研究》2017 年第 4 期。

廉思等：《当前我国新社会阶层的特征分析、杠杆作用以及工作思考——关于新社会阶层的调研报告》，《中国青年研究》2016 年第 11 期。

任世红、张卫：《自由择业知识分子成长轨迹及政治心态分析》，《江海学刊》2013 年第 6 期。

山磊：《海派文化与社会主义市场经济的有机结合——上海新的社会阶层人士的成长特点初探》，《科学经济社会》2015 年第 3 期。

新社会阶层江苏研究基地课题组：《新社会阶层的政治认同研究》，《江苏省社会主义学院学报》2014 年第 5 期。

张林江：《新的社会阶层兴起及其对当代中国的影响》，《中央社会主义学院学报》2017 年第 8 期。

专　题　篇

Special Reports

B.10
中国青年志愿服务发展现状分析*

邹宇春　张 宾**

摘　要： 在改革开放和建设社会主义市场经济的新形势下，结合中国传统文化和“学雷锋”活动、借鉴国外志愿者工作的相关经验，中国青年志愿者行动应运而生。伴随着1993年发起的“中国青年志愿者行动”，我国的青年志愿服务从无到有，各项体制机制日益完善，志愿服务参与人数不断发增多，志愿服务内容日益丰富，志愿服务水平也日趋专业化。青年志愿服务不仅成为我国志愿服务的核心力量，赢得了社会大众的广泛支持和高度赞誉，而且也成为国际青年志愿者活动的重要力量之一。

关键词： 青年志愿服务　青年志愿者　注册志愿者

* 如无特别说明，本文分析使用的数据和资料来源于相关部门（共青团中央、民政部、全国总工会、全国妇联等）的历年工作总结、各大网站、各类公开的统计数据等。

** 邹宇春，中国社会科学院社会学研究所副研究员；张宾，中国社会科学院研究生院研究生。

一　我国青年志愿服务的发展历程

志愿服务是一种劳动，具有自愿性、无偿性、公益性等特点。它能够直接产生物质或精神价值，也能够直接或间接换算为经济性的货币价值。与就业、工作一样，志愿服务需要付出时间。两者的区别在于，志愿服务是自愿和无偿地付出时间，公众更倾向于把志愿服务看作一种美德或公益行为；而就业和工作则是自愿或强制但一定是有偿地付出时间，更多被看作一种职责或义务行为。无论是直接还是间接通过某个组织为家庭之外的对象提供服务性劳动，志愿服务的提供者都具有非强制性的服务意识。

志愿者是指那些提供志愿服务的人。依据志愿者本人是否登记注册，可以把志愿者分为注册志愿者和未注册志愿者。前者是指按照一定程序在团组织、民政部、志愿者组织等的志愿服务系统上进行注册登记，并参加志愿服务活动的志愿者。后者则是指未进行任何注册登记但仍提供志愿服务的志愿者。无论是注册志愿者还是未注册志愿者都包括了不同年龄段、不同性别、不同领域、不同职业的人群，他们都无偿为社会公共服务事业的发展提供了不可或缺的公益性支持。

因此，志愿者中的青年人被称为青年志愿者，年龄介于14～35岁，[①] 他们提供的志愿服务则被称为青年志愿服务。早在1993年，为适应当时的社会需求，共青团中央在全国范围内开始实施“中国青年志愿者行动”。这项行动标志着我国政府开始尝试有组织、有计划地推进青年志愿服务，并为其提供制度平台、发展空间。回溯中国青年志愿行动的历史，可以发现该项志愿行动经历了发起实施、发展建设、深化推进、优化提升和开拓创新五个阶段。[②] 在很大程度上，这也是我国青年志愿服务的发展历程。

① 《中长期青年发展规划（2016－2025年）》确认的青年法定年龄为14～35岁。

② 《跨世纪的呼唤：青年志愿者》，中国青年志愿者行动20周年纪念专刊。

（一）发起实施阶段（1993～1997年）

1993年12月，在共青团十三届二中全会提出要实施“中国青年志愿者行动”的倡导下，铁路青年率先打出“青年志愿者”旗帜。时任共青团中央第一书记的李克强同首批2万余名中国青年志愿者一同走上了千里铁路大动脉，在北京、深圳等地的火车站为旅客提供各类志愿服务，标志着共青团中央推出的旨在改善社会环境的“跨世纪青年文明工程”开始进入实施阶段。[①] 1994年2月，共青团中央公开发布了青年志愿者标识；[②] “中国青年志愿者协会”于同年12月在北京成立，开始在全社会倡导“奉献、友爱、互助、进步”的志愿精神，大力推进中国青年志愿行动同国际接轨。可以说，围绕“中国青年志愿者协会”开展的各项志愿服务工作，标志着我国青年的志愿服务活动及其组织进入了有组织、有秩序的阶段，青年群体逐渐成为志愿服务的中坚力量。

（二）发展建设阶段（1998～2002年）

1998～1999年，“中国青年志愿者扶贫接力计划”“研究生支教团”“海外服务计划”等全国示范项目在共青团中央、教育部等部门的协力下陆续启动。2000年的3月5日，首次被确定为“中国青年志愿者服务日”。此后，每年的3月5日，全国范围的青年都会集中开展内容丰富的志愿服务活动，青年志愿服务精神得到集中式的体现。2001年，在各级团组织建立的青年志愿者工作机构基础上，组织实施了“中国2001国际志愿者年”系列活动。2002年3月，共青团中央、中国青年志愿者协会颁布了《中国青年志愿者注册管理试行办法》，志愿者注册制度得到推行。

（三）深化推进阶段（2003～2007年）

2003年4～6月，在各级共青团和青年志愿者组织的号召之下，一千两

---

① http：//www. zgzyz. org. cn/content/2017－05/05/content_ 16032688. htm。

② 该标志由当时的中央工艺美术学院装潢系青年教师陈磊设计。

百多万人次的青年志愿者积极参与到抗击“非典”的行动当中，他们通过为一线医护人员捐赠爱心包、开展热线咨询以及助耕帮困等实际行动为战胜“非典”做出了重大贡献。在2003年的6月份，团中央、教育部、财政部、人社部等组织发起实施的“大学生志愿服务西部计划”是青年志愿者行动初步形成政府资助、团组织承办、社会化运作、项目化管理的工作格局的标志，这象征着中国青年志愿服务实现了跨越式发展。在这一时期，共青团中央和各级共青团组织也在推进地方有关志愿服务的立法工作，为形成较为完善的青年志愿服务体系提供了法律支撑。

（四）优化提升阶段（2008~2013年）

伴随着新的志愿服务格局的形成，青年志愿者的服务精神同他们固有的热情、专业技能以及服务时间等都实现了有效的结合，有利于之前基于制度化安排的短期指令性志愿服务活动安排机制向青年人自发自愿从而能够长久持续下去的长效服务机制转变。在这一时期，“共青团关爱农民工子女志愿服务行动”成为一个重点品牌；通过调规模、调结构、调机制，切实深化大学生志愿服务西部计划；完善大型活动志愿服务工作机制，通过大型活动扩大青年志愿服务品牌影响力。在此期间，青年志愿者积极投身于汶川地震时的抗震救灾行动、“2008年北京奥运会”、“残奥会”、“上海世博会”、“广州亚运会”、2012博鳌亚洲论坛年会（海南）、中国-东盟博览会（广西）等灾难救援与大型活动的志愿服务工作当中。

（五）开拓创新阶段（2014年至今）

从2014年起，共青团中央、民政部和中国志愿服务联合会共同举办“中国青年志愿服务项目大赛”，对青年志愿服务项目竞赛机制和体系的建设进行了探索，形成了全国青年志愿服务品牌和示范推广会项目。同年12月，“推动团员成为注册志愿者”工作在团中央的部署下有序展开，并通过建立志愿服务嘉许制度、建立青年信用体系等方式，对团员参与志愿服务的热情进行调动，对团员的示范带动作用进行彰显，推动了更多的青年和社会公众积极参与志愿服务。在这一时期，随着互联网技术和手机 APP 的广泛应用，青年志愿者文化产品获得有效推广。志愿精神通过新媒体获得大力弘扬，志愿服务网站和系统有了更完善的功能和更有效的运用。

从中国青年志愿者行动的产生和发展历程可以看出，中国青年志愿者行动是在结合我国传统文化、学雷锋精神和借鉴国外志愿者工作经验的基础上应运而生的。每个发展阶段都有一定的特征。在发起实施阶段，青年志愿服务活动做到了将助人为乐、学雷锋活动与发展中的社区服务、企业的售后服务以及关怀弱者献爱心等相结合；在发展建设阶段，在完善制度的同时重点打造多个示范性项目；在深化推进阶段，形成了多部门联合行动的工作格局，形成了较为完善的青年志愿服务体系；在优化提升阶段，对现有的青年志愿服务项目和品牌不断进行优化调整，青年服务品牌的质量得以巩固，青年志愿者在参与大型志愿服务活动等方面的能力和影响力得以提升；在开拓创新阶段，创新志愿服务形式，注重制度化与网络化建设，做到了与时俱进、开拓创新，把志愿服务与时代背景紧密结合在一起。

二　我国青年志愿服务的制度环境

（一）地方性有关法规

稳定完善的制度和法规是深入推进青年志愿服务工作的重要保障。1999 年，广东省率先颁布了我国第一部省级的志愿服务地方性法规——《广东省青年志愿服务条例》，这是对我国志愿服务事业的规范方面的开拓。2001 年，南京市通过了我国青年志愿服务第一个市级地方性法规——《南京人民代表大会常务委员会关于开展青年志愿者行动的决定》。2003 年，黑龙江省通过了《黑龙江省志愿服务条例》，“农村发展”第一次被列入了志愿服务的范围。2004 年 3 月，杭州市颁布实施了《杭州市志愿服务条例》，第一次把“社会公益活动”列入志愿服务的范围，同时，该条例也最先取消了对志愿者参与志愿服务活动的户口、年龄等方面的限制。

对志愿者与志愿者组织的合法权益开展探索是各省市制定志愿服务条例和决定时的重要考虑因素。比如，广东、山东等省所制定的志愿服务条例或决定中，就提到要对志愿者及其组织的合法权益给予尊重并进行维护。2009年，第十三届上海市人大常委会通过的《上海市志愿服务条例》为志愿服务者在2010年上海世博会上一展风采提供了支持和保障。

这些地方性法规的颁布是对青年志愿服务立法的有益尝试。这既给当地志愿服务活动的开展提供了指导，也给全国志愿服务的立法工作提供了宝贵的经验。通过各级团组织的积极推动和参与，我国志愿服务的立法工作取得了一定的成果，至今已有18个省（区、市）和16个市相继颁布实施了地方性的志愿服务法规。

（二）中央政府及相关部门的法律法规制度

21世纪以来，青年志愿服务的立法和发展规划得到各部门更强力度的关注和支持。比如，2002年共青团中央颁行了《中国青年志愿者注册管理办法（试行）》，并在此基础上于2006年制定了《中国注册志愿者管理办法》（2013年予以修订）。此办法对规范志愿者注册工作、加强注册志愿者管理、实现志愿者注册和服务的两个“便利化”、志愿服务队伍的壮大等都具有重要意义。2009年，教育部印发了《关于深入推进学生志愿服务活动的意见》。2013年，共青团中央、中国青年志愿者协会制定了《中国青年志愿者行动发展规划（2014～2018）》。2014年，共青团中央印发了《关于推动团员成为注册志愿者的意见》。2015年，教育部印发了《学生志愿服务管理暂行办法》。

2016年，与青年志愿服务相关的政策、规划、制度较为密集地出台。比如，6月，共青团中央、教育部印发了《关于加强中学生志愿服务工作的实施意见》，对中学生志愿服务的工作机制、活动方式、综合评价和注册管理进行了明确；国务院发布了《关于建立完善守信联合激励和失信联合惩戒制度加快推进社会诚信建设的指导意见》，提出要加强青年信用体系建设，开展青年志愿者守信联合激励工作。同年7月，共青团中央会同国家发改委、中国人民银行印发了《青年信用体系建设规划（2016～2020年）》；9月，联合国家发改委、中国人民银行等部门共同签署发布了《关于实施优秀青年志愿者守信联合激励加快推进青年信用体系建设的行动计划》。

特别需要提出的是，2016年3月16日，《中华人民共和国经济和社会发展第十三个五年规划纲要》在第十二届全国人民代表大会第四次会议上被批准通过，"十三五"规划指出要"鼓励青少年更多参与志愿服务和社会公益活动"，[①] 11月，中央政治局常委会议专门审议了中华人民共和国成立以来首个《中长期青年发展规划》，将青年志愿行动列为十大重点项目之一，这些均为从更为宏观的层面有规划地推进青少年的志愿服务活动提出了战略要求。此外，2016年9月开始实施的《中华人民共和国慈善法》、2017年发布实施的《志愿服务条例》，为志愿者、志愿服务组织以及志愿服务对象的合法权益的保障提供了更为全面的法律和制度支持，从而将青年志愿服务事业的发展纳入法制化的轨道。

总的来说，包括中央文明办、民政部、团中央等部门在内的政府各部门制定的各项规章、办法，对进一步指导、规范和促进青年志愿服务发展，推动我国青年志愿服务事业长效发展工作机制的建设、形成良好的制度环境等具有极其重要的意义。

三　我国近十年青年志愿服务的发展概况

（一）青年志愿服务者和青年志愿服务组织的注册数量呈快速增长趋势

青年志愿服务包括未注册志愿者和注册志愿者这两类人群所提供的志愿服务。未注册的青年志愿者主要是自发自愿地，以非组织化、相对闲散的组织形式提供志愿服务；而注册青年志愿者所提供的志愿服务则大多是由其参

① 《中华人民共和国国民经济和社会发展第十三个五年规划纲要》，《人民日报》2016年3月18日。

与的相关志愿服务组织在其注册系统发布的、以组织化的形式提供的志愿服务活动。我国目前主要的志愿服务的注册系统有“志愿中国”“全国志愿服务信息系统”等大型志愿服务注册系统，各组织/机构、各省市地方的志愿服务注册系统作为辅助机构而存在。这些系统能为有意提供志愿服务的社会民众和社会组织提供较广阔的服务空间和系统化的服务信息资源，这在很大程度上提高了我国注册志愿者及其相关志愿服务组织的发展速度、组织化程度和服务效率。

青年志愿服务者与志愿服务组织的注册量在近几年呈现快速增长趋势。据“志愿中国”信息系统的大数据中心统计，截至2017年底，该系统的注册志愿者达到6385余万，其中14～35岁的志愿者比例达到92.04%。[①] 在全国志愿服务信息系统中，与2016年底相比，截至2017年6月30日，注册的青年志愿者为2223余万，新增451万人；[②] 截至2017年12月17日，在该系统登记的志愿服务组织达到41余万，[③] 新增13万。在志愿服务组织中，青年志愿服务组织数最多，占比达62.11%。[④]

（二）青年志愿服务基于各类服务项目逐步推进，志愿精神得到长足发展

我国青年志愿服务以办事业的精神和方式，通过各类志愿服务项目逐步推进，志愿精神得到有效培育和长足发展。以“大学生志愿服务西部计划”由共青团中央等多部门联合推动实施为标志，青年志愿者行动实现了跨越式发展，社区服务、扶贫济困、助老助残、西部开发、大型活动、环境保护、抢险救灾、社会管理、文化建设、海外服务等均属青年志愿服务的重要领域。

据统计，截至2017年，累计选派了27万余名青年志愿者到中西部22

---

① 数据来源：志愿中国信息系统提供。

② 中国志愿服务联合会：《中国志愿服务发展报告（2017）》，社会科学文献出版社，2017，第23页。

③ 数据来源：https：//zhidao. baidu. com/question/1994270708148932187. html。

④ 中国志愿服务联合会：《中国志愿服务发展报告（2017）》，社会科学文献出版社，2017，第32页。

个省份及新疆生产建设兵团的2100多个县市区旗开展基层服务。2017年是西部计划项目实施的第15年，继续保持了18300人（含第19届研究生支教团2141人）的实施规模，其中西藏专项1400人、新疆专项4550人。选派的志愿者进一步向西部民族地区、贫困地区、边疆地区和集中连片特困地区基层集中。全国19个省（区、市）和兵团共实施地方项目24个，招募地方项目志愿者11576人。①

在对外出就业人员子女的志愿服务方面，2010年启动的“共青团关爱农民工子女志愿服务行动”已结对农民工子女学校6.5万所，结对农民工子女1707万人，参与服务的青年志愿者586万人，建设“七彩小屋”等各类规范性活动阵地5.7万个，募集资金5420.16万元，直接服务农村留守儿童93万余人。2017年，全国31个省区市及新疆生产建设兵团在2154个地市区县（全国覆盖率达77%）2324个项目服务点开展志愿者服务，474328名农村留守儿童得到了直接的志愿服务，115780余名志愿者积极参与，他们的志愿服务时长达1629218小时，募集资金和捐赠物资价值累计达2300.4万元，共新建七彩小屋30个。②

在志愿服务残障人士方面，“阳光助残行动”深入实施。通过开展主题日集中活动、支持优秀项目等方式，推动省市县级团组织和基层志愿服务团队拓展服务深度和提升服务质量。成立了全国助残“阳光行动”志愿服务总队，共招募237.4万名助残志愿者，建设助残志愿服务阵地2.1万个，结对残疾青少年310万人，残疾青少年结对率达66.6%。③

中国青年志愿者服务春运“暖冬行动”得到了大力推动。2016年，共青团中央、国家发改委等部门统一组织动员志愿服务组织27万多名志愿者，在全国各大火车站、机场、道路、港口等5700多个服务单位的2.1万多个站点开展了为期40天的春运志愿服务，实现对交通站点的全覆盖，总服务

---

① 《2017年大学生志愿服务西部计划志愿者出征仪式在北京举行》，2017年7月21日（society.people.com.cn/n1/2017/0721/c1008-29421403.html）。

② 数据来自团中央青年志愿者行动指导中心的工作资料。

③ 数据来自团中央青年志愿者行动指导中心的工作资料。

时长达870万小时以上。2017年春运期间，全国共招募青年志愿者23.36万人，平均服务时长28小时，在6282个服务站点（火车站、机场、客运站、码头、高速服务区、地铁等）累计服务时长662万小时。[①]

“中国青年志愿者海外服务计划”从2002年开始实施至今已先后选派590名中国青年志愿者分赴亚、非、拉美等的22个发展中国家开展志愿服务。[②] 2016年8月，团中央、商务部共同组织实施了“中国青年志愿者海外服务计划柬埔寨项目”，5名志愿者开启为期一年的援柬志愿服务；“中国（贵州）青年志愿者海外服务计划缅甸项目”也选拔培训了17名赴缅甸的优秀志愿者。[③]

在抢险救灾领域，各级团组织动员大批志愿者参与了紧急救援和灾后重建的志愿服务。其中汶川特大地震共组织了超过491.4万名志愿者，而青年志愿者是其中的重要组成部分。玉树地震中有5900名青年志愿者、舟曲泥石流发生时有3000名青年志愿者积极参与。2016年成立的“全国应急志愿服务总队”，专门设立防震减灾志愿服务直属分队，指导各地开展防震减灾志愿服务工作。此外，在赛事志愿方面，已有近千万名青年志愿者为国内外大型的赛会进行服务，其中，为北京奥运会服务的志愿者有170万，为上海世博会服务的志愿者有218万，为广州亚运会提供服务的有60万，为2017年全运赛事做保障工作志愿服务的青年志愿者有1.7万人。

（三）青年志愿者坚持在探索和创新中谋发展，志愿服务的组织化程度越来越高

在各级党政的关心和社会各界的大力支持下，各级青年志愿者坚持在探索中谋发展，在创新中求突破，不断推进多项工作和建设，志愿服务的组织化、系统化程度不断提高。截至2013年11月底，在全国各省（区、市）、

① 中国青年志愿者官网，网址：http：//www.zgzyz.org.cn/？_ id=796573968881。

② 《中国青年志愿者行动20年报告》，《中国青年报》2013年12月5日。

③ 中国志愿服务联合会：《中国志愿服务发展报告（2017）》，社会科学文献出版社，2017，第13页。

主要行业系统以及所有市（地、州、盟）、超过 2763 个县（市、区、旗）和 2000 多所高校建立了青年志愿者协会，并建立了 13 万个志愿服务站（基地），比较完善的志愿服务组织体系日渐形成。

各级青年志愿者协会还对社会志愿者组织和青年公益组织进行广泛的联系、吸纳、引导和培育，以各级团组织为核心的社会化组织体系已经形成。通过建立一批互联网志愿服务平台，探索以网络为媒介动员、组织和宣传志愿服务，以网络为阵地开展志愿服务的网络化发展格局以适应网络社会的发展趋势。一个运转有效、覆盖面广的组织体系和面向群众、参与便利的服务平台体系在这一不断地探索和适应社会需求与青年特点同技术发展相结合的过程当中得以初步建立。

为推动志愿服务的有序发展，2014 年，共青团中央、民政部、中国志愿服务联合会开始举办“中国青年志愿服务项目大赛”，目前已经连续开展四年。全国组委会和各省级赛会单位给予这项活动大量资金支持，青年志愿服务组织和服务项目得以不断创新、改进和完善。此外，2016 年 4 月成立了“中国青年信用发展专项基金”。截至 2016 年底，该基金已募集到用于与青年信用体系建设相关的研究、教育、保险以及青年工作和数据采集等基础性工程的资金 1000 万元。这为广大青年培育诚信理念、积极践行社会主义核心价值观、累积信用等提供了支持。

青年志愿者精神引领着当下青年人的精神时尚，青年志愿者群体也日渐成为社会建设的中坚力量，而青年志愿者行动作为联结青年志愿者和经济社会建设的关键纽带也在蓬勃发展。在志愿服务丰富的实践积累和理论体系初步形成的基础上，青年志愿服务的中国特色也日益显现。从共青团的一项开创性工作到成为社会精神文明建设的重要内容，青年志愿服务也在日益成为国家和社会现代化治理体系的重要构成和有生力量。

四　我国注册青年志愿者的特点

如前文所言，青年志愿者包括注册青年志愿者和未注册青年志愿者。注册志愿者的信息可以通过各注册系统的后台资料整理获得，不过这些注册系统各有侧重且有关数据还在整合中，尚未形成能完整覆盖我国注册志愿者信息的数据库。① 同时，囿于未注册志愿者的数据资料较难获得，本部分主要以共青团中央“志愿中国”的注册志愿者数据为基础，分析我国注册志愿者中青年志愿者的数量、人口学特征、志愿服务活跃度、服务类型分布等情况。

（一）青年是注册志愿者的中坚力量之一

截至2017年底，在“志愿中国”信息系统登记注册的志愿者为6385余万人。其中，14~35岁的注册志愿者占70.41%，36~45岁的占10.66%，46~60岁的占10.97%，60岁以上的老年人群比例达到5.96%。可见，青年人是注册志愿者的主要构成群体，在志愿服务中发挥了中坚力量。

（二）青年注册志愿者中女性占多数

在注册志愿者中，男性占50.93%，女性占49.07%，总体上是男性多于女性。分年龄段来看，在36岁以上和14岁以下的注册志愿者群体中，也是男性多于女性，男性为1061余万人，女性为829余万人。不过，在青年注册志愿者中，性别比有所不同。男性青年注册志愿者达到2191余万人，女性青年注册志愿者达到2304余万人，男性略低于女性。

（三）手机移动端和互联网是两大主要注册渠道

志愿者注册“志愿中国”的途径主要有三种，分别是志愿中国官方网站，“志愿汇”APP以及第三方平台（微信、支付宝）。数据显示，青年志愿者通过“志愿中国”官方网站注册的比例达到49.09%；通过“志愿汇”APP注册的比例达到42.59%；通过第三方平台注册的比例不足为8.32%。

---

① 截至2017年12月，“全国志愿服务信息系统”的注册志愿者6720万人。需要提及的是，各个系统平台的注册志愿者之间存在人员重叠的现象，若能实现各系统后台数据的整合清理，将有助于全面了解我国注册志愿者的现状。

尽管“志愿汇”APP 的注册比例少于官方网站，但总体上，通过手机移动端进行注册的比例也接近五成，与官方网站的注册量持平。

（四）活跃注册志愿者中青年群体占比最高

“志愿中国”的统计数据显示，注册志愿者中的活跃志愿者[①]比例为30.21%。在活跃志愿者中，不同年龄群体的占比不同。其中，比例最高的是青年群体，比例达到65.1%；中年群体占比超过二成，为24.5%；老年人占比不足一成（8.2%）；14 岁以下的活跃注册志愿者比例为2.1%，排在最后。

（五）青年注册志愿者平均每月提供10.4次志愿服务

在所有参与服务活动的注册志愿者中，不同群体每月提供的服务次数有差异。其中，中年群体（36～59 岁）每月提供的服务次数最多，达到每月20.7 次；其次是青年群体，每月平均10.4 次；60 岁以上老年群体排在第三，每月达到9.2 次。此外，14 岁以下的群体每月平均1.2 次。

（六）青年注册志愿者在各种类型的志愿服务中发挥着相对重要的作用

在十六项志愿服务[②]中，不同年龄群体的参与比例各有不同。不过，与老年、中年和少年志愿群体相比，青年志愿者参与各项志愿服务的比例基本上都要高于其他群体。具体来说，中年志愿者是参加助老助残和海外服务的主体，老年志愿者是参与社区服务的主体，少年志愿者是参与亲子志愿服务的主体，而青年人则是剩余12 项志愿服务的参与主体。可见，青年注册志愿者在大部分的志愿服务中发挥了相对重要的作用。

---

① 活跃注册志愿者是指注册志愿者中志愿服务时长不为零的注册志愿者。

② 十六项志愿服务包括：扶贫济困，助老助残，生态建设，平安巡防，实践培训，社区服务，大型活动，抢险救灾，网络文明，社会管理，文化建设，海外服务，西部开发，亲子志愿服务，三下乡，应急救援。

五　我国青年志愿服务的不足、建议与展望

在各级党政的关心和社会各界的大力支持下，我国青年志愿服务取得了长足进步。但由于历史和现实因素的限制，青年志愿服务在协同发展、志愿服务动员机制、组织建设与管理等方面还存在着一些问题和不足，亟待解决和弥补。

（一）志愿服务发展不平衡和不充分

1. 区域发展不平衡，部分地区志愿服务活动存在参与成本大、专业效果有待提升的问题

同经济发展方面存在的不平衡一样，青年志愿服务也存在着突出的城乡、区域发展不平衡的问题。无论是青年志愿服务组织还是人数，东部发达地区都远多于中西部地区，城市地区远多于农村地区。这种不平衡使得农村地区、中西部地区对志愿服务日益增长的需求未能得到有效满足，从而制约了我国志愿服务事业整体质量的提升。

此外，由于专业志愿者的地区分布不平衡，部分地区志愿服务活动设计不合理，存在着参与成本较大的问题，志愿者需付出较多的时间、精力、财力才能到达活动地点或完成活动设计，从而降低了志愿服务活动的参与率。同时，志愿服务的资源和需求之间无法实现有效对接，志愿服务产生的效果不理想，从而影响了志愿者下次活动的参与意愿，也降低了志愿服务对象对志愿服务的满意度评估。

2. 注册青年志愿者的活跃率仍待提升，志愿服务的社会动员机制有待完善

在活跃的注册志愿者中，相对于老年人、中小学生等群体，青年群体具有最高的活跃度。但在不活跃的注册志愿者中，青年群体也占相当比例。有很多青年志愿者并未参加任何志愿服务活动，他们属于“僵尸”志愿者。这类志愿者的存在增加了志愿者数量、壮大了志愿者队伍，却降低了志愿服务质量，这是对我国志愿服务资源的浪费，将对我国的志愿服务事业产生十

分不利的影响。对于这些“僵尸”志愿者，应当采取有效措施调动其参与志愿服务的积极性，并对部分固化的“僵尸”志愿者进行合理清退。因此，加强志愿服务的社会动员机制的建设工作，是当前推动志愿服务提升质量和数量的关键点。

3. 志愿服务信息化建设有很大的提升空间

“大数据”概念的兴起和发展掀起了汇集信息的热潮。在青年志愿服务方面也是如此。“大数据”时代更重要的理念是互通共享，多个机构尽管都建立了自己的信息系统，但是在信息的共享方面做得还不够。

信息不能共享造成信息收集的重叠、浪费，最终使得收集到的数据处于碎片化、分散化、重复建设的状态，不能发挥其应有的价值。2015 年出台的《志愿服务信息系统基本规范》是我国志愿服务领域第一个全国性行业标准，它的实施有利于整合志愿服务业务管理各项要素，优化规范志愿服务的流程，统一数据标准，为实现全国志愿服务数据信息互联互通、交换共享奠定了基础。除此之外，志愿服务系统的功能有待完备，系统维护与更新也有待加强。

（二）建议与展望

党的十九大提出要“推进诚信建设和志愿服务制度化，强化社会责任意识、规则意识、奉献意识”，这为青年志愿服务的深入开展与规范化建设提供了方向。在今后一段时期，我国青年志愿服务要重视以下几个方面。

1. 加强各部门自身建设，优化合作关系和部门工作运行程序

在横向关系上，要加强共青团中央、中央文明办、民政部、全国妇联等有关部门与社会有关机构的沟通、联系、合作等工作，打通各相关部委业务司局的相互协作。在纵向关系上，要建立健全并优化上下各级有关志愿服务工作的工作机制。尤其要理顺与各级城市团委的志愿服务业务主管、志愿者工作机构主要负责同志的日常联系和重要工作调度渠道。以此确保各部门日常运行的规范化、高效化和制度化，进而推动志愿服务健康发展。

2. 完善社会动员机制，提升注册青年志愿者参与程度，改善青年志愿者服务质量

通过完善社会动员机制，继续推动青年志愿者的注册工作，并为他们提供必要的服务工作。在把广大青年群体纳入志愿服务群体的同时，要注重提高注册志愿者的活跃度和服务效果，激发其志愿服务的主动性；通过加强活动信息的发布和推广工作，对青年志愿服务工作做好评估，改善和提升青年志愿服务质量和水平。

3. 对青年志愿者服务组织进行有效管理，提升志愿者服务组织的制度化水平

随着社会组织的发育壮大，组织化的青年志愿服务活动将成为志愿服务的主要形式。各部门和社会组织在青年志愿服务活动中的介入方式有待明确化、制度化。要尽快出台《志愿者组织法》，规范青年志愿者组织；科学细化青年志愿服务的责任；明确保障青年志愿者的合法权益（如为参加志愿服务的人员提供保险、规定志愿者最基本的权利并使其获得尊重、完善国家荣誉立法等）。

4. 加强青年志愿者的技能培训工作，提升青年志愿者的专业服务能力和服务水平

志愿服务越来越朝向专业化方向发展，做好青年志愿者的技能培训势在必行。要继续深化青年志愿者的岗前、岗中培训，使青年志愿者有能力有信心地开展志愿服务活动。此外，还要对青年志愿者的服务经验做好梳理，为今后的青年志愿者提供参考借鉴。

参考文献

陈晶环：《青年志愿服务对社会管理创新的意义》，《中国青年政治学院学报》2012年第6期。

梁绿琦：《我国青年志愿服务兴起与发展》，《中国社会科学报》2015年12月14日。

刘洪玲：《关于青年志愿服务国家性立法缺位的思考》，《山西青年管理干部学院学报》2009年第4期。

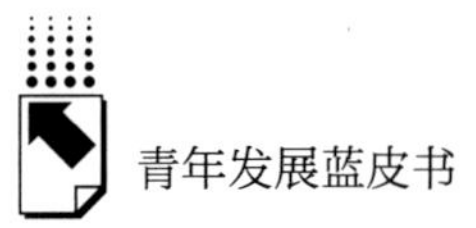

陆士桢、杨小强：《青春荡新风：论中国青年志愿者行动》，《中国青年研究》1999年第1期。

王婕：《中国青年志愿服务项目的现状与对策研究——基于505个志愿服务项目的数据调查》，《中国青年研究》2016年第6期。

郗杰英、安国启、张卫民、郝瑞庭、彭泗清：《中国青年志愿者行动研究报告》，《中国青年研究》2001年第2期。

张卫民、郝瑞庭、彭泗清：《中国青年志愿者行动研究报告（续）》，《中国青年研究》2001年第3期。

卓汉容、谭建光：《中国社会志愿服务转型的探讨》，《江海学刊》2001年第3期。

B.11

中国“青年之家”综合服务平台发展现状研究

石金群*

摘　要：“青年之家”是为适应现代青年日益加剧的流动性和多样性特点，以青年发展和成长的需求为导向，通过开展各种服务和活动把青年凝聚在一起的综合服务平台。通过分析北京青年汇的基本运行模式及其发展发现：北京社区青年汇是团组织融入团员青年社会生活的有效载体；青少年事务社会工作者队伍日益壮大，社会组织发育更加充分，政府购买服务机制不断完善，信息网络技术全面普及，这四个因素是推动北京青年汇发展的重要条件。本文认为，为适应现代青年日益加剧的流动性和多样性，中国“青年之家”综合服务平台需在资源、队伍、管理和影响力上进一步加强。

关键词：“青年之家”　综合服务平台　青年汇　基层共青团组织

“青年之家”综合服务平台是共青团组织使用管理的公益性、综合性服务场所，是共青团面对社会、面向青少年的各类服务平台的总称，涵盖了原有的青年中心及各地团组织探索建设的青少年服务阵地。各地探索建设的一些平台，如青年中心、青年汇、社区市民学校、亲青家园等，都属于青少年

---

* 石金群，中国社会科学院社会学研究所副研究员。

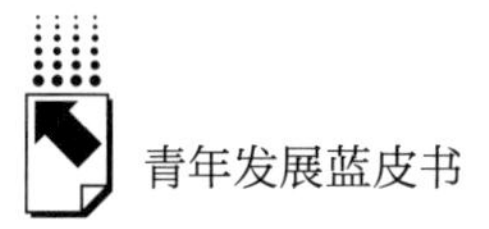

综合服务平台。"青年之家"综合服务平台是共青团落实改革要求、推动组织创新和工作创新、联系青年与服务青年的重要载体。"青年之家"综合服务平台主要有四项功能：一定区域内团组织联系青少年和开展活动的依托、整合各类资源的载体、开展服务青少年工作的阵地、共青团服务社会和青少年参与社会实践的场所。

自20世纪90年代开始，中国社会形态呈现多样化、碎片化、流动化和陌生化趋势。从计划经济到市场经济的转型，在城市，导致了"单位青年"向"社会青年"的转变，使经济成分、分配方式、利益关系多样化，青年的职业分布日益广泛，流动性加快，原有的以"单位制"为主体的组织化动员方式，逐渐被以市场经济为主体的社会化动员方式所取代；在农村，则导致大量农村青年流向城市，青年生存状态开始出现原子化倾向，寻求与变化了的青年建立新型的团青关系，成为基层共青团组织发展的战略性任务。①

一　中国"青年之家"综合服务平台的建立

青年的发展关系到社会的长治久安和国家民族的未来。如何适应社会转型所导致的青年群体结构的多样化变化，适应"从单位青年到社会青年""从网下青年到网上青年"的转变，与网络化、多样化、流动化的青年对接，以青年惯常的思维方式与青年有效对话，以青年喜闻乐见的方式与青年打交道，从青年个性化需求出发实现对青年的精准服务，成为新时期基层共青团组织面临的新挑战。

团中央为适应经济社会和青年发展的这些变化，自2003年开始，在全团集中推进青年中心的建设。"青年中心"是指在城乡基层团委的领导和指导下，以青年自主管理为基本模式，以现代信息技术为主要服务手段的社区型青年组织，服务对象为35岁以下的青年团员。团十五大正式把建设青年中心作为一项战略任务写入工作报告。

---

① 韩雪梅、郑磊：《断裂与衔接：青年工作阵地建设研究》，《中国青年研究》2017年第8期。

2004 年 12 月，共青团十五届三中全会发布《共青团中央关于加强青年中心建设的决定》，青年中心建设工作进入全面推进阶段。

2014 年 1 月，共青团十七届二中全会正式部署“青年之家”综合服务平台的建设，深化和拓展全团服务青少年的阵地，包括青年中心、社区青年汇、市民学校、亲青家园等等。

2014 年以来，团中央先后出台了《关于全面推进青少年综合服务平台建设的通知》《关于支持各地加强青少年综合服务平台建设的通知》《关于开展示范性青少年综合服务平台创建活动的通知》等文件，全面部署和推进“青年之家”建设。共青团中央和地方每年固定拿出专项经费支持各地的“青年之家”建设，以加快青少年综合服务平台的建设步伐。

截至 2017 年底，全国每个区县都已经有省级以上的示范性青少年综合服务平台。全国所有城市街道和东部地区 80%、中部地区 60%、西部地区 50% 的乡镇都已经依托团组织建成 1 个以上的“青年之家”综合服务平台。未来，共青团中央将通过开展示范性“青年之家”创建、建设青年之家网上地图、加强评估激励、分级分类制定建设管理运营标准等措施，全面推进“青年之家”综合服务平台的建设。①

2017 年 4 月，中共中央、国务院印发了《中长期青年发展规划（2016－2025 年）》，规划明确指出，要加强服务青年发展阵地建设，大力推进青年之声网络互动社交平台建设，依托城乡社区综合服务设施建设“青年之家”综合服务平台，加强网上网下深度融合对接，使其成为服务青年发展的重要阵地。中长期青年发展规划的出台，为“青年之家”综合服务平台提供了重要的政策支撑。②

共青团阵地建设一直是共青团建设的重要内容，是共青团开展工作、实现基本职能的重要载体，是青少年开展活动和对青少年进行教育、引导、服务的重要依托。“青年之家”综合服务平台是共青团基层服务型团组织的有形阵地，是共青团落实改革要求、推动组织创新和工作创新、直接联系服务

① 数据来源于《团中央 2017 年工作报告》。

② 数据来源于《团中央 2017 年工作报告》。

青年的重要载体。

如何借力《中长期青年发展规划（2016－2025年）》，加强青年之家综合服务平台建设，是新时期值得共青团思考的问题。当前，“青年之家”综合服务平台正在起步，基层共青团组织正在积极整合资源，根据青年群体分布和聚集的特点，创新阵地建设模式，加强阵地建设，呈现项目化、品牌化、社会化、专业化、网络化的特点。各地团组织围绕青年在成长成才、身心健康、就业创业、社会融入、婚恋交友等方面的困难和问题，精心设计服务项目，积极探索新形态下的基层共青团组织工作。

如何适应“单位青年”向“社会青年”、“线下青年”向“线上青年”的转变，适应现代青年日益加剧的流动性和多样性特点，如何以青年发展和成长的需求为导向，畅通青年的社会参与渠道，把现代青年凝聚在一起，形成城市青年新型的“熟人组织”，引导他们成为积极奋斗的城市青年一代，成为团中央和各基层组织积极思考和解决的现实问题。

由于中国“青年之家”综合服务平台还处于起步阶段，缺乏全国整体情况的数据。北京“青年之家”综合服务平台①起步较早，各方面的发展均处于全国的前列。在巨大的社会流动和社会结构变迁的背景下，北京作为中国的首都，一个拥有2100万常住人口的特大型城市，其青年群体结构非常复杂，各种传统和新兴领域的青少年群体在北京几乎一应俱全。再加上涵盖的区域也非常多样，既有流动人口比较集中的社区，也有本地人口聚居的社区；既有写字楼、公司或学校云集的社区，也有以居民住宅为主的纯住宅社区，或者两者交融的社区。平台服务的对象——青年的群体结构多种多样，有蓝领也有白领，有传统行业也有新型领域的青年，几乎涵盖了青年的各种人群和各种组织形式，组织资源也呈现差异，有的辖区内组织资源比较丰富，有的辖区内则相对贫乏。目前，共青团中央要求全国所有城市街道和东部80%、中部60%、西部50%的乡镇都要依托团组织建立1家以上的“青年之家”综合服务平台，服务对象和组织资源也是丰富多样。以北京为个

① 全国各个地方的“青年之家”综合服务平台名称各不相同，在北京称之为“青年汇”。

案，分析现阶段我国“青年之家”综合服务平台发展的基本模式和遇到的问题，将有利于我们更细和更深入地了解“青年之家”综合服务平台的发展，为新时期我国基层服务型团组织阵地建设提供政策支持。

笔者在北京从组织资源和服务对象两个角度分别选取了三个具有代表性的社区青年汇个案，通过座谈和访谈的方式，对青年汇的组织者和参与者展开调查，获取大量的一手资料，同时收集相关的二手文献，[①] 分析北京社区青年汇的发展和现状。这不仅有利于了解我国现阶段“青年之家”综合服务平台的发展现状，也可为处于起步阶段的全国“青年之家”综合服务平台建设提供经验借鉴。

二　北京社区青年汇的发展与现状

北京社区青年汇，是北京市团组织在青年聚集的基层社区建设的、以共青团为枢纽的地域性青年活动平台和基层青年组织。旨在重构奋斗进取、理性积极、和谐包容的城市青年社会关系。服务的对象既包括北京户籍青年，也包括流动青年。

（一）北京社区青年汇的发展历程

2013 年 10 月至 2015 年 3 月，北京市团委组织的“北京青年 1% 抽样调查”数据显示，北京青年的群体结构出现新的发展变化：流动青年群体庞大，流动青年城市融入程度差异明显。在京工作生活的非京籍流动青年数量持续增长，2013 年底占青少年群体的 54%；从融入北京的程度来看，北京青年分为 5 个区别明显的群体；众多意识形态影响力大的新兴青少年群体在北京聚集；青少年交往圈以同学和同事为主，互联网催生了大量的青少年自组织；党团组织资源在青少年群体中分布不均，青少年之间希望党团组织开

① 主要来自北京市团委相关的政策、工作总结和工作报告。这部分资料可帮助我们了解北京青年汇的整体情况。

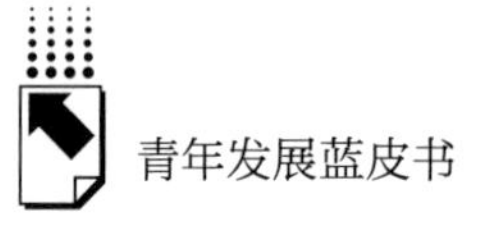

展的活动差异性较大。[①]

在这个背景下，北京团市委从2010年开始，在青年聚集的基层社区探索建立社区青年汇。自2010年北京成立第一家青年汇以来，北京青年汇的发展主要经历了四个阶段：第一阶段，挂牌阶段。从加强共青团基层组织建设的角度推进。2010年，北京成立了第一家青年汇。第二阶段，推进阶段。从服务非京籍流动青年的角度推进。2011年，北京共成立了4家青年汇，主要服务非京籍的青年流动人口。第三阶段，探索阶段。开始探索“青年之家”综合服务平台规范的运行模式，在这一阶段开始启用专职的社会工作者。2012年4月，在总结前期试点经验的基础上，团市委在全市建设了50家“市级示范社区青年汇”。第四阶段，全面推进与规范化阶段。市团委按照青年人口的布局全面扩大覆盖面，逐渐形成比较成熟的运行模式和管理体系。截止到2015年底，全市共建成社区青年汇502家，其中：城区288家、郊区214家，旗舰店29家、重点地区青年汇81家、普通青年汇392家。[②]

北京朝外街道青年需求调查报告[③]显示，2017年，有35.71%的青年参加过青年汇的培养和帮助，参加过但参加不多的青年为30.95%，没得到任何培养和帮助的青年占比为33.33%；有47.62%的群体认为青年汇起到团结、教育、引导青年的作用，50.00%的群体认为青年汇起到服务社会、服务大家的目的，只有2.38%的人认为青年汇的活动无实质内容；经常参加青年汇活动的人群占比为28.57%，偶尔参加的人群占比为52.38%，从没参加过的人群占比为19.05%。47.62%的人群对青年汇的工作非常满意，42.86%的人群比较满意，9.52%的人群不满意。

---

① 2013年10月至2015年3月，北京市团委组织了专兼职团干部、社区青年汇社工5000余人，邀请12所高校、6个青少年研究机构进行专业指导，共调查了10.8万个青年样本，得到1313组1661万条数据。

② 数据来源于《北京市团委2015年工作报告》。

③ 2017年，潮外青年汇积极响应团市委的号召，为了给青年提供更好的服务，在设计服务活动之前，先行调查出特定青年群体的需求，以有针对性地设计活动，从而提升青年汇活动对青年的持续吸引力。此次调查采取问卷调查的方式，设置普遍性调查和课程类问题两种，选择朝外街道的7个社区，通过线上和线下相结合的方式，以80名年龄在18~45岁之间的青年作为调查对象。

（二）北京社区青年汇的基本运行模式

1. 空间布局：依托社区公共空间，辐射周边青年

截至 2015 年底，北京市共建成社区青年汇 502 家，这些青年汇主要依托街道社区服务中心、公共文体设施和社区周边广场、社区居委会活动空间、学校等公共资源而建立。青年汇注重不同青年群体之间的交流与融合，服务对象既包括户籍青年，也包括流动青年。比如北京东城区的“海潮”青年汇，以青年汇所在的海运仓社区为中心，向北覆盖簋街上的外来务工青年群体，向东辐射东二环商务楼宇白领青年，向西服务青年医护工作者、青年护工群体，向南影响社区本地及流动青年。通过打造服务青年流动人口的八个平台，即打造“资源共享平台”“青年互助平台”“文化互动平台”“能力成长平台”“社团凝聚平台”“交友联谊平台”“心理减压平台”“诉求表达平台”，将辖区里的青年人口聚集在一起，促进了他们之间的交流与融合，创造了新的熟人社会。

2. 工作队伍：配备专兼职工作人员

社区青年汇的工作队伍采取总干事 + 专职社工 + 志愿者的模式。旗舰店和重点店配备一名干事、三名社工，普通店配备一名干事、两名社工。青年汇干事主要负责社区青年汇的日常组织、协调工作，由社区青年汇所在单位或组织的工作人员、社区工作者、青年社团组织骨干担任。总干事由街道乡镇副科级以上干部和社区村副职以上人员担任；同时配备专门的社工队伍，截至 2015 年底，全市社区青年汇社工岗位共 683 个，在岗一线社工 662 人，按督导与社工大约 1∶12 的比例，配置督导岗位 86 个。经统计，在岗社工中研究生学历 10 人、本科学历 277 人、专科学历 375 人；有社会工作专业背景的 82 人，占比 12%；获得社会工作师和助理社会工作师职业资格 49 人，占比 7.4%；此外社区青年汇还大力发展骨干志愿者，截至 2015 年底，全市青年汇已超过 5000 人。①

① 数据来源于《北京市团委 2015 年工作报告》。

政府通过购买服务的方式，面向市场购买服务，向全市的社工事务所招投标，开辟服务专业化和社工职业化的发展道路，与北京恩派非营利组织发展中心合作，以“专业、科学、公正”的原则，对社区青年汇及其社会工作服务进行考核评估。编制社区青年汇考核评估指标手册，发放到社工手中，通过自我评价、社会评价抽查、实地走访和数据核实的方式进行严格的考评。

截至 2015 年底，全市总共有七家社工事务所入选，承接青年汇的项目。此外，2012 年 9 月 3 日、2013 年 12 月 18 日和 2014 年 3 月 8 日，团市委还分别与清华大学社科学院、北京大学继续教育学院、中国青年政治学院签署合作协议，培养专业社工队伍，展开分类分层培训，开展新入职社工培训、区域化培训、市级集中培训、实务操作培训、职业资格培训和专业学历教育等培训课程，提升社工的专业素养。2014 年，北京青少年社会工作者、社工事务所、社区青年汇专职社工及大专院校、科研院所等自愿联合发起成立北京青少年社会工作协会，以促进北京青少年社会工作的发展。

3. 组织活动：统一活动、特色活动与个案服务相结合

组织活动是北京社区青年汇的生命力所在，社区青年汇主要通过活动来凝聚城市各类青年，构建新型和谐的城市社会关系。青年汇每年的活动分为统一活动、特色活动和个案服务三种。

每年的统一活动要求每个青年汇至少开展 48 次团体活动，包括思想引导、城市融入、学习培训、恋爱交友、志愿服务、运动健康、创业就业等 8 大类，每次活动不少于 20 人参加；除了统一的活动外，每个社区青年汇还需根据各自辖区资源和青年特点开展特色的服务活动；除此之外，每个社区青年汇专职社工每年需要完成 10 个个案帮扶项目，包括重点青少年帮扶、社区矫正和心理辅导。截至 2014 年底，社区青年汇举办各类活动总计超过 2. 8 万次，参与青年达 70 余万人次，注册会员达 12 万人。经统计，思想引导、学习培训、志愿公益类活动占全部活动次数的 54%。[①] 比如，东城区青

① 数据来源于《北京市团委 2015 年工作报告》。

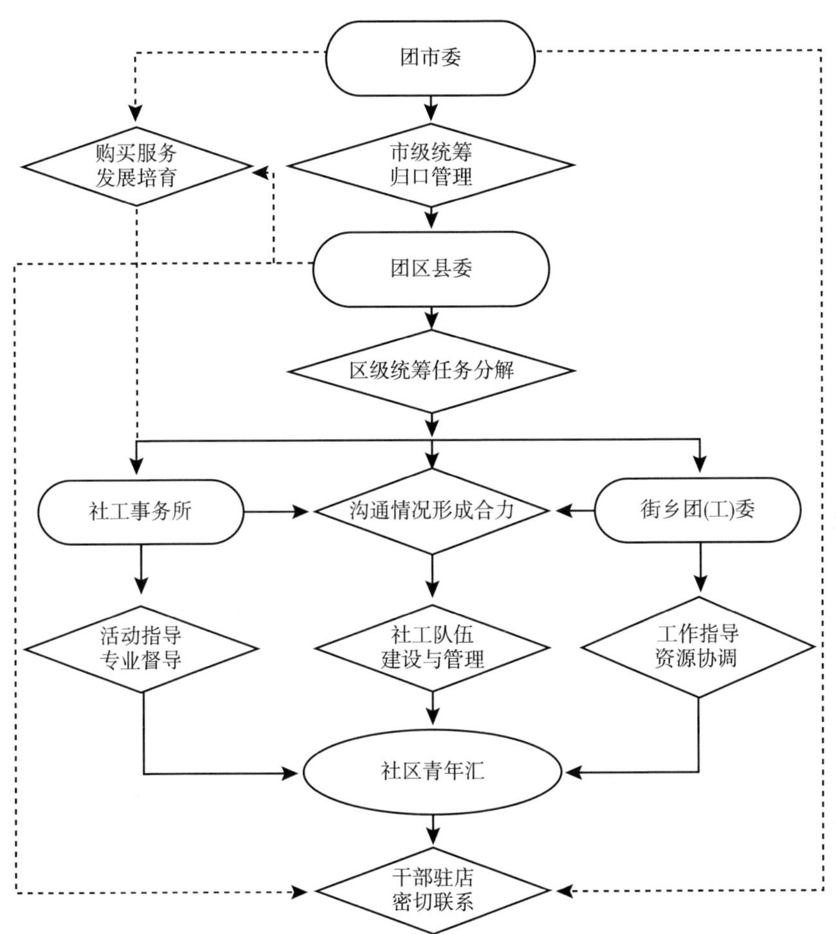

图1　北京青年汇组织结构

年汇近些年来，除了按照全市统一要求，每年开展“新青年城市体验营”“新青年学堂”“新青年创业学堂”“温暖衣冬”以及“儿童暑期成长营”等一批市、区级品牌活动之外，还依托区域资源优势，自主开发特色品牌活动。一是每年举办“社区青年汇文化体育活动季”、青年剧星大赛、冬奥知识竞赛、青年传统曲艺培训等活动，更好地引导青年投入“文化东城”建设。二是依托社区青年汇开展增绿减霾、“午间一小时”等活动，帮助机关青年舒缓压力、调整身心，每年参与的机关青年达1000余人次。

东城区社区青年汇每年开展的“新青年学堂”等学习培训活动，免费为有意参加成人高考的青年开设培训课程，正式参与课程且参与成考报名人数近400人，实际到课3000余人次；“新青年城市体验营”等城市融入活动，脚步遍及区内重大项目指挥部、科技园区、艺术场馆、博物馆、政务机关等，每年参与青年近2000人次。

2017年，朝阳区“潮外”青年汇通过街道及青年汇对接的资源，组织开展了3期项目，实施了14场课程，组织市级体验营4次、区级活动3次、事务所活动2次、自主活动58次，接待参观、交流团11批次，2017年新增联系青年620余人，培育青少年自组织6个，开发社会资源9家。

天通苑北二区青年汇2017年活动次数70次，其中自主立项活动17次，公益类活动占38%，城市融入类20%，普法维权8%，学习培训类24%，文体健康类10%，做了2个个案服务、3个项目，密切联系青年2次以上470人，走访青年30名。自主立项活动主要围绕爱国主义教育、弘扬传统文化、公益普法维权、青年生态文化四个方面的主题展开。

4. 组织资源：政府与社会共同支持，发展基于居住地的共青团外围组织

2013年4月28日，北京市社会建设工作领导小组印发《关于进一步加强社区青年汇工作的意见》，从社区青年汇的意义、组织领导、重点任务、指导原则、经费保障等方面进行了部署。

政府层面，一是把共青团阵地建设作为社会公共基础设施，列入当地社会发展规划，设立政府专项资金，给予配套的资金支持。二是出台支持共青团阵地建设的政策措施。三是本着“小而近”“小而优”的原则，合理规划、布局阵地场所。四是将青少年事务纳入政府采购目录，加大政府购买社会服务的力度。社区青年汇所在街道社区、单位或组织为青年汇提供基础场所和设施，团市委、团区县委为社区青年汇开展活动提供资金和资源支持。

社会层面，则积极整合社会资源，广开资金来源渠道。一是采用借船出海的方式，与社会组织、商业场所联合。二是引入社会资本参与，进行公益创业。近年来，北京社区青年汇贴近青年需求，积极开发周边资源为青年提供综合服务。截至2015年底，青年汇合作商户达到9类550余家，培育了

大量的青少年社会组织。2017年，潮外青年汇，与辖区单位外交部、FESCO、首都儿研所共享资源，开展了1次交友联谊、1次志愿公益活动。在寒暑假的星光自护活动与环保绿植兑换活动中，与朝外街道所辖7个社区也有良好的合作。同时还通过个人的资源链接到少儿英语培训及儿童安全教育机构志愿者老师，为社区的家庭开展9次亲子英语及安全教育课程。海潮社区青年汇新增国安社区、农商银行、康贝佳口腔、芝麻街英语等8家区域化密切联系单位。

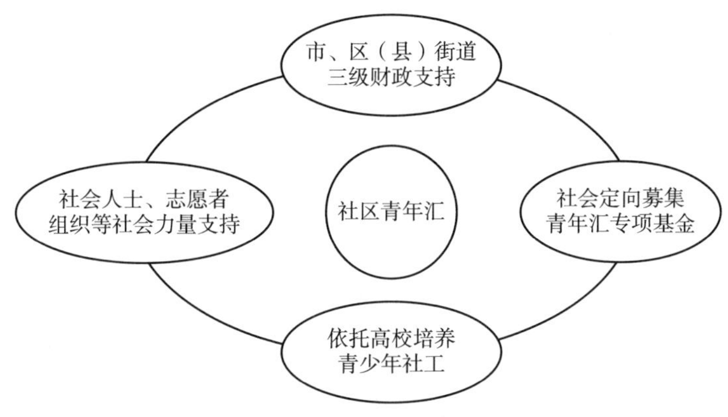

图2　北京青年汇的组织资源

5. 组织管理：利用微信、QQ、青年之家云平台等现代网络工具

互联网技术不仅影响了青年一代的生活方式，也深刻影响了团组织的运行方式、工作模式和管理手段。为适应这种变化，北京社区青年汇运用云平台、QQ空间、微信等现代网络手段来进行组织管理。除了全国的“青年之家”云平台之外，每个区还有自己的区青年汇云平台，以对每个青年汇的活动、任务、会员和基础信息进行信息化的管理，比如对活动的申报、审核、统计、查询、发布的评价；对联系青年、会员信息、会员卡的管理以及对青年汇社工、总干事、覆盖范围、周边资源等基础信息的管理。

调查发现，在青年汇内部成员管理和联络方面，微信群已经成为会员之间联络的主要方式。会员可在微信群里咨询更多有关活动的细节，甚至发布一些不属于青年汇活动内容的消息，比如熟人的招聘信息、个人生活问题等等。微信群不仅是社区青年汇沟通的重要桥梁，也是陌生社会里人们建立联系、获取信息的一个重要渠道。

天通苑北二社区青年汇社工人员告诉笔者，微信群及 QQ 群一直是他们联系青年的主要途径，目前他们共有一个微信群和一个 QQ 群，都是活跃状态，活动前的宣传，活动后的建议、反馈大多通过这里进行。每个大型活动或系列课程社科人员也是提前建群，报名审核之后就入群，之后的活动时间或要求都通过微信群传达、通知。社工人员告诉笔者，这样可以减少一个个打电话的工作量，更有效地加强沟通，参加活动的青年也可以在群里互通有无，扩大他们的交友圈。“青年之家”云平台由于刚启用，大家对这个平台还不是太熟悉，再加上平台的功能还有待完善，比如，现在的平台只能查询青年汇的位置和活动的时间、内容，相关的详细资料大家都是在微信群里进行沟通，活动后的总结也是通过 QQ 空间来展示，所以基层青年汇活动的沟通和展示更多的是通过微信群和 QQ 空间。

北京朝外街道青年需求 2017 年调查报告显示，只有 9.52% 的青年希望通过电话或者当面通知获得青年汇的消息，14.29% 的青年希望通过青年汇网站，61.96% 的青年希望通过微信、QQ 等比较便利的联络方式来获取青年汇的活动和服务信息。

（三）北京社区青年汇发展的经验与问题

13 年前，面对经济社会发展新要求、青年成长发展新变化、城乡人口流动新趋势，团中央做出了建设青年中心的决策部署。与 13 年前相比，经济社会的快速发展为推进“青年之家”建设带来了更为有利的条件，在北京，这突出体现在四个方面：一是青少年事务社会工作者队伍日益壮大，成为平台工作骨干队伍的重要来源；二是社会组织发育更加充分，成为平台建设的重要参与主体和活跃工作力量；三是政府购买服务机制不断完善，成为平台经费保障和资源供给的重要渠道；四是信息网络技术全面普及，平台与青年间的联系互动渠道更加便捷友好，平台服务内容得以极大丰富，平台管理水平得以大幅提升，全团平台建设的整体效应得以更加充分的显现。这四个因素是推动北京青年汇发展的重大契机和重要条件。

实践证明，北京社区青年汇是团组织融入团员青年社会生活的有效载体，是对青年群体，尤其是新兴领域青年群体进行组织覆盖、工作覆盖的有效形式。近些年来，北京社区青年汇在基层团的工作中发挥着重要的作用。

第一，服务平台。通过常态化工作项目服务青少年发展、服务经济社会发展、服务党政中心工作，打通联系服务青年的“最后一公里”，让团的工作力量在青年身边配置、团的项目活动在青年身边开展，让更多青年有了直接的获得感。

第二，工作阵地。推动团的组织网络延伸到青年中，适应青年从单位人变成社会人及再组织化的趋势，成为基层团组织对青年、对青年社会组织进行组织覆盖和工作覆盖的重要载体，让团组织在青年中有更多的存在感。同时，也让它成为基层团组织开展工作的重要依托。

第三，资源枢纽。通过项目申报、公益众筹、活动发布、资源分配等有效地汇聚整合政府、社会和市场等各方面资源，成为全社会面向青少年群体开展服务引导的重要平台。

第四，队伍集聚。“团干部 + 社工 + 志愿者”的工作格局，把工作对象转化为工作力量，有效破解了基层团组织缺编制缺人员的困境。北京青年汇已成为区域化团建的重要阵地、力量和资源依托，在平台实现组织联建、工作联动、阵地联办、资源联合、活动联手与情感联通，成为活跃区域团工作的最积极因素，成为凝聚青年的重要组织形式和组织载体，是对新兴领域青年群体进行组织和工作覆盖的重要载体。

但在调查中，笔者发现，也存在一些问题，突出表现在以下几个方面。

第一，“青年之家”工作规范和云平台的建设有待进一步加强。随着全国“青年之家”总量的提升，以及越来越多的“青年之家”进驻云平台，“青年之家”的青年工作阵地作用越来越重要，但如笔者在调查中所见，青年对全国及各级“青年之家”云平台的认识和使用率还不是太高，访谈的三个青年汇的成员之间更多是通过微信群和 QQ 群这样非正式的网络联系方式来获取信息和建立联系，群里的信息也是五花八门，以生活信息居多。下一步可能要大力开展“青年之家”云平台的宣传和各项功能的开发工作，让使用者感到更快捷和方便。一些工作程序需要规范和简化。

第二，对基层“青年之家”的经费支持力度有待加大。笔者在调查中发现，除了基层青年汇经费紧张问题外，基层青年汇社工队伍的流失问题也令人担忧，比如海潮青年汇的三位社工，只有一位工作2年以上，其他的或是刚来或是没做多久就离开，其他两个社区青年汇的情况也基本如此，大部分社工人员的从业时间不长，做到两年以上的少之又少。社工反映的原因一是工资待遇低，二是发展的空间小，许多人都是刚熟悉工作后就离开，这对基层团工作来说无疑是一种巨大的损失。在团内经费资源较为紧张的情况下，应该着力提升社会化募集资金意识和本领。

第三，不同区域“青年之家”建设存在不平衡现象，在活动要求和工作考核上不宜一刀切。比如，笔者调查的三个社区青年汇，有两个地处城区，辖区内的资源比较丰富，从建成数量、活跃程度、云平台上线率、资源整合度等方面来说都做得较好，而天通苑第二社区青年汇所辖的社区为纯住宅区，且辖区内的居民大多为老人、孩子和流动人口，[①] 组织资源比较匮乏，有些工作开展存在一些困难。这种情况在全国其他一些地区也存在，比如资源比较单一或匮乏的地区、流出人口比较多的农村，如何在资源单一或匮乏的地区开展基层团组织活动，因地制宜地发掘出有自己特色的团组织活动是值得思考的问题。现在是信息时代，流动性也大，尤其是云平台的建立，使信息共享变得相对容易。在现有资源有限的情况下，可以考虑在资源匮乏的青年汇之间实行资源整合，以形成品牌效应，增强基层团组织的影响力和吸引力。

---

① 天通苑地处北京昌平区东小口镇，属于城乡结合部，是北京最大的经济适用房聚集地区。由于这里离城区较远，居住人口也比较密集，房价和租金相对便宜，居住的大多为老人、小孩或“早九晚五”的上班族，其中大部分为外来人口。

三　中国“青年之家”综合服务平台的未来发展

自2015年起，全团开展示范性青少年综合服务平台创建活动，通过充分利用党政、社会和市场资源，开发、新建一大批青少年综合服务平台；拓展已有专业化平台（如七彩小屋、12355综合服务平台等）的服务功能，丰富服务内容，转型为青少年综合服务平台；团的领导机关、基层团组织、团属单位积极创造条件开辟场所向青少年开放，建设成为青少年综合服务平台。此外，各地还根据实际情况采取灵活多样的形式建设青少年综合服务平台，把城市街道（社区）、县城、乡镇作为重点建设区域。

三年来，全国“青年之家”综合服务平台建设取得了明显的成效，显示出“青年之家”强大的生命力。

第一，大力支持和推动各地平台建设。截至2017年底，全国共建有各类青少年综合服务平台43089家。其中，2015年、2016年，全团分别新建“青年之家”12814家、19791家。三年来，团中央累计投入4300万元直接支持地方建设示范性“青年之家”454个，有效带动了地方大量资金投入和工作力量配备。积极推动将“青年之家”纳入国家“十三五”规划纲要重大工程项目，并向国家发改委申报项目资金3.69亿元；与中央金融团工委合作开展“积分圆梦”公益行动，面向进城务工人员子女和农村留守儿童分别建设“四点半课堂”和“希望村塾”。

第二，全面开展示范性平台创建活动。自2015年起，开始在全国开展示范性“青年之家”创建活动，每年建设100个左右全国示范性平台、1000个左右省级示范性平台和一大批地市级示范性平台。2017年，综合考虑各地创建活动情况、申报单位基本条件，并结合实地核查，差额认定了首批90个全国示范性“青年之家”并进行授牌。

第三，建设推广“青年之家”云平台系统。为提升“青年之家”推广力度、青年参与程度和建设管理水平，实现线下“青年之家”的线上化、全景化、互动化，依托微信公众号和百度地图开发的“青年之家”云平台系统已经上线，并在江苏全省和湖北、四川、陕西部分地区进行了试点，目前正在全国范围集中推进第一批3000家“青年之家”上线工作。通过云平台，“青年之家”可以实现网上管理、资源供给、活动报名、活动发布、活动评价等功能；团员青年只需关注“青年之家”云平台微信公众号，就可以实现平台搜索、地址导航、服务选择、活动参与、活动评价、互动交流等功能；上级团组织可以及时掌握和评估每个“青年之家”的建设、管理和活跃情况。江苏团省委2016年11月对“青年之家”进行的全样本问卷调查表明，94.21%的乡镇（街道）及以上团干部认为云平台是联系青年社会组织的服务阵地，是直接联系青年的好途径，是向各界展示共青团工作的好窗口。截至2016年10月底，已有10583家“青年之家”和团的领导机关进驻云平台，通过平台开展活动47238场，参与人数84.79万人次；其中，团的领导机关2811家，共开展活动2582场，参与人数5.7万人次。目前，正在加强“青年之家”云平台软件迭代工作，对手机端版面进行了优化更新，通过与腾讯公益等机构合作，云平台的资源分配、项目申办、公益众筹等功能已经陆续上线运行，平台的组织动员功能和对青年的吸引力进一步增强。

分析北京的调查和现有的关于全国“青年之家”整体情况的文献，笔者认为，下一步，中国“青年之家”综合服务平台还需在资源、队伍、管理和影响力上进一步提升。

首先，资源上，坚持政府支持与社会化运作并举，形成多元化的资源支持体系。加大政府支持力度的同时，积极整合社会资源，广开资金来源渠道。队伍建设上，壮大和稳固工作队伍。一是引入专业社工，对新建的“青年之家”综合服务平台给予一定的编制。二是政府购买公益岗位和公益项目，让更多的公益性社会组织参与阵地工作，壮大阵地工作队伍。三是积极与青年社会组织合作。为专业社工成长提供平台，多宣传他们的理念和先进事迹，创造机会为他们拓展服务空间，锻炼岗位技能，建设一支高效的“团干部 + 社工 + 青年志愿者”队伍。

其次，构建科学的管理体系。加强“青年之家”的制度建设和工作考核、评价体系。引入第三方机构评估机制。坚持以问题为导向，根据青年的实际需求和社会需求来设计工作项目，科学管理项目，制定完整的工作计划。及时跟进项目、进行项目总结，做好文档的整理以及参与服务人员的登记和考评工作。

再次，利用网络提升“青年之家”综合服务平台的影响力。一是通过建立微信群、QQ 群，增进“青年之家”成员之间的沟通与交流。二是利用“青年之家”云平台、街道（社区）微信公众平台等正式平台，及时发布就业和服务信息，提高青年的参与度和关注度。

最后，完善“青年之家”云平台的功能，让更多的人知晓和参与云平台，推动云平台成为“青年之家”管理运行、组织活动、联系青年的主要载体，成为团员青年参与活动的主要渠道和工作考核评价的主要依据，实现“青年之家”的互联网转型。

总之，新时期要做好服务青年的工作，基层共青团组织需要从更宏观的层面去思考青年的内涵、核心需要和青年服务方式等理论问题。共青团组织需要在组织结构再造、组织资源延续、组织基层活跃、组织骨干培养等领域下大功夫。

B.12 中国青年社会组织发展报告

林 红*

摘 要： 《中长期青年发展规划（2016－2025年）》提出“引导青年社会组织健康有序发展”。本文试图从概念辨析、发展回顾、现状和发展前景四个方面勾勒出我国青年社会组织发展的整体图景，并提出青年社会组织未来的行业性发展需要解决历时和共时两个维度的问题，即组织发展的自身阶段性问题，及其与行业、国家和国际发展不同层面的关系。

关键词： 青年 社会组织 发展报告

《中长期青年发展规划（2016－2025年）》提出，青年发展的措施之一为“引导青年社会组织健康有序发展”，并将这一措施细化为“加强对青年社会组织的政治引领，完善党委和政府与青年社会组织的沟通交流机制，把对青年社会组织的管理和引导纳入法治化轨道”①。青年社会组织基于青年发展不同方面与层次的需求设计和开展的各类项目，从兴趣活动、社区服务到公益实践，遵循青年的成长和发展规律，对青年群体阶段化、具体化、动态化的深层需求形成了有效回应，从社会性视角对政府和市场的功能形成有益补充。在讨论如何引导各类青年社会组织更加健康而有序地发展之前，有必要对其总体的发展状况进行探究。

---

* 林红，中国社会科学院社会学研究所助理研究员。

① 《中长期青年发展规划（2016－2025年）》，2017年4月13日，中央人民政府门户网站，http：//www.gov.cn/xinwen/2017－04/13/content_5185555.htm#1。

一 关于青年社会组织

我国现行社会组织管理制度定义的“社会组织”由三大类型构成，即社会团体、社会服务类机构、基金会，并分别参照《社会团体管理条例（试行）》《民办非企业管理条例（试行）》《基金会管理条例（试行）》进行规范管理。民政部发布的《社会服务发展统计公报》[①] 也是按照这三大类型对社会组织的发展状况进行年度信息公开。这三大类型即构成狭义“社会组织”的概念内涵，也是此报告所言“青年社会组织”这一概念主语的内涵与边界。

2016 年，团中央社会联络部委托对外经济贸易大学的廉思教授课题组完成了《中国青年社会组织从业者调查报告》。该报告将“青年社会组织”区分为两类，“一是以青年为主体的社会组织；二是以青年为主要服务对象的社会组织”。已有相关研究亦采用类似的界定方式。例如，《河南青年社会组织状况调研报告》[②] 将青年社会组织定义为“以青年为主要参与主体或以青年为服务对象的社会组织”。更早的相关研究虽然未对“青年社会组织”进行明确界定，但从个案分析呈现的行动主体身份来看，所指“青年社会组织”很大程度上与“社会组织”的概念内涵重合，如《上海共青团对青年社会组织的枢纽式管理：以汶川地震为例》。[③]

此报告将继续沿用已有研究对“青年社会组织”的界定，即以青年为从业者主体及以青年为服务对象的社会组织，并以正式注册或登记备案的青年社会组织为分析侧重。这种主要出于如下几点考虑：第一，已有研究的概

---

① 从信息公开可见，民政部自 1986 年开始发布年度公报信息。1986 年名为《民政事业发展概述》，1987 ~ 1988 年名为《民政事业发展概况》，1989 ~ 2009 年名为《民政事业发展统计公报》，2010 至今名为《社会服务发展统计公报》（http：//www.mca.gov.cn/article/sj/tjgb/）。

② 殷铬、牛苏林、刘道兴主编《2016 年河南社会形势分析与预测》，社会科学文献出版社，2016。

③ 孙克勤、卢汉龙主编《上海社会发展报告（2009）》，社会科学文献出版社，2009。

念内涵界定，虽然在概念外延上与“社会组织”存在重合的可能性，各自定位的服务对象存在差异，但总体而言，大多数组织的从业者以青年为主。因我国社会组织发展整体呈现“年轻化”特征，这种“年轻化”既是组织发展的阶段性特征，又是从业者主体的年龄特征，采用这一较为宽泛的概念内涵，更易于我们从“社会组织”的整体性视角去把脉“青年社会组织”。第二，因这一研究尚处于起步阶段，不论官方统计数据还是学界研究数据都比较缺乏，有限的量化调查数据决定了我们很难把“以青年为服务对象的社会组织”从现有的社会组织分类和统计中分离出来，所以某种程度而言，沿用已有研究中较为宽泛的“青年社会组织”的内涵界定，是目前比较合宜的研究策略。

二　青年社会组织的发展回顾

青年社会组织的发展一方面源于社会组织的整体性发展，另一方面又与群团组织的发展息息相关，从而决定了回顾青年社会组织总体发展的两大历时源流。

以改革开放为时间起点，我国社会组织的发展历程可大致分为三个阶段。第一个阶段是复苏发展期（1978～2001 年）。1978 年 3 月，具有社团管理职能的民政部正式组建，可视为我国社会组织复苏发展的起点。这一时期，《外国商会管理暂行规定》《社会团体登记管理条例》《基金会管理办法》相继出台，建立了我国社会组织登记管理机关和业务主管单位的双重管理体制。而随着《社会团体登记管理条例》（修订）的进一步完善，以及《民办非企业单位登记管理暂行条例》的出台，双重管理体制在这一阶段进一步加强。第二个阶段是稳定发展期（2002～2012 年）。这一时期，社会组织相关的制度规范进一步丰富完善，包括扩大公益捐赠财税优惠措施、初步探索政社分开、双重管理旧制开始试点突破、推进社区社会组织备案制、社会组织人才建设纳入规划、试点推行政府购买社会组织服务、“社会公益组织孵化器”落地等。第三个阶段是增速发展期（2012 年至今）。进入这一阶段，各项制度性改革措施相继出台，包括政府向社会力量购买服务的指导意见、社会组织管理制度改革指导意见、行业协会商会与行政机关脱钩方案、国家社会组织发展规划、社会组织转移职能目录指引、社会组织人才队伍建设意见、登记管理机关职能调整和四类社会组织直接登记办法、社会组织税收减免制度、关于党政领导在社会组织中任职与兼职的规范、社会组织党建工作制度等，社会组织的制度化改革和发展性支持从顶层设计开始全面展开。我国社会组织发展经历的这三阶段，实际上也是政府从管理和监管视角对社会组织的认知不断变化和发展的过程。

不同于社会组织，我国群团组织的发展历程则是其功能定位在中国共产党和群众之间关系不断调整的过程，对“中国共产党—群众”这一类型关系的调整构成了群团组织发展和改革历程的核心内容。1978 年至今，中国共产党—群众的关系调整过程从时间上可大致划分为如下三个阶段。[①] 第一个阶段是 1978 ~ 1992 年，此阶段“中国共产党—群众”关系的特征是从政党领导模式转向政党主导型模式。以坚持党的领导为前提，这一阶段关系调整的重点在于改善党对群众组织的领导。第二个阶段是 1992 ~ 2002 年，政党主导型的中国共产党—群众关系开始从“行政型”转向“法规型”。这期间，政府职能转变尚未定型，而且群团组织的组织和能力建设不足，导致群团组织的总体独立性程度不高，这削弱了群团组织作为广大群众政治参与平台的作用，从而决定了这一阶段的党群关系调整重点是“以法为轨”。第三个阶段是 2002 年至今，法规型的中国共产党—群众关系作为发展方向被进一步明确，并在实践层面逐步落地。2015 年 2 月，中共中央印发《关于加强和改进党的群团工作的意见》，随后《全国总工会改革试点方案》《共青团中央改革方案》《全国妇联改革方案》相继出台，重庆、上海等地陆续开始改革试点，群团工作改革持续推进。[②]

纵观社会组织和群团组织的发展历程，我们可以看到，新时代语境下二

① 朱庆跃：《改革新时期以来党对权力运行外部监督群的培育路径探索》，《理论研究》2014 年第2 期。

② 例如，共青团中央内部新成立了社会联络部、青年发展部等机构。

者的发展正在走向合流。社会组织作为“群众”的中介性存在，其发展重心在于内容性的社会建设；而群团组织作为调整党—群关系的中介性存在，其发展重心在于组织形式化的社会建设。实际上，十八大以来关于群团组织改革提出的强“三性”（政治性、先进性、群众性）和去“四化”（行政化、机关化、贵族化、娱乐化）并不是一个新问题，而是贯穿了群团组织的整个发展历程。随着群团组织在自身建设方面“三性”的不断增强，以及管理和工作模式方面去“四化”的力度不断增强，其作为带动和联系社会组织的平台化功能也将进一步强化。于是，社会组织作为社会建设实践领域的行动主体和群团组织作为支持与联系社会组织的组织化动员平台，二者在社会建设的整体性视域下也将实现真正的发展合流。

三　青年社会组织的发展现状

（一）概况

2007 年的《民政事业发展统计报告》正式使用“社会组织”替代了“民间组织”这一称谓，而称谓内涵也从最初的“社会团体”扩展为“社会团体”和“民办非企业单位”。直到 2004 年把“基金会”纳入统计范围，中国社会组织的三大类型开始正式成型。

根据《2016 年社会服务发展统计公报》，至 2016 年底，我国各类社会组织共计 70.2 万个，实现各类人员社会就业 763.7 万人，接收各类社会捐赠 786.7 亿元。其中，社会团体 33.6 万个，比上年增长 2.3%；各类基金会 5559 个，比上年增长 16.2%；民办非企业单位 36.1 万个，比上年增长 9.7%。[①]

目前，民政部门对社会组织按照国内与国外进行分类统计，而国内社会

① 中华人民共和国民政部：《2016 年社会服务发展统计公报》，2017 年 8 月 3 日，http://www.mca.gov.cn/article/sj/tjgb/201708/20170800005382.shtml。

组织又按照业务领域进行细分①。社会团体按照业务领域划分主要包括 13 类：工商服务业类、科技研究类、教育类、卫生类、社会服务类、文化类、体育类、生态环境类、法律类、宗教类、农业及农村发展类、职业及从业组织类、其他。民办非企业单位则主要包括 10 类：工商业服务类、科技服务类、社会服务类、文化类、教育类、生态环境类、卫生类、体育类、法律类、宗教类。

按照本报告采用的“青年社会组织”界定：以青年为从业者主体及以青年为服务对象的社会组织，显而易见，以全人口年龄段（14 ~35 岁）作为分类方式的青年社会组织很难从以业务领域作为分类方式的全国社会组织统计数据中区分出来。但换而言之，作为社会组织的重要构成部分，我们从社会组织发展的数据也可一窥青年社会组织的基本概况。

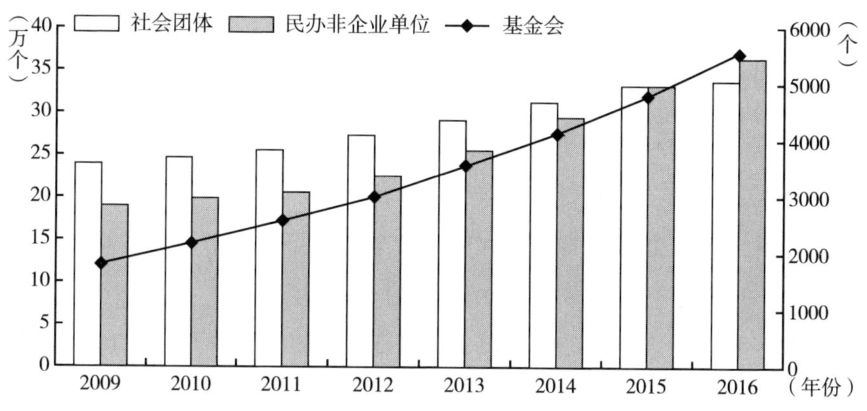

图 1　我国社会组织的数量（2009 ~2016）

资料来源：民政部《2016 年社会服务发展统计公报》。

总体而言，我国青年社会组织尚处于初步发展阶段，这一属性亦取决于社会组织作为一个行业整体的发展阶段性。基于长期的田野观察和个案分析，我们发现，在“初步发展阶段”这一总体性状态之下存在一些值得关

① 基金会也是先按照国内和涉外及境外进行分类，然后国内基金会再细分为公募基金会和非公募基金会。

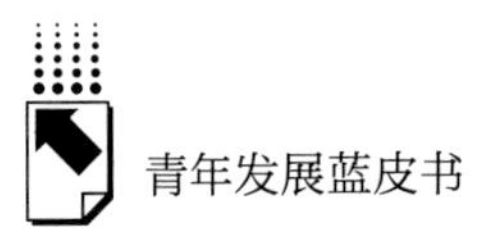

注的特征，来自那些走在发展前列的组织/机构所表现出来的个性化特征，以及占绝对多数的组织/机构所表现出来的普遍性特征。

鉴于青年社会组织全国性定量数据的缺乏，我们拟采取定性研究的路径，尝试以“管中窥豹”的方式探索我国青年社会组织发展的特征。本研究选取了一个环保领域的青年社会组织（“山水之家”）作为分析个案，[①②]主要基于如下考虑：第一，相较于其他业务领域，环保类青年社会组织的整体发展水平相对较高，更利于从前瞻性的发展视角审视整体的青年社会组织发展面临的问题和挑战；第二，“山水之家”是中国最早成立且具有较大社会影响力的环保类组织，其近25年的发展历史为我国青年社会组织的发展提供了借鉴范例；第三，“山水之家”经历发展转型后成为一家平台型机构，其分布各地、为数众多的注册志愿者和地方志愿者小组，一定程度为我们尝试从整体性视角把脉青年社会组织的发展弥补了样本量的不足。

（二）普遍性特征

现有研究对包括青年社会组织在内的我国社会组织发展已做出诸多具有共识性的特征判断，包括青年社会组织的数量少、专业化程度低、资金缺乏、规范化不足、制度性身份存在障碍、政府支持力度不足、行业生态链不完善等。[③] 但还有一些普遍性的特征并未引起足够重视。

首先，青年社会组织的总体活跃度不高。相对于我国总人口数量而言，

① 作者根据研究惯例，已经对有关分析对象采取了匿名化处理。

② 研究者选择“山水之家”作为分析个案，首先是受限于笔者的前期田野；其次，按照我们在本报告中沿用的“青年社会组织”定义，即以青年为从业者主体及以青年为服务对象的社会组织，“山水之家”符合这一界定。“山水之家”2015发布的数据显示，其从业者团队共计29人（全职18人，兼职11人），其中86.2%为35岁以下，包括现任总干事；2014年12月ABC美好社会咨询社为“山水之家”完成的注册志愿者构成分析结果显示，截至2014年12月，“山水之家”的注册志愿者人数共计15871人，其中40岁以下的青年人数占75%；随着“山水之家”近几年阶段性的战略发展调整，不论是其从业者还是注册志愿者的年龄构成都更趋年轻化。

③ 卢宪英：《国家治理能力现代化背景下的社会组织培育：现状、政策趋向与建议》，载《中国社会组织报告（2016～2017年）》，2017。陶传进：《当代中国社会组织的四重演变》，《文化纵横》2018年2月。

青年社会组织的数量还很少。虽然如此，作为现象的“少”还存在另一种可能性解释，即已有组织和机构的活跃度不高。所谓活跃度，存在两个客观指标，首先是全职人数，其次是项目和活动数量。以生态环境类社会组织为例。截至 2016 年底，在我国登记在册的社会组织中，生态环境类社会团体为 6000 个，民办非企业单位为 444 个。[①] 因基金会不按照业务领域分类，且基金会多为跨领域，故而不在此计算。也就是说，全国生态环境类社会组织共有 6444 个。但是，中国发展简报的联系名录上环境保护类社会组织的数量为 734 家（包括基金会和境外在华社会组织）；[②] 2017 年 4～5 月，“山水之家”开展了一次对全国环保类社会组织的摸底式联络，旨在建立以政策倡导为目标的全国性支持网络，最终仅梳理出一份含 137 个组织/机构的名单。新《环境保护法》实施后，环保领域社会组织曾组织针对符合环境公益诉讼主体资格的社会组织的摸底。但结果发现，仅仅从活跃度来说，环保领域目前处于高活跃度即有人有钱有项目、可以实现常规性运转的社会组织，保守估计仅 200～300 家。换而言之，虽然登记在册的生态环保类社会组织有 6444 家，但实际上其中大多数尚处于僵尸状态。

其次，地理分布不均，专业化水平差异较大。从生态环境类的青年社会组织来看，我国青年社会组织的地理分布与区域经济发展水平呈现较高契合度，这与社会组织总体性分布的地理特征也一致。也就是说，长三角、珠三角、京津冀一带是青年社会组织相对较为集中且活跃度较高的区域；而西南地区例如云南和四川，作为社会组织尤其是国际组织早期进驻的发展重镇，也是各类型社会组织包括生态环境类社会组织的活跃区域；而西北各省，无论是青年社会组织总体数量和类型多元性，还是组织发展水平和活跃程度都处于明显劣势。相应而言，生态环境类青年社会组织数量集中和活跃度高的

---

① 中华人民共和国民政部：《2016 年社会服务发展统计公报》，2017 年 8 月 3 日，http://www.mca.gov.cn/article/sj/tjgb/201708/20170800005382.shtml。

② 中国发展简报的 NGO 名录共有 4468 个名录，包括各业务领域的社会组织，以及境外在华的社会组织。中国发展简报，http://www.chinadevelopmentbrief.org.cn/，2018 年 3 月 20 日。

区域，其类型多元化、专业化、组织化水平也相对较高。

再次，青年社会组织参与社会治理的身份困境。相较于社会组织面临的普遍性问题，例如组织管理制度不完善、筹资渠道狭窄、资金来源不稳定、人员流动性大等，最根本而紧迫的问题仍旧是主体身份。青年社会组织面临的身份问题存在两个层面，第一个层面是法律身份，第二层面是作为社会治理参与主体的身份。当前，国家政策逐步从"管制"到"监管"过渡，社会组织的双重管理制度正逐步放开，多地已开始试点分类式直接登记。随着《慈善法》及其配套规章制度的落地、社会组织三大条例的修订，青年社会组织的法律身份问题或许不久将不再能够成为制约其发展的制度性紧箍咒。但是，青年社会组织作为参与社会治理主体之一的社会身份合法性问题却并不会随着其法律身份问题的解决而解决。换而言之，青年社会组织参政议政的制度化渠道尚未打通。十九大报告提出"社会组织协商具有社会性强、专业性强等独特优势，在我国社会主义协商民主中可以发挥独特作用"，[①]因此，青年社会组织参与"社会组织协商"的确是值得期待的。

（三）个性化特征

我国的青年社会组织不仅存在业务领域的多元分化，而且同一业务领域之内各组织和机构之间亦存在很大差异。青年社会组织发展面临的普遍性问题固然存在，或许也将在较长时段内继续存在。基于长期的田野调查我们发现，一些个性化的特征或者说优势性的特征正在出现。这些特征虽然出现在处于发展前沿的少数组织/机构中，但某种程度或许意味着青年社会组织未来发展的特定可能性。

首先，"魅力领袖型"组织/机构发展模式正在被基于专业化团队的"法理型"发展模式取代。[②] 以"山水之家"为例，该组织于2004年尝试转

① 蓝军：《发挥社会组织在协商民主中的重要作用》（http://dangjian.people.com.cn/n1/2017/1129/c117092-29674042.html）。

② 林红：《我国非政府组织作为环境治理主体合法性的建构路径：以"环境保护法"修订过程为例》，《社会发展研究》2015年第4期。

型，2008 年完成转型的基础性建设，并于 2014 年开启“第二次创业”，基于更为清晰和聚焦的发展战略建立了制度化的组织管理体系，组建专业化团队，历经 10 年正式走出其创始人的个人影响。类似“山水之家”的社会组织发展转型，其实质是组织/机构管理从“一个人 = 组织/机构”的单一圆心架构实现了向“多个人 = 组织/机构”的多圆心架构转向。实际上，目前我国类似“山水之家”这样已经实现成功转型的青年社会组织为数甚少。虽然这样一种路径取向已经成为我国社会组织领域关于发展认知的一般共识，但仍旧难以超越我国社会组织整体性发展仍处于初级阶段这一属性。

其次，整合各类正式与非正式制度化路径资源的能力有了很大提升。基于环保类社会组织参与《环境保护法》修订及其配套司法解释制定过程的观察，我们发现，以“山水之家”为代表的少数青年社会组织已具备整合多样化的正式和非正式制度化路径与资源的能力。多样化的参与途径，意味着对多样化的社会资源的调动。在对《环境保护法》的立法参与过程中，“山水之家”调动了各种社会资源包括机构媒体、专家、会员、人大和政协、社会组织伙伴、环保志愿者等多元主体，以参与路径的多样化形成对倡导行动的有效支持。但“山水之家”一类的青年社会组织仅是少数。相较而言，大多数的青年社会组织尚不具备这样的能力。

再次，与不同利益相关方开展专业对话的能力有了很大提高。“山水之家”在参与《环境保护法》修法过程中，深度挖掘和拓展各种渠道资源，与立法、行政、媒体、专家、司法、行业组织、伙伴机构等各方建立了沟通，基于其多年来在法律实践方面的专业性累积与多元利益相关方展开了有效对话。正是基于类似的行动参与，环保领域不同类型的青年社会组织逐渐意识到与不同利益相关方开展对话尤其是专业性对话的重要性。例如，“自然大学”基于其在工业污染源调研和监督方面的行动经验积极与各地方环保部门建立联系并开展交流，“山东绿行齐鲁”通过其在地化的志愿者网络积极参与山东省环保厅组织的各地排污监察行动，“湖南曙光环保”在重金属污染程度较高地区推动“七方共治”等行动。

最后，青年社会组织之间的业务领域分化趋于细化。青年社会组织的业务内容极为多元，即使在同一个业务领域中亦存在不同组织/机构之间定位和发展取向的差异。基于对生态环境类青年社会组织的观察，我们发现，少数青年社会组织已经从其创始之初的“有钱就干”开始逐渐转向“有选择地干”，即组织目标取向从维持眼前的生存需求开始走向更为长远的可持续发展。

虽然大多数环保类青年社会组织尤其是地方性青年社会组织目前仍处于自我探索阶段，尚未找到符合自身优势与地方特色的发展定位和专业领域，但是一些拥有全国性影响力的环保类青年社会组织已逐步确立了各自的发展方向和专业领域。例如，“公众环境研究中心”以环保数据和污染地图见长，“山水之家”以环境公益诉讼享誉业内，“绿满江淮”以跨境污染源调查为主业，“重庆两江”主攻环境影响评价及数据整合。这种细化的领域区分，一方面推动了青年社会组织以理性化和专业化身份参与社会治理，另一方面也推动了青年社会组织发展的行业生态链建设。

（四）外部支持

近年来，以政府为主的各方支持青年社会组织发展的措施不断多样化且力度不断加大，包括通过资金扶持力度升级、政府购买服务机制完善、公益创投和公益信托等社会创投创新方式试水、互联网公益等方式帮助社会组织解决钱和事的问题。与此同时，通过“青年公益人才培养计划”“银杏伙伴计划”“青年创想计划”“慈善千人计划”“成溪计划”“公益星火计划”“景行计划”等各类计划和专项基金支持青年社会组织的人才培养与机构发展。

虽然我国青年社会组织总体而言尚处于初级发展阶段，但某种程度来说这个阶段也是青年社会组织发展的最好时期。这一时期的“好”，让我们看到了各类青年社会组织更好的发展可能性。值得一提的莫过于《慈善法》的落地和“社会组织协商”的提出。

《慈善法》于2016年9月1日实施。社会组织发展领域第一部由全国人大通过的法律从无到有，为其后与之相适应的系列配套法规和规章的修订和制定奠定了法律性基础。虽然这部法律不能尽如人意，但其立法理念已体现出了我国社会组织管理理念从预防性管制向过程性监管的转变，而其带来的影响也是值得期待的，包括慈善信托、慈善组织信息公开等制度的建立。

对社会组织而言，《慈善法》产生的利好是多方面的。尤其值得一提是确立了慈善组织直接登记制度，“设立慈善组织，应当向县级以上人民政府民政部门申请登记，民政部门应当自受理申请之日起三十日内作出决定”；明确了慈善组织的税收优惠制度，“慈善组织及其取得的收入依法享受税收优惠”；扩大了社会组织的公开募捐主体资格，《慈善法》所指的慈善组织是指“依法成立、符合本法规定，以面向社会开展慈善活动为宗旨的非营利性组织。慈善组织可以采取基金会、社会团体、社会服务机构等组织形式”，而“依法登记满二年的慈善组织，可以向其登记的民政部门申请公开募捐资格”。

2013 年 11 月颁布的《中共中央关于全面深化改革若干重大问题的决定》提出，“激发社会组织活力。正确处理政府和社会关系，加快实施政社分开，推进社会组织明确权责、依法自治、发挥作用。适合由社会组织提供的公共服务和解决的事项，交由社会组织承担。支持和发展志愿服务组织”。2016 年 8 月，中共中央办公厅、国务院办公厅印发了《关于改革社会组织管理制度促进社会组织健康有序发展的意见》，[①] 认为“以社会团体、基金会和社会服务机构为主体组成的社会组织，是我国社会主义现代化建设的重要力量”，提出“到 2020 年，统一登记、各司其职、协调配合、分级负责、依法监管的中国特色社会组织管理体制建立健全，社会组织法规政策更加完善，综合监管更加有效，党组织作用发挥更加明显，发展环境更加优化；政社分开、权责明确、依法自治的社会组织制度基本建立，结构合理、功能完善、竞争有序、诚信自律、充满活力的社会组织发展格局基本形成”。2017 年 11 月，十九大报告指出“要推动协商民主广泛、多层、制度

① 中华人民共和国中央人民政府门户网站，中共中央办公厅、国务院办公厅印发《关于改革社会组织管理制度促进社会组织健康有序发展的意见》（http：//www. gov. cn/xinwen/2016 - 08/21/content_ 5101125. htm）。

化发展，统筹推进政党协商、人大协商、政府协商、政协协商、人民团体协商、基层协商以及社会组织协商”。

从“激发社会组织活力”到要“推动社会组织协商”，官方文字表述的转变仅用了4年时间。足见在社会组织发展这一议题上党中央层面的决心和力度。

四　青年社会组织的发展展望

2017年3月15日，全国人民代表大会通过了《民法总则》，正式提出“非营利法人”这一法人类型，“为公益目的或者其他非营利目的成立，不向出资人、设立人或者会员分配所取得利润的法人，为非营利法人。非营利法人包括事业单位、社会团体、基金会、社会服务机构等”。此新法人类型，无疑是十八大以来从社会管制向社会治理转向的有力脚注，也让我们对包括青年社会组织在内的各类社会组织的整体发展满怀期待。

但是，如果把青年社会组织视为“青年”这一议题领域的社会组织，那么从更为长远的视角来看，青年社会组织的发展作为一个议题领域的行业性发展，无疑需要同时面对历时和共时两个发展维度的问题。① 所谓历时维度，是指时间线上组织自身发展的阶段性问题；而所谓共时维度，是指空间层面组织发展所处的外部社会情境，包括组织个体、行业生态、国家视角、国际社会多个层面。是否能够对这两个维度衍生出的各种问题做出清晰而有效的回答，某种程度而言决定了特定组织/机构可持续发展优势潜能的大小。

青年社会组织历时性发展过程中的一道“生死槛”莫过于“法理型”的组织转型。王名和徐宇珊曾对我国社会组织发展过程中阶段性出现的“2003现象”进行专门分析，指出2003年前后大批社会组织“非生即死”现象背后存在两大原因。首先是我国社会组织发展的法律制度环境不乐观；

---

① 林红：《我国民间环保组织发展的历时和共时向度》，《中华环境》2016年第8期。

其次是领袖型社会组织治理模式存在极大弊端，“考察现有的自下而上的民间组织，就不难发现几乎任何一家成功的组织背后都有一个成功的领导人”。① 虽然目前我国大多数青年社会组织尚未面临这样一个生死存亡的困境，但无疑这是一个值得警醒的前车之鉴。

青年社会组织在其历时性的发展过程中，不论处于何种阶段，都不得不面对类似的共时性问题，即如何从一个组织/机构的发展看一个行业的发展，进而扩展至一个国家的发展，乃至世界的发展，即建立一套把微观层面的组织发展纳入中观层面的行业发展和宏观层面的国家与世界发展的系统性发展观。每一家社会组织从诞生的那一天开始，就需要不断地自我审视和反思，基于全方位而准确的自我评估找准自己的位置，在行业生态系统中建构自我身份，并逐渐纳入国家和国际的视角，将之转化为组织发展的愿景、使命和中长期战略，并通过专业化的路径取向使之落地，从而实现立足当下、放眼未来，这是一个组织/机构全生命周期的发展性命题。

或许，在我国青年社会组织发展的总体现实之下，历时维度的发展阶段性问题和共时维度系统性发展观的问题似乎都是杞人忧天。毕竟，我国目前占绝对多数量的青年社会组织成立于“NGO 元年”即 2008 年前后，对于这些发展时间仅十年左右的组织而言，所谓的组织转型和行业生态远远不及生存问题重要。但是，伴随着群团组织的社会化进程、社会组织参与社会治理的进程不断深入，这两个维度的问题终将浮出水面，或许已经出现。

参考文献

林红：《我国非政府组织作为环境治理主体合法性的建构路径：以“环境保护法”修订过程为例》，《社会发展研究》2015 年第 4 期。

林红：《我国民间环保组织发展的历时和共时向度》，《中华环境》2016 年第 8 期。

卢宪英：《国家治理能力现代化背景下的社会组织培育：现状、政策趋向与建议》，

① 王名、徐宇珊：《中国民间组织的 2003 现象》，《学海》2004 年第 4 期。

载《中国社会组织报告（2016～2017 年）》，2017。

孙克勤、卢汉龙主编《上海社会发展报告（2009）》，社会科学文献出版社，2009。

陶传进：《当代中国社会组织的四重演变》，《文化纵横》2018 年 2 月。

王名、徐宇珊：《中国民间组织的 2003 现象》，《学海》2004 年第 4 期。殷辂、牛苏林、刘道兴主编《2016 年河南社会形势分析与预测》，社会科学文献出版社，2016。

朱庆跃：《改革新时期以来党对权力运行外部监督群的培育路径探索》，《理论研究》2014 年第 2 期。

B.13

中国青年网络参与报告

朱 迪 陈俊鹏*

摘 要： 本报告关注青年（18~34岁）群体的网络参与。基于多种数据来源，本报告聚焦青年生活方式的显著特点，以“工具性-情感性”的网络参与作为分析框架，考察青年通过互联网如何建构的日常生活和社会交往，以及互联网生活中的公共参与和文化参与。研究总体显示了互联网在青年个体生活和公共生活中的赋能作用：一方面是工具性的赋能，青年通过社交网络与互联网获取各类信息，在日常生活、社会交往、就业择业和公共生活参与的过程中获得更多机会和选择；另一方面是情感性和权力性的赋能，青年借助互联网开辟出新的社交场域和文化场域，从而塑造其独特的社会交往模式和文化模式并表达自己的诉求，大学生群体公共参与的程度相对较高。但是，互联网和社交网络的复杂性和风险也对青年产生一定影响，需要政府、互联网平台和青年自身共同努力，完善互联网安全环境，构建积极健康的互联网生活方式。

关键词： 青年 大学生 互联网 社交网络 网络参与

随着信息技术革命的不断深入，使用互联网和社交网络已成为不同代际群体的日常选择。最初互联网和社交网络仅作为一种工具性的存在，但随着

* 朱迪，中国社会科学院社会学研究所副研究员；陈俊鹏，中国社会科学院研究生院研究生。

人们使用范围的不断扩大、程度的不断加深，它们已逐渐成为一种新的互动方式、生活方式乃至价值观。

青年是使用互联网的主力军，具有接受新鲜事物能力强、观念前卫、行为紧跟甚至带动潮流等特点。本报告以青年（18～34 岁）人群作为考察对象，聚焦青年生活方式的显著特点，重点分析青年通过互联网所建构的日常生活和社会交往，以及互联网生活中的公共参与和文化参与。近些年来社交网络上升为青年互联网生活中的重要内容，本报告也侧重关注青年对社交网络的参与。

已有研究往往将网络参与等同于网络政治参与或者网络公共参与，强调借助互联网开展意愿表达、利益诉求等社会活动，以达到影响公共事务发展或公共决策的目的。[①] 虽然网络公共参与是青年使用和参与互联网的重要内容，但青年通过互联网获取信息、维系社交、联结日常生活等工具性和情感性的活动，也是网络参与的重要内容。本报告使用赵联飞2015 年提出的“工具性-情感性”类型学划分，考察青年的网络参与：工具性参与指网络使用者主要基于成本、效率、便利、有效性等目的使用和参与互联网，情感性参与主要指网络使用者基于情感表达和放松休闲目的使用和参与互联网。根据青年的特点和生活方式，本报告总体上从工具性参与的角度来分析互联网如何塑造青年的日常生活和公共参与，从情感性参与的角度来分析互联网如何塑造青年的社会交往和文化认同。当然，工具性与情感性的参与也会有交叉。

数据来源有三个：（1）2016 年针对十个城市的互联网使用抽样调查，调查人群为青年（35 岁以下人群）、中年（35～59 岁人群）和老年（60 岁及以上人群）三个，有效样本分别为 585、1050 和 3427 个，调查采用分层抽样的方法，在十个大城市随机选取了 72 个社区，在社区中采用等距抽样的方法选择家庭；（2）2016 年中国社会科学院社会学研究所组织实施的“当代大学生就业、生活及价值观追踪调查”，该调查采用典型抽样和随机抽样结合的办法，选择具有典型代表性的 12 所高校作为调查样本点，调查

① 彭榕：《“场”视角下的中国青年网络参与》，《中国青年研究》2012 年第 5 期。杨成虎：《公众网络参与若干问题探析》，《云南社会科学》2010 年第 3 期。

人群包括在校生和毕业生，共获得10765个有效样本；（3）来自腾讯QQ后台的不同年龄用户使用时间段大数据，收集时间为2016年10月。

在十个城市调查的青年样本中，男性占44.3%，女性占55.7%；受教育程度集中在高中及以上，其中高中/中专/技校学历占21.2%、大专学历占40.3%、本科学历占34.2%、硕士及以上学历占1.5%；89.6%的被访者有工作，55%的被访者有配偶，43.6%从未结过婚。

在“当代大学生就业、生活和价值观追踪调查”中，男性占47.4%，女性占52.6%；80后仅占0.6%，90后为23.2%，主体为95后占76.3%；生源地（指考入大学那一年的家庭居住地）为城市（包括县城、海外）的占49.8%，农村（包括乡镇）的占50.2%；父母月收入在2000元以下的占25.1%，2000~7000元的占48.1%，7000~10000元的占13.5%，10000元以上的占13.2%。

一　青年使用互联网的总体情况

根据中国互联网络信息中心（CNNIC）发布的《中国互联网络发展状况统计报告》，截至2017年12月，我国网民规模达7.72亿，普及率达到55.8%；10~39岁群体占整体网民的73%，其中20~29岁年龄段的网民占比最高，达到30.0%，10~19岁、30~39岁群体占比分别为19.6%、23.5%。

2015年中国青少年上网行为研究报告①的数据显示，截至2015年12月，中国青少年（25周岁以下）网民规模达到2.87亿，占中国青少年人口总体的85.3%，远高于2015年全国整体网民互联网普及率（50.3%）。青少年更是典型的“网络原住民”一代。青少年网民使用手机上网的比例达到90%，使用台式电脑和笔记本电脑上网的占比分别为69%和39.5%；青少年网民平均每周上网时长为26小时；青少年网民对即时通信、微博、论

① 中国互联网络信息中心：http：//www.cnnic.cn/hlwfzyj/hlwxzbg/qsnbg/201608/t20160812_54425.htm。

坛/BBS 的使用率分别为 92.4%、37.6% 和 18%，均高于网民总体水平；青少年网民对网络音乐、游戏、视频、文学的使用率分别为 80.2%、66.5%、75.4% 和 44.6%，均高于网民总体水平。

由于生命周期的差异，青年内部在互联网使用上也存在差异。根据腾讯 QQ 后台大数据，16~25 岁的青年人在 QQ 上的活跃度要明显高于 26~35 岁人群，这一方面反映了 QQ 较弱的职场社交属性和较强的休闲娱乐属性，另一方面也反映了两个群体不同的生活轨迹。在 16~25 岁的青年人的 QQ 使用上有两个突起的时间段，分别是中午十二点和晚上十点。这两个时间段恰恰是工作和学习八小时之外的时间，显示 16~25 岁青年的生活节奏比较有弹性。相反，在 26~35 岁人群中这两个时间段的突起消失了，该群体中很大一部分步入职场，生活节奏更多被职场所制约。

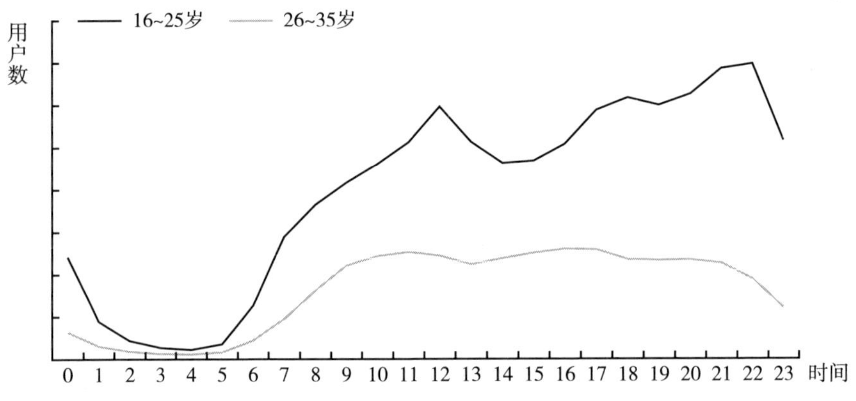

图 1　不同年龄用户的使用时段分布（QQ 后台大数据）

二　互联网对青年日常生活的塑造

（一）青年互联网生活关键词：智能手机和社交网络

虚拟网络的连接打破了此时此地的局限，任何人在任何时间，只要是网络覆盖的地方就可以与他人进行有效连接。连接不仅拉近了人与人之间的时空距离，更重要的是它改变了人们原有的生活方式。在这种独特的网络化平台内，人们的生活方式得到了新的建构。

首先，调查数据显示，青年被访者全部使用互联网与社交网络，且平均使用互联网的年限为11.2年。从连接网络的方式来看，青年人使用网络的方式较为多元且以移动端互联设备为主导，全部的调查对象都有使用智能手机上网的经历，其次是台式电脑，占比为75.9%。使用笔记本电脑上网占比56.4%，使用平板电脑上网占比53.5%。青年最常用的上网方式是通过智能手机，占比87.9%，位居第一并超过台式电脑80.5%的比例。

其次，既然智能手机是青年人最常使用的上网方式，那么互联网对青年人现实生活的建构也可以清晰地反映在智能手机这一媒介当中。智能应用程序（即APP）是智能手机各类功能的具体表现形式。调查数据显示，使用最多的手机APP类型排名前三位分别是社交类、游戏类与资讯类，分别占比100%、69.1%和65%。排名后三位的分别是医疗类、健康类和教育类，分别占比12.6%、21.9%和22.1%（见表1）。互联网和社交网络可以提供大量的网络信息交流平台以满足青年人的需求。同时，各种类型的智能游戏也丰富了青年人的业余生活，使青年人在面对生活和工作压力时得以放松。

表1　青年人在手机上经常使用的APP类型

单位：%

APP类型	百分比
社交类	100.0
游戏类	69.1
资讯类	65.0
娱乐类	62.7
工具类	49.7
金融类	27.0
教育类	22.1
健康类	21.9
医疗类	12.6
其　他	0.3

自互联网逐步发展并推广以来，社交类 APP 以其独特的“连接”功能成为必不可少的网络应用。社交类 APP 直接促成了一个人与多个人同时的双向互动。不论是微信还是 QQ，社交网络成员构成的复杂程度都很高，社交 APP 可以帮助人们完成以往不可能完成的任务。传统社交多是“人以类聚”，但社交 APP 实现了串场社交的效果，一个人可以同时与多个不同类型的群体沟通。

由表 2 看出，青年的微信联系人覆盖的社会关系更广，从亲密关系到同事、同学、工作关系等。相对而言，QQ 联系人中同事、工作关系/客户比例相对较低，说明其职场属性相对较弱。这一点与中年人存在差异，同事在中年人的微信和 QQ 中所占比例分别为 90% 和 85%，均高于青年群体的该比例，显示出中年人在使用社交网络时较为显著的职场属性。

表 2　青年人 QQ 和微信好友中主要联系人

单位：%

您的好友主要有哪些人	QQ	微信
家人	66.0	97.6
亲戚	57.4	92.6
同事	68.7	88.4
同学	65.5	86.2
日常生活中的朋友	54.7	80.5
工作关系/客户	41.4	62.2
邻居	31.3	54.5
通过社交网络认识的人	33.8	48.5
老师/学生	20.0	31.1
商家/中介	8.5	16.1

本报告尝试将微信功能分为四类，分别是社交沟通类、知识获取类、休闲娱乐类和生活工具类。根据调查，青年对不同类型微信功能的使用比例分别如下。

社交沟通类：发消息 93.2%、朋友圈 90.9%、视频聊天 88.5%、微信群 84.8%、发红包 74.5%。

知识获取类：公众号 58.3%、腾讯新闻 49.2%。

生活工具类：转账 56.2%、购物 49.6%、扫一扫 49.4%、发送/共享地理位置 44.1%、微信运动 18.1%。

休闲娱乐类：玩游戏 49.1%、摇一摇 27.7%。

（二）随身伴侣：80后和90后网络原住民与社交网络

互联网和社交网络对青年的首要影响就是丰富了青年获取知识和信息的渠道。从数据来看，86.8%的青年人认为使用社交网络可以增加知识的获得，其中增加最多的类别是生活常识类，占比为 64.8%；其次是拓宽人生视野，占比 47.7%；第三位是专业知识的增加，占比 40.9%。

社交网络之所以能够赋予青年人生活更多的选择，其中重要的一点在于社交网络具有包容的特征。这种包容性体现在两个方面：一方面，任何人只要具备一定的基础设施就可以进入这个平台；另一方面，社交网络所提供的多样性功能可以满足不同群体的需求。通过社交网络，34%的青年认为完全可以找到自己需要的服务，52%的青年人认为基本上可以找到自己需要的服务（见图 2）。对青年来说，社交网络可以增加青年人表达诉求的机会，社会交往的形式和渠道更加多元化。

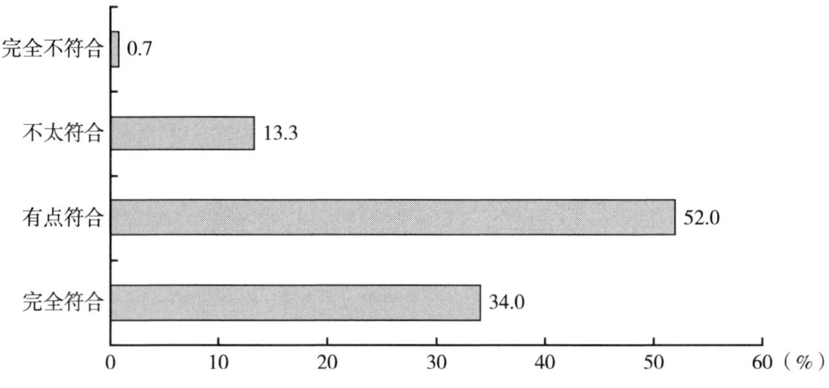

图 2　青年人可以在社交网络上找到其需要的服务

互联网和社交网络对青年人日常生活的多个方面都具有实质意义。数据显示，相对于中年人，互联网对青年在学习新的知识技能、联络老朋友、发现好的机会和增加工作收入方面的影响更为显著。如表3所示，通过使用互联网和社交网络，73%的青年获得了有用的信息，63.8%的青年学到了新的知识技能，52.8%的青年人扩大了人际交往圈，41%的青年找到了很多老朋友，34.9%的青年发现了更好的机会，24.3%的青年增加了工作收入。可见，互联网和社交网络对青年在资源、工作、技能、社交等多方面都具有积极意义。

表3　青年人使用互联网和社交网络的收获

单位：%

使用互联网和社交网络的收获	青年	中年
获得有用的信息	73.0	75.9
学到新的知识技能	63.8	60.5
扩大人际交往圈	52.8	55.0
找到很多老朋友	41.0	28.1
发现了更好的机会	34.9	30.8
增加工作收入	24.3	21.2

社交网络的休闲娱乐功能逐渐成为一种稳定的消遣方式。数据显示，青年对社交网络上最感兴趣的内容是吃喝玩乐，占比66.5%；其次是生活常识和趣闻趣事，分别占比53.7%和45%。青年人更多关注享受型和娱乐型的服务。相比社会主流的中年群体来说，青年人的兴趣和关注点有所不同。

此外，56.2%的青年会玩社交网络上的游戏。其中，47.4%的青年会主动和好友进行互动，28.9%的人会关注好友的情况但不主动互动，23.7%的人不会互动（见表4）。可以看出，使用社交网络的青年人会选择玩游戏作为其休闲娱乐的方式。在休闲娱乐的同时，青年人也会倾向于与他人进行互动，在互联网和社交网络所提供的匿名化平台上，青年人可以表现自己真实的互动意愿而不被各种现实性因素所拘束，从而得到一种真正的放松和消遣。

表 4　在社交网络上玩游戏时，青年人与其他好友的互动状况

互动情况	百分比
会主动和好友进行对比、互动	47.4
会关注好友玩游戏的情况，但不会主动互动	28.9
不会主动互动，我只玩自己的就好	23.7
总　计	100.0

大学生调查数据同样显示了青年对互联网的情感性参与。数据显示，68.8%的大学生把网络当成一个日记本记录自己的心情，超过95%的大学生会通过网络进行休闲娱乐，比如网络视频、音乐或游戏等。

表 5　大学生对互联网的日常参与

单位：%

	把网络当成一个日记本，记录自己的心情	通过网络（如网络视频、网络音乐、网络游戏）来进行休闲娱乐
从　不	31.2	4.4
偶　尔	39.3	23.2
有　时	19.2	31.8
经　常	10.3	40.6
总　计	100.0	100.0

当然，互联网和社交网络也使青年人产生一定的依赖性，影响他们的日常生活。很多青年人表示自己在社交网络上花费大量时间，甚至出现了手机不能离身的现象。调查数据显示，94%的青年人表示出门不带手机感到很不习惯，86.8%的青年人无法适应从智能手机换到普通手机，73%的青年通常每隔15分钟至少看一次微信/QQ等社交软件，80.5%的青年人尝试过没事的时候不看微信/QQ等社交软件但很难（见表6）。这反映出青年对互联网和社交网络产生很大程度的依赖性。青年人在使用互联网和社交网络时还应有理性的态度，让互联网和社交网络灵活地融入生活中，赋“正”能、减“负”能才是社交网络产生并发展的最终目的。

表6　青年人对互联网和社交网络的依赖程度

您是否有以下经历	百分比
出门忘带手机感到很不习惯	94.0
无法适应从智能手机换到普通手机	86.8
睡觉前躺床上时还在看微信/QQ 等社交软件	85.8
手机无法接入互联网(只能通话或短信)感到焦虑	84.4
尝试过没事的时候不看微信/QQ 等社交软件但很难	80.5
参加聚会时也经常独自看微信/QQ 等社交软件	78.8
通常每隔 15 分钟至少看一次微信/QQ 等社交软件	73.0
工作、开会也常常看微信/QQ 等社交软件	71.3

三　网络参与对青年社会交往的丰富

（一）寻找“同好”：线上与线下的连接

以互联网为媒介的趣缘群体能够减弱现代化进程中的社会分化，使日趋原子化的人们在文化上得到重聚。在日益变迁的社会之中，人们的兴趣也变得多种多样，兴趣由同一性逐步向差异性转化。青年是有着广泛兴趣的群体，有很多独特的兴趣因其生活圈子狭小而不能得到充分满足，大多数青年人认为自己没有什么特别的兴趣，其中重要的原因之一就是缺乏一个稳定的群体来促使个人发现其兴趣并使兴趣得以维持。调查数据显示，在使用社交网络的青年人之中，59.7%认为其拥有一批有共同兴趣的朋友，40.5%认为其能找到培养和发展这些兴趣的平台，仅有6.5%的青年人认为其自身的兴趣很边缘，不好说出口。

大部分生活在互联网和社交网络内的青年人能在网络平台中找到与自己有共同兴趣的群体，并且能够在平台内扩大自己的兴趣范围。这凸显了互联网打破时空媒介的性质特点，使青年人发展兴趣的机会增多。但在对青年人兴趣的支持网络进行分析时，在与社交网络使用者关系密切的现实群体之中，同父母、男/女朋友等有直接接触的群体支持青年人兴趣爱好的比例较低，所占比例分别为30.3%和14.7%。由此看出，社交网络下兴趣的发展更加倾向于个体化和私人化，即便在亲密关系中，一个人的兴趣也可以表现出独立于他人的特点。这种社交网络下趣缘群体的连接需求是不断增多且尤为重要的，是满足青年人精神生活和促进自我实现的重要途径。

值得注意的是，调查数据显示，将社交网络中共同兴趣拥有者的集合拓展到兴趣小组时，参加兴趣小组的青年人仅占15.6%。并且在是否参加兴趣小组的问题中引入年龄变量，结果显示随着年龄的不断提高，青年人选择参加兴趣小组的意愿也逐渐降低。兴趣小组（或说兴趣共同体）是兴趣发展到一定阶段的一种集群形式，青年人虽然能在互联网与社交网络中广泛寻找到与自己有共同兴趣的朋友，但他们可能并不愿融入某个集体。

此外，青年人不仅可以与“虚拟”的线上群体进行交流，线上群体在经历一段时间的接触后可能向线下发展，社交网络成为线上与线下的沟通媒介，融合虚拟世界与现实生活。以中国最庞大的线上网络社区——百度贴吧为例，青年人可以根据自己的兴趣主动加入不同类型的贴吧，并在其中畅所欲言，寻找到志同道合的朋友，从而增添了一种归属感。与此同时，贴吧的主办方时常以贴吧的名义进行线下互动，在线下活动中青年人可以使用虚拟网络中的昵称，讲着贴吧的专属语言，在风趣诙谐的气氛中进行和谐的互动。这种社交活动在满足青年人的社交需求时，也增加了青年人对自身文化的认同，提高了群体的归属感和认同感，在一定程度上促进了个人兴趣的发展。

（二）促进亲密关系还是强化代沟

青年人大多处于职业生涯的初期或职业生涯的上升阶段。为了追求更好的工作或者职业地位，不少人选择背井离乡，来到机会和选择更多的城市发展。长时间漂泊在外的青年较难与亲人朋友保持亲密的社交关系，很多社交关系由于长时间的搁置而逐渐淡化，但随着社交网络的发展，青年人维持亲密关系有了新的途径。

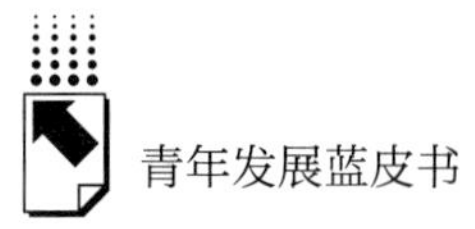

数据显示，53.2%的青年人认为使用了社交网络之后与父母的联络频率有所增加，30.9%的青年人认为使用社交网络之后与父母的关系更加亲近，仅有2.2%的青年人认为使用社交网络之后与父母的关系比以前疏远（见图3）。

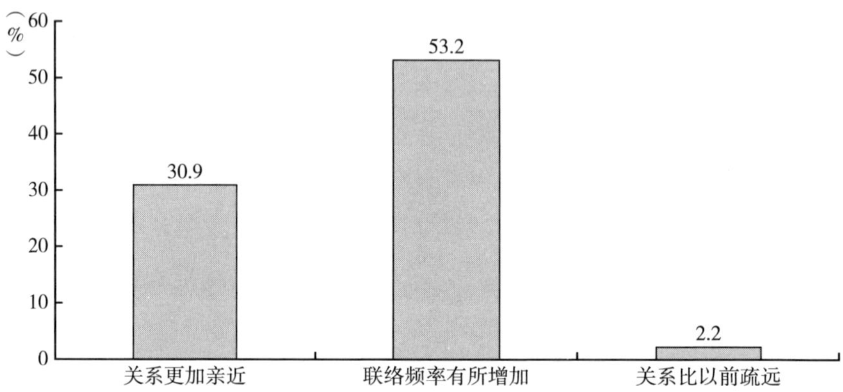

图3　使用微信、QQ等社交软件之后，青年人与父母关系的变化

另外，社交网络也有可能凸显不同群体间的代沟。调查显示，70.8%的青年认为在社交网络上与父母之间的沟通存在着代沟。其中，42.6%认为在聊天语言的使用上存在代沟，37.3%认为在网络表情的理解上存在代沟，34.7%则认为在关注的信息类型上存在代沟，在社交网络的使用习惯和使用频率上的代沟占比较小，分别为27.9%和12.8%（见图4）。

从上述数据可以看出，虽然青年在使用社交网络时，与父母的亲密关系得到稳定和提升，但在沟通的过程中，也可能强化不同代际的差异。这一方面由于代际本来存在的生活习惯和价值观念之间的差异，另一方面也与社交网络的特征有关——在社交网络这样一个高包容性、多元化的平台上，青年和中老年都可以构建自己的文化，并且在很大程度上打破了原有的社会文化秩序。这并不是容易接受新鲜事物和高科技的青年就天然地占据主导权，也并不是社会经济地位稳固的中年人和老年人就天然地拥有所有领域的话语

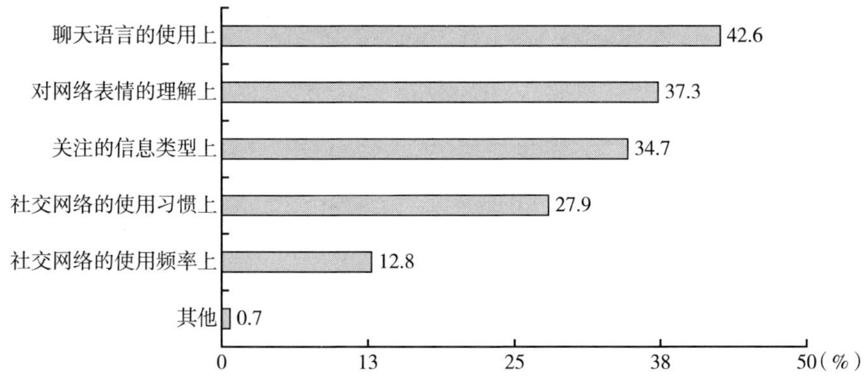

图4　在社交网络上青年人与父母沟通的代沟情况

权。所以，促进亲密关系和强化代沟在社交网络中和谐共存，塑造了一种流动的、不断协调的代际关系。

（三）连接社会关系与新型就业模式

互联网和社交网络以潜移默化的形式影响着青年人的职业生涯，并且内化成一种稳固的工作与生活交织的生活方式。首先，在使用互联网和社交网络的过程中，青年人的求职机会与渠道逐渐拓宽，通过互联网与社交网络找工作已经成为青年人求职的流行方式；其次，职场中的互联网和社交网络逐渐演变出一种新的工作方式，通过社交网络进行工作任务的沟通、工作进度的汇报。社交网络带来的虚拟和现实的交织促进了青年人求职方式的多样化，也推动了一种多维工作方式的形成。

随着社会分工的细化，职业类型远远超出了传统的职业分类，互联网和社交网络的发展衍生出一大批新兴职业；同时，作为资源信息平台，互联网和社交网络在很大程度上拓展了人们的求职机会。数据显示，86%的青年认为社交网络可以增加职业和工作机会。

首先，社交网络通过联结各类社会关系，包括强关系和弱关系以及血缘关系和非血缘关系，增加了青年求职就业的渠道。弱关系是指人们由于交流和接触而产生的联系较弱的人际交往纽带，它是社会不同集群之间传递信息的有效桥梁，两个人的圈子重叠程度越低，两个人之间的关系越弱。美国社会学家马克·格兰诺维特在居民如何找工作的研究中发现，相比亲密的朋友，那些平时很少联系或不怎么熟悉的人更能够发挥作用。①事实上，弱关系在青年人求职过程中发挥的作用越来越重要。社交网络有着显著的信息分享功能，青年基于不同社会关系的沟通往往能获得更加有效的信息。

数据显示，40.2%的青年人表示都有过通过社交网络找工作的经历，其中通过微信朋友圈的比例为30.6%，通过微信群求职的比例为28.5%，通过微信好友求职的比例为26.7%，通过QQ求职的比例为17.6%（见表7）。可见，青年通过社交网络求职逐渐成为一种趋势。

表7　青年人（曾经）通过微信、QQ等社交网络找工作的状况

方式	百分比
通过微信朋友圈	30.6
通过微信群	28.5
通过微信好友	26.7
通过QQ	17.6
从未通过社交网络找过工作	59.8

在互联网和社交网络中寻找工作的青年主要受到以下群体的帮助，分别是：直系亲属占比20.5%、同事/前同事占比18.6%、同学占比18.5%、远房亲戚占比7.7%、同乡占比5.3%、见过没几次的普通朋友占比3.1%以及陌生人占比0.9%。从上述数据看出，在社交网络上帮助青年人找工作的主要是同学、同乡、同事等非血缘关系者，占比超过40%，而直系亲属、远房亲戚占比相对较低，为28.2%。同样，在最后成功帮助青年人找到工作的群体中，同学、同乡、同事占到35%，高于直系亲属和远房亲戚的比例

① Granovetter, Mark S. 1973, "The Strength of Weak Ties." *American Journal of Sociology*, Vol. 78 (6), 1360 - 1380.

（20.9%）。

其次，求职机会的拓展还表现在职业和就业观念的转变上。社交网络时代，青年逐渐认同一种符合自身兴趣并且能够实现自我价值的新型就业观念。例如打游戏也能赚钱、网上直播可以作为职业并满足日常生活需求，更有机会月入百万元；甚至在微信上也可以轻轻松松做商人。这些观念的产生给青年人带来了新的机遇和挑战。

一方面，职业类型增加，青年人可以根据自己的兴趣和爱好求职。在青年对社交网络相关职业的选择中，我们发现排名前三的职业分别为微商、公众号写手、电子游戏玩家，其分别对应的百分比为 30.3%、18.6%、16.8%，半数以上的人都愿意尝试在互联网和社交网络上进行职业选择（见表8）。可见，以一种虚拟网络平台为基础构建起的新型就业模式正在开启，青年人更倾向于接受这类尝试并将其作为自己的职业。

另一方面，网络平台的职业存在相当程度的风险性和不稳定性。例如在某平台一时名声大作的游戏主播，因其娴熟的游戏技术和风趣幽默的解说走红，但被举报找人“代打”之后，却引来无数骂名，不但丢了工作更丢了名声。由此可见，互联网和社交网络增加了青年选择职业的机会，但也存在一定的风险。如何选择感兴趣的职业且要持续发展，是社交网络时代的青年必须面对的问题。

表8　青年愿意选择的职业

职业选择	百分比
微商（在朋友圈做生意、微店、代购等）	30.3
微信公众号写手、主编	18.6
电子游戏玩家	16.8
微公益组织者	13.0
直播平台主播	12.8
粉丝论坛组织者	3.9
以上都不愿意	45.6

（四）工作与生活的交织

大多数青年愿意通过微信等社交网络平台进行工作。70.4%的青年表示愿意在工作中使用微信，23.4%的青年不太愿意在工作中使用微信但由于工作需要不得不使用微信，仅有6.2%的人表示不愿意在工作中使用微信（见表9）。

表9 青年人在工作中使用微信的态度

态度	百分比
我愿意在工作中使用微信	70.4
我不太愿意在工作中使用微信，但由于工作需要我不得不使用微信	23.4
我不愿意并且确实不在工作中使用微信	6.2
总　计	100.0

相对而言，中年人则显示出了更高的“自由度”，11%的中年人不愿意并且确实不在工作中使用微信。这可能由于中年人在职场比较资深而带来的工作方式上较高的“自由度”，但也可能反映了青年对新科技更高的兴趣。青年和中年人愿意在工作中使用微信的比例分别为70.4%和67%。

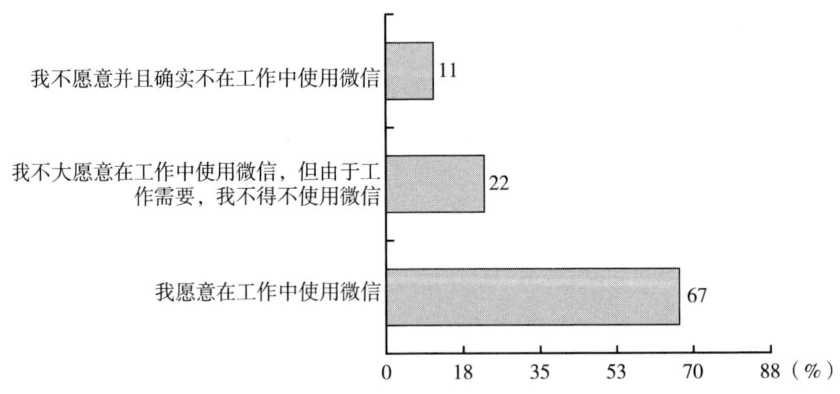

图5 中年人在工作中使用微信的态度

职场中加好友行为表明青年人有意愿或者有倾向继续和“好友”保持联系，半数以上的青年在上述两种情况中都表示接受或者可以考虑，尤其是选择视情况而定的人数占很大比例。数据显示，10.8%的青年人对在工作场合见面的人会主动加对方好友，47.4%的青年人认为要视情况而定；17.8%的人会接受别人在工作场合主动加好友的请求，50.8%的人认为要视情况而定（见图6）。

有意思的是，当别人要求添加自己为微信好友时，多数情况不会接受的比例为30.6%，比不会主动加别人为微信好友的比例低了近10个百分点。可以理解，出于礼貌、尊敬等因素，对别人的邀请会比较难以拒绝。

此外，我们发现男性更倾向于主动添加别人为好友，也更加倾向于接受别人的好友请求；女性相对于男性而言在两种情况中选择视情况而定的比例更高。

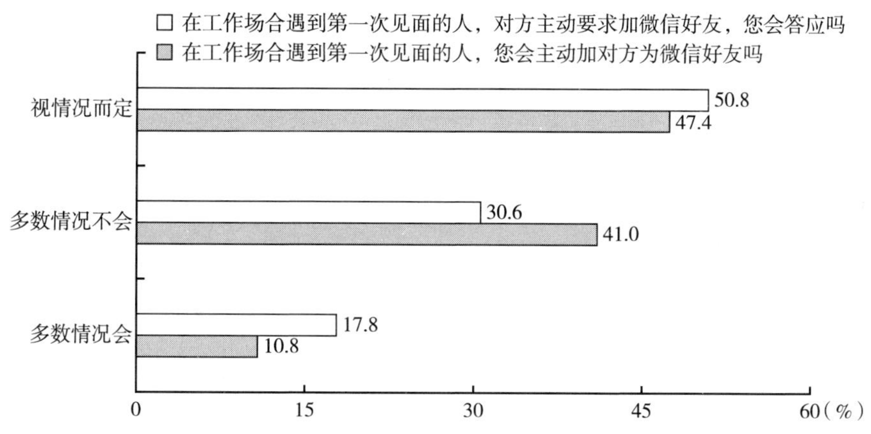

图6　在工作场合见面的人您是否会主动加/接受别人邀请加为好友

前文提到，在玩社交网络上的游戏时，47.4%的人会主动和好友进行互动，28.9%的人会关注好友的情况但不主动互动，23.7%的人不会互动，可见，在休闲娱乐时，青年人更倾向于与他人进行互动，不再有职场社交的压力。

互联网和社交网络的使用，很大程度上模糊了工作和生活的边界，这对青年的工作方式和生活方式都有重要影响。一方面，提升了工作效率，超越了原有的工作局限。五成以上的青年认为微信拓宽了业务范围、加强了与客户的沟通、提高了沟通效率、使工作更加灵活（见表 10）。另一方面，18.5% 的青年认为微信的使用让工作与生活的界限不明显，7.4% 的青年认为微信增加了工作负担，9.9% 的青年认为微信让人感觉时时刻刻都在工作。而通过与中年人的比较来看，青年总体更认同微信在工作中的积极作用，选择提高沟通效率、使工作更加灵活、拓展了业务范围、加强与客户沟通的比例都高于中年人。

表 10　微信在工作中的使用状况

相关看法	百分比
微信提高了我与同事沟通的效率	59.8
微信使我的工作更加灵活	59.1
微信加强了我与客户的沟通	58.1
微信拓展了我的业务范围	53.7
微信可以让老板更方便地联系上我	30.9
微信的使用让我工作与生活的界限不明显	18.5
微信让我感觉时时刻刻都在工作	9.9
微信增加了我的工作负担	7.4

四　青年的网络文化参与和公共参与

青年是社会中最活跃的群体，也是对待互联网最积极的群体。互联网和社交网络为青年人提供了一个新的平台，青年人能够获得更多机会和发展来与主流社会秩序进行对话和博弈。他们并不试图取代主流文化，而是借助互联网和社交网络开辟出新的社交和文化场域，以此来进行自我表达和自我实现。

（一）网络参与场域的转换

网络参与场域的转变赋予了青年人与以往相比不同层次的能力，社交网络对青年人来说最突出的特点是使该群体具有了很大的空间弹性。互联网和社交网络给青年人提供了一个新的机会结构。这种新的机会结构突出表现在青年人从传统的“面对面”式社交向虚拟的社交网络平台转换，而在此过程中，不同代际青年网络参与的场域也在进行转换。

中国的 70 后和 80 后是使用社交网络的第一代青年。当年在大学和网吧里，满眼望去都在使用 QQ 聊天，随着年龄增长，第一代使用互联网的青年逐渐转化成中年人也就是社会主流群体，然而主流群体愈发脱离 QQ 这个曾经属于他们的社交网络平台。现在的 90 后和 00 后才是 QQ 社交网络的主力。调查发现，在使用 QQ 的各项功能上，90 后和 00 后都超越了最早使用 QQ 的 70 后和 80 后。

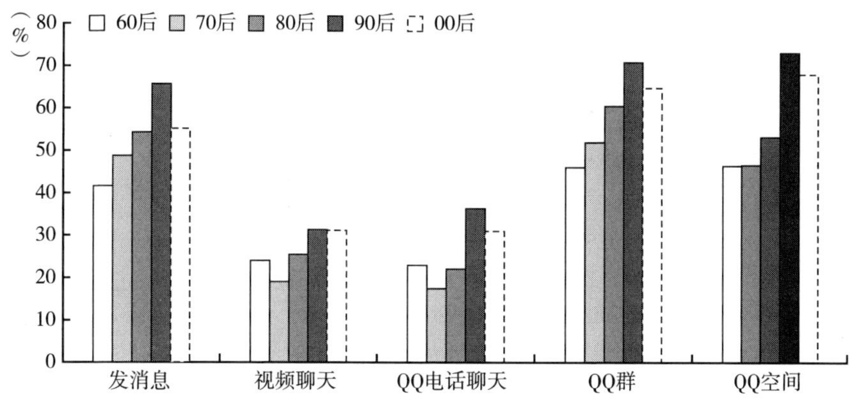

图 7　不同代际人群对 QQ 主要功能的使用情况

从社会权利的视角来看，90 后和 00 后在使用 QQ 的各类功能上的突出并不是青年人刻意标新立异。在某种意义上，它或多或少体现了青年人对主流社会压迫的一种反抗。放到更大的社会环境来说，这是一种对社会权利不平等的抗争形式。青年人用自己独特的语言和符号展现出与社会主流群体不

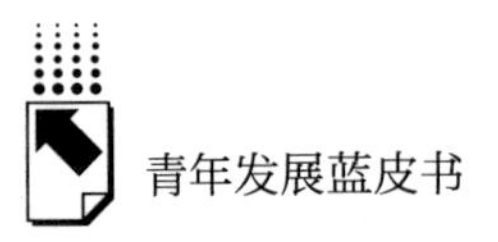

同的沟通方式，他们在社交网络的使用中表现出族群化的特征，在表达其诉求的同时，在社交网络上找到了一定的归属感。

（二）提升青年的话语权和文化认同

青年人在互联网和社交网络中选择成为会员，一方面表现出青年人在网络中获取更多服务和知识的倾向，会员相对于非会员来说常常能得到更多的信息和优惠；另一方面，“会员制度”将拥有共同爱好和志趣的群体进行整合，青年在共同体中能够提升自我认同，增强归属感。具体而言，购买过会员服务的人在互联网和社交网络上往往具有自己的标签（VIP），在拥有共同标签的群体内部，青年可以使用专有的话语体系进行沟通，发展群体内部的独特文化。

调查数据显示，青年群体中购买网络产品会员的比例为21.2%，没有购买网络产品会员的比例为78.8%。但是在购买会员的青年群体中，58.9%的青年人认为购买会员使他们得到了别人没有的信息，54.8%的青年人认为购买会员使其享受更优质的商品、服务，40.3%的青年人认为以会员资格长期使用可以省钱，44.4%的青年人认为购买会员满足了自己的兴趣爱好（见表11）。

表11　青年人购买会员资格所获得的增值服务

获得的增值服务	百分比
得到了别人没有的信息	58.9
享受更优质的商品、服务	54.8
满足了自己兴趣爱好的需要	44.4
以会员资格长期使用可以省钱	40.3
有了更多选择	20.2
群体归属感得到了实现	10.5
觉得自己与众不同	6.4
不看广告	0.8

从青年购买互联网和社交网络会员的花费来看，花费在100元以下的占45.97%，花费101～500元的占44.36%，花费501～1000元的占3.25%，1001～5000元的占6.45%（见表12）。数据表明，青年购买网络产品会员花费并不高，500元以上花费的人数占比不足10%。这也与当下大部分网站的会员准入费用普遍不高有关系。拿常见的QQ平台举例，花费几十元就能享受到很多增值功能，从而使得经济能力较弱的青年也能够享受会员资格所带来的益处。

数据表明，10.5%的青年在购买会员后提升了群体归属感，20.2%的青年认为购买会员后自己有了更多选择，6.4%的青年认为购买会员之后觉得自己与众不同。

表12　青年人购买网络产品会员的花费状况

花费	百分比
100元以下	45.97
101～500元	44.36
501～1000元	3.25
1001～5000元	6.45
总　计	100

当然，会员制度也可能增强青年群体内部的隔离，形成“会员”与“非会员”的差异。例如，在网络游戏中，充值的玩家享有会员的资格，从而可能对没有会员资格的玩家产生歧视，在群玩家内部形成某种不公平。这种隔离与经济条件、城乡差异、受教育机会等社会不平等机制有关。

在互联网和社交网络之中，青年人话语权得到有效的提升。从调查数据来看，30.8%的青年非常同意社交网络增强了话语权，54.5%的青年人比较同意社交网络增强了话语权。37.6%的青年人非常同意在社交网络中可以自由表达自己的意见，55.2%的青年人比较同意在社交网络中可以表达自己的意见（见表13）。通过以上数据可以看出，青年人的话语权在社交网络上得以彰显，自由表达意见的特征更为显著。

表 13　青年人关于社交网络的话语权

单位：%

说法	增强了年轻人的话语权	我可以自由表达自己的意见
非常同意	30.8	37.6
比较同意	54.5	55.2
不太同意	13.3	6
非常不同意	1.4	1.2
总　计	100	100

青年比较认同社交网络时代新兴的青年文化，反映了青年对形成和强化话语权的诉求。76.6%的青年认为在社交网络时代，网络游戏直播平台的主播也可以是正当职业；78.9%的青年认为在社交网络时代，杀马特等非主流文化也可以有自己的平台。对社交网络塑造的青年新型职业和流行文化的认同，体现了青年群体用一种新的文化为自己“代言”。

（三）拓宽青年参与公共生活的渠道

虽然青年人表示自身的话语权有所提升，能更自由地发表言论，但是对公共生活的参与程度并不深，表现在公共热点事件方面为“看而不评”。数据显示，58.2%的青年人对公共热点事件选择只阅读，8.5%的青年人选择只转发，10%的青年人选择跟帖评论，18.9%的青年人选择转发并评论，而4.4%的青年人则表示不关心。由此可见，青年对公共生活的关注程度较高，但是并不太愿意积极表达自己的观点和态度。

表 14　青年人如何对待互联网和社交网络上的公共热点新闻

如何对待互联网和社交网络上的公共热点新闻	百分比
只阅读	58.2
只转发	8.5
跟帖评论	10.0
转发并评论	18.9
不关心	4.4
总　计	100.0

大学生对公共生活的参与程度相对较高。调查显示，14.6%的大学生和毕业生表示经常通过网络（如论坛、BBS、微博等）发表自己对时事或社会事件的看法和评论，另有63.7%有时或偶尔发表相关看法和评论（见表15）。

表15　大学生通过网络发表对时事热点看法的频率

	百分比
从不	21.7
偶尔	39.9
有时	23.8
经常	14.6

大学生对微信在公共生活中的作用总体倾向肯定。66.1%的大学生和毕业生同意微信有助于对政府及官员的舆论监督，69.5%的大学生和毕业生认为微信已成为最具影响力的传播媒体，而只有32.6%的被访者认为微信加剧了不同网民群体、网民与政府之间的对立情绪。但是大学生对微信自媒体的作用并没有盲目乐观，只有31.2%的被访者认为微信使人人都可能成为引导社会舆论的意见领袖。大学生同时意识到微信谣言的负面影响，58%的被访者认为微信谣言降低了互联网信息的真实性。

表16　大学生对于微信在公共生活中作用的态度

单位：%

	很同意或比较同意的比例
微信已成为目前最具影响力的传播媒体	69.5
微信的出现，有助于推进舆论对政府及官员的监督	66.1
微信已成为社会事件的舆论源头	42.1
微信使人人都可能成为引导社会舆论的意见领袖	31.2
微信上谣言滋生，大大降低了互联网信息的真实性	58.0
微信加剧了不同网民群体之间、网民与政府之间对立情绪	32.6

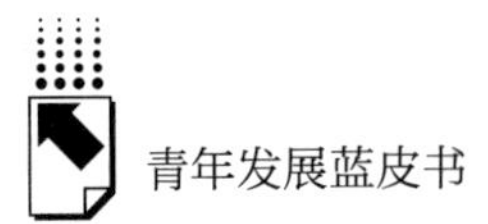

互联网和社交网络为人们维护自身权益提供了一种新的途径。数据显示，当权利受到侵害时，32.5%的青年人会选择使用互联网和社交网络进行维权，67.5%的青年人不会使用互联网和社交网络进行维权。这一方面反映了青年维护自身利益的意识还有待提升，另一方面也反映了互联网和社交网络的局限性，青年可能更倾向于通过行政制度化的渠道来寻求解决方案。

在使用互联网和社交网络进行维权的青年群体中，71.1%的青年人选择在网络上查找信息，看其他相似经历的人如何表达；71.6%的青年人选择发帖投诉，让更多的人知道；34.7%的青年人选择加入网络群体，参加线上讨论；32.1%的青年人使用邮件的方式向相关部门进行投诉；表示愿意参加线下活动进行维权的比例较低，只有18.9%的青年（见表17）。

表17　青年人使用互联网维权的方式

维权方式	百分比
查找网络信息，看其他相似经历的人如何表达	71.1
发帖投诉，让更多的人知道	71.6
加入网络群体，参加线上讨论	34.7
发邮件给相关部门投诉	32.1
加入网络群组，参加线下活动	18.9

五　青年网络参与的展望

基于以上研究发现，总体上更多看到的是互联网在青年个体生活和公共生活中的赋能作用。一方面是工具性的赋能，青年通过社交网络与互联网获取各类信息，在日常生活、社会交往、就业择业和公共生活参与的过程中获得更多机会和选择，从而实现生活的丰富与重构；另一方面是情感性和权力性的赋能，青年借助互联网开辟出新的社交场域和文化场域，从而塑造其独特的社会交往模式和文化模式并表达自己的诉求，获取更多的社会权力，从而形成了青年群体的“想象的共同体”。

但是，我们也应该注意到，互联网和社交网络的复杂性和风险也对青年产生一定影响。互联网中存在暴力、欺凌、诈骗以及不文明和不实信息的传播，青年群体中也存在一定程度的网络和智能手机依赖情况。需要政府、互联网平台和青年自身共同努力，营造出安全友好的互联网环境，构建积极健康的互联网生活方式。

首先，应当进一步完善互联网安全环境，加强对虚假信息、网络诈骗以及网络霸凌现象的监控、防范与治理，互联网平台努力开发和提供高效、优质、安全的互联网产品和服务，通过政府和平台的共同努力，创造健康、安全的互联网环境，减少青年与不良信息的接触。

其次，努力营造更加开放、包容、友好的网络环境。研究发现，目前青年公共参与的程度较低，相对而言大学生具有较高的公共参与意愿，应当保护并激发青年公共参与的积极性，构建更为包容、开放的互联网舆论生态，拓宽青年公共参与的渠道，鼓励青年发挥积极主动性来参与经济和社会建设。

最后，青年也应提高网络素养，不仅要提升自身的网络技术能力以增强信息获取和创新能力，也应努力提升信息甄别能力和自我保护能力，营造积极健康的互联文化和生活方式，借助新技术更多地参与公共生活，以正确的“打开方式”分享技术进步的红利。

参考文献

彭榕：《“场”视角下的中国青年网络参与》，《中国青年研究》2012 年第 5 期。

杨成虎：《公众网络参与若干问题探析》，《云南社会科学》2010 年第 3 期。

赵联飞：《现代性与虚拟社区》，社会科学文献出版社，2012。

赵联飞：《中国大学生中的三道互联网鸿沟——基于全国 12 所高校调查数据的分析》，《社会学研究》2015 年第 6 期。

中国互联网络信息中心：《中国互联网络发展状况统计报告》，2018，http://cnnic.cn/gywm/xwzx/rdxw/201801/t20180131_ 70188. htm。

中国互联网络信息中心：《2015 年中国青少年上网行为研究报告》，2016，http：//www.cnnic.cn/hlwfzyj/hlwxzbg/qsnbg/201608/t20160812_54425.htm。

Granovetter，Mark S. 1973，"The Strength of Weak Ties." *American Journal of Sociology*，Vol. 78（6），1360 – 1380.

Madianou，Mirca & Daniel Miller 2013，"Polymedia：Towards a New Theory of Digital Media in Interpersonal Communication." *International Journal of Cultural Studies* 16（2）：169 – 187.

Miller，Daniel 2016，*Social Media in an English Village*. London：UCL Press.

B.14 青年群体参与人民代表大会的情况研究

田 丰 许宁宁*

摘　要： 人民代表大会制度是中国的根本政治制度之一，也是人民政治参与的主要渠道之一。本报告通过收集、整理和分析十二届全国人民代表大会的代表资料，探讨了青年代表与非青年代表之间的差异性，进而论述了青年代表身上存在的特点和问题，并据此提出了相应的政策建议。

关键词： 青年　政治参与　人民代表大会

随着中国经济社会的发展，人们物质生活需要得到较大程度的满足，对政治参与等高层次的需求也更加强烈，近些年来，公民有序政治参与已经成为政府、学界和社会普遍关心的重大研究议题。从全球范围来看，通常认为政治参与是政治民主化和现代化的重要内容，由于近年来各种形式的、以青年人为参与主体的社会运动屡屡爆发，青年人的政治参与更是备受关注。

中国青年人的政治参与带有一定的特殊性，因为中国政治体制与西方国家有根本性的区别，人民代表大会制度是中国人独有的、实现民主的政治参与方式。故而，分析青年人的政治参与，就必须考虑青年人在人民代表大会制度中的参与状况。受到资料的限制，本报告只使用了第十二届全国人民代

* 田丰，中国社会科学院社会学研究所研究员。许宁宁，中国社会科学院社会工作硕士教育中心研究生。

表大会的代表资料，希望通过对代表资料的数据分析，探讨青年人政治参与的状况和特征。

一　人民代表大会制度的历史沿革和发展状况

通常认为，中国的人民代表大会制度于1954年确立，但实际上1954年的《宪法》并没有直接、明确地使用“人民代表大会制度”的概念。在1954年之前，中国过渡时期的国家领导体制采取的是议行合一制，即中央人民政府不仅是最高行政机关，还是最高立法机构。“五四”宪法以1949年提出的《共同纲领》为基础，明确规定“中华人民共和国一切权力属于人民，人民行使权力的机关是全国人民代表大会和地方各级人民代表大会”。虽然“五四”宪法没有直接、明确地使用“人民代表大会制度”的概念，但完全可以认为，人民代表大会制度是在“五四”宪法中被法律规定为中国的根本政治制度。或者可以说，1954年的《宪法》首次明确地从性质、地位和职权上界定了全国人民代表大会和地方各级人民代表大会的权力和职能，第一次从宪法层面确立了人民代表大会制度。

虽然“五四”宪法确立了1954年选举产生的人民代表大会成为国家政权的组织形式和国家政权体系的核心，人民代表大会制度不仅在宪法规范意义上，更在实际政治生活中成为国家根本政治制度。[①] 但是，在现实的政治生活过程中，人民代表大会制度的职能定位和真实作用并不是一直不变的，从20世纪50年代后期的政治运动开始，到20世纪70年代中期的“文化大革命”的结束，各种政治运动尤其是十年“文化大革命”严重阻碍了人民代表大会制度的发展，直到1976年“四人帮”被粉碎之后，全国人大常委会才逐渐恢复活动。1978年2月，第五届全国人民代表大会第一次会议在北京召开，紧接着地方各级人民代表大会逐渐恢复常规活动。1982年12月4日第五届全国人民代表大会第五次会议颁布了1982年《宪法》，重构和加

① 俞可平：《中国政治发展三十年》，《河北学刊》2008年第5期。

强了人民代表大会制度，再一次确认了全国人民代表大会和各级人民代表大会的权力和职能。随后的三十多年中，人民代表大会制度不断完善、日益成熟、有效发挥政治能量，逐步成为反映人民当家做主的主要组织形式、维护整个国家政权体系平稳运作的核心制度，人民代表大会制度全面、直接和充分地反映了“一切权力属于人民”的本质。

从改革开放到现在，中国经济社会取得了巨大成就，为适应社会经济发展的迫切需要，各级人民代表大会也在不断改革和完善，人民代表大会制度在中国政治生活中帮助各类社会人群通过正常渠道参与政治生活的主渠道作用变得日益重要，其发展主要体现在以下四个方面。

第一，人民代表大会制度建设日益完善。人民代表大会制度是人民当家做主、依法治国的最根本政治制度安排，是实现人民当家做主、依法治国的途径和形式，体现了有中国特色社会主义民主的特点。人民代表大会制度作为具有中国特色、人民当家做主的政治制度体系中重要一环，近年来在各级人大代表选举、组织结构、议事规则、议案处理、工作规程等方面形成了系统性的工作制度。系统性工作制度的建立意味着人民代表大会制度建设日益完善，其政治参与的渠道作用日益彰显。

第二，推动中国的基本法律体系不断前进。人民代表大会制度既是体现民主参政议政的机构，更是立法机构，人大及其常委会在立法工作中发挥着主导作用，依法行使立法权、监督权、决定权、任免权。各级人大及其常委会既是同人民群众保持密切联系的代表机关，也是担负起法律所赋予职责的工作机关。最近五年来，为了配合时代的发展和进步，经济、社会、政治、文化、生态文明等领域的重大立法先后出台，十二届全国人大期间制定法律22 件，修改法律 110 件次，通过有关法律问题和重大问题的决议决定 37件，做出法律解释 9 个。与以往相比，最近五年立法数量多、分量重、节奏快，进一步完善了中国特色社会主义法律体系，保障和促进了深化改革和稳定发展。

第三，各级人民代表大会强化监督作用。2007 年开始实施的《中华人民共和国各级人民代表大会常务委员会监督法》明确阐述了：“各级人民代表大会常务委员会每年选择若干关系改革发展稳定大局和群众切身利益、社会普遍关注的重大问题，有计划地安排听取和审议本级人民政府、人民法院和人民检察院的专项工作报告。”可见，各级人民代表大会监督作用受到法律保障，其监督检查、审查审议、任免质询的功能在不断加强。

第四，人大代表选举制度日益完善。根据《中华人民共和国全国人民代表大会和地方各级人民代表大会选举法》，县级以下人民代表大会代表实行直接选举，这意味着在基层人大代表选举过程中，民主性因素和竞争性因素得以加强。同时，在各级人民代表大会代表的选举过程中普遍实施了差额选举的方式，进一步体现了社会主义民主。

在人民代表大会制度取得不断进步的同时，需要注意还存在着一些问题。一是人大代表错位的现象。一些地方对社会主义民主缺乏争取的认识，把人大代表视为荣誉称号和政治资本，忽视了人大代表真正的功能定位，造成代表功能与代表定位之间的错位现象。二是人大代表与选民之间沟通机制不健全。民众往往不知道人大代表的身份背景，人大代表在选区内参与的社会活动明显偏少。三是人大代表的素质有待提高。一部分人大代表把参政议政视为形式化的内容，难以提出真正关系到国计民生的议案和建议。

综上所述，人民代表大会制度是中国特色社会主义国家中最根本的政治制度之一，它不仅是代表中国全体人民行使国家权力的机构，也是监督国家行政机关、审判机关、检察机关的重要机构，还是中国的唯一立法机关。因此，通过对人大代表的分析，可以分析出中国民众政治参与的基本状况。

二　青年政治参与

政治参与这一概念包含着非常多的研究议题和内容，分析青年人的政治参与必须从概念上厘清政治参与，清晰地界定政治参与的概念也是进一步分析青年人政治参与行为的基础。陈振明和李东云总结了国外学者孔奇对政治参与概念界定的诸多研究之后，提出政治参与应该被定义为：公民试图影响政府决策的非职业行为。[①] 其原因在于：政治参与的主体是全体公民，不需要区分动员参与和自动参与，包括合法的和非法的行为，或者说包括制度内和制度外的参与途径。伴随着经济转轨、社会转型和政治改革的逐步深入，我国公民政治参与的形式从之前的革命型、动员型的政治参与，彻底转变为建设型、自主型的政治参与。从研究的角度来看，王明生、杨涛把改革开放以来政治参与研究分为三个阶段：政治参与研究的起步阶段（1978～1989年）、政治参与研究的稳步发展阶段（1990～2000年）、政治参与研究的繁荣发展阶段（2001～2010年）。[②] 在政治参与研究的起步阶段（1978～1989年），政治参与在我国学界还是一个比较陌生的概念。在政治参与研究的稳步发展阶段（1990～2000年），国内政治参与的研究已经从译介西方政治发展理论转向了对中国自身政治参与实践的研究。在政治参与研究的繁荣发展阶段（2001～2010年），执政党对扩大公民政治参与的日益重视，促进了公民政治参与热情的高涨，尤其随着互联网的快速发展，公民网络政治参与逐渐兴起，民众政治参与的诉求不断扩大，有力推动了国内学者对政治参与的研究，研究方法日趋多样化，研究不再局限于一般性的理论阐述和演绎，研究采用实证研究、历史研究和比较政治研究的方法，对政治参与的理论框架和内容研究不断地深入、细化。可见，现阶段在中国社会语境下应该如何解读和分析青年人的政治参与问题需要研究者们严谨、科学的研究。

习近平总书记在十九大报告中明确指出：“青年兴则国家兴，青年强则国家强。青年一代有理想、有本领、有担当，国家就有前途，民族就有希望。中国梦是历史的、现实的，也是未来的；是我们这一代的，更是青年一代的。中华民族伟大复兴的中国梦终将在一代代青年的接力奋斗中变为现实。全党要关心和爱护青年，为他们实现人生出彩搭建舞台。广大青年要坚定理想信念，志存高远，脚踏实地，勇做时代的弄潮儿，在实现中国梦的生动实践中放飞青春梦想，在为人民利益的不懈奋斗中书写人生华章！”青年群体作为未

---

① 陈振明、李东云：《“政治参与”概念辨析》，《东南学术》2008年第4期。

② 王明生、杨涛：《改革开放以来我国政治参与研究的回顾与展望》，《清华大学学报》（哲学社会科学版）2011年第6期。

来推动经济发展和社会变革的重要力量，参与到中国经济、社会、文化和政治建设中来是实现其价值的必然途径，青年政治参与更是青年作为建设祖国、实现中华民族伟大复兴的关键力量，通过政治参与实现其价值的关键。

为此，中共中央、国务院在 2017 年颁布的《中长期青年发展规划（2016－2025 年）》中明确提出，要“引领青年有序参与政治生活和社会公共事务。支持共青团、青联代表和带领青年积极参与人大、政府、政协、司法机关、社会有关方面各类协商，就涉及青年成长发展的重大问题协商探讨、提出意见、凝聚共识，充分发挥政治参与职能。探索建立有关人大代表、政协委员青少年事务联系机制，为青年参与畅通渠道、搭建平台。鼓励青年参与城乡基层群众自治，推动完善民主恳谈、民主议事制度，在实践中提高青年政治参与能力。推荐优秀青年代表担任人民陪审员、人民监督员、人民调解员等，依法履行相关职责”。

邓希泉认为：“中国青年的政治参与行为在很大程度上由政治参与政策所规制，政治参与行为的变化又会不断推动政治参与政策的变革。在现代政治生活中，需要通过科学完善的青年政治参与政策，推动青年更主动更有效地参与到民主生活，促进青年更多更好地进行政治参与。”① 他将青年政治参与政策分为三个层面：一是法律层面的政治参与规定，比如选举法中对年龄、身份的规定等等；二是党和政府的政治参与政策层面，比如《中国 21 世纪议程——中国 21 世纪人口、环境与发展白皮书》提出“以青年组织代表为联系形式，使男女青年能够在国家、区域、地方的有关环境与发展问题上发表意见，参与有关的决策过程”；三是共青团的相关政策与措施层面，如共青团引导和规制青年政治参与。从青年政治参与的结果看，政治参与政策也可以划分为直接的政治参与政策与间接的政治参与政策，而为了确保和增加青年群体直接政治参与的机会，应该在全国人民代表大会和各级人民代表大会中实行青年配额的方式，提高青年代表直接参政议政的可能性。因此，本报告根据上述研究者提出的线索，重点考察了青年在人大代表和政协委员层面的政治参与状况。

① 邓希泉：《青年政治参与政策与青年发展》，《中国青年研究》2015 年第 2 期。

三　青年人大代表的政治参与状况

本文使用在网络上搜集到的第十二届全国人民代表大会代表数据，对青年政治参与情况进行分析。2013 年，第十一届全国人大常委会第三十一次会议确认各省（区、市）、香港特别行政区、澳门特别行政区，以及中国人民解放军等 35 个选举单位中选举产生的 2987 名代表的代表资格全部有效，但在全国人大代表履职过程中，出于各种原因部分代表资格被终止。截至 2017 年 11 月 4 日，全国人民代表大会常务委员会确认实有代表 2900 人，而本报告所使用的数据就是基于 2017 年 11 月 4 日实有的 2900 名代表的相关信息和数据。

（一）人大代表能够较好地代表年轻人，但青年人大代表比例不高

从数据分析结果来看，人大代表中出生于 20 世纪 30 年代的有 5 人，占 0.17%；出生于 40 年代的 190 人，占 6.55%；出生于 50 年代的 1236 人，占 42.62%；出生于 60 年代的 1155 人，占 39.83%；出生于 70 年代的 238 人，占 8.21%；出生于 80 年代的 74 人，占 2.55%；出生于 90 年代的 2 人，占 0.07%。其中出生于 50 年代和 60 年代者比例最高，也就是全国人大代表的年龄结构相对于全国人口年龄结构而言是偏向于年龄较大的人群，青年人的比例相对较低。

表 1　全国人大代表的年龄分布*

代　际	频　次	百分比
30 后	5	0.17
40 后	190	6.55
50 后	1236	42.62
60 后	1155	39.83
70 后	238	8.21
80 后	74	2.55
90 后	2	0.07

注：考虑到数据主要来自网络搜索，可能会有一定的误差。下同。

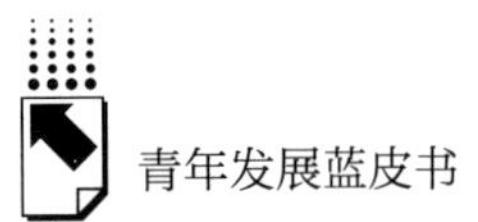

如果按照《中长期青年发展规划（2016－2025年）》的年龄界定，以青年年龄14～35周岁来界定的话，35岁以下的青年人大代表只有110人，比例为3.79%。这一比例说明在全国人大代表的年龄分布中，与全国的人口年龄结构相比，青年代表的比例是偏低的。青年代表比例偏低实际上反映出全国人大代表的特点，因为大部分人大代表需要经过层层推荐和层层筛选，其人选多是在政界、商界、学界等社会各界颇有一定名望的人士。人们想要获取与人大代表资格相对应的社会名望需要相当长时间的积累，而时间上的积累会导致人大代表中青年人比例偏低的状况。这种状况在西方国家中也比较常见，比如美国宪法第一条第三款规定的参选参议员席位三项资格限制是：须年长于30岁，至少在过去九年为美国公民，并且须（在选举开始时）为其所代表的州之居民。因此，在美国参议院议员的选举中年龄低于30岁的案例极少，即便是年龄低于30岁，也需要在年满30岁之后才可以宣誓就职。同样，在美国众议院的选举中也规定：年龄未满25岁，为合众国公民未满7年，及当选时非其选出州之居民者，不得为众议院议员。中国政府为了确保青年群体的政治参与，在人大和政协中实行了一部分青年的配额，确保青年代表直接参政议政。这一政策可以有效扩大青年政治参与的权力与空间，但与以往相比青年参与选举的比例并没有实质性增长。

（二）青年人大代表中女性比例较高，更能体现民生诉求

性别平等是政治参与的重要议题之一，人大代表中性别比例一直也是体现社会主义民主的重要指标。数据分析显示，在非青年人大代表中，男性的比例是76.85%，女性的比例是23.15%，在青年人大代表中，男性的比例是41.82%，女性的比例是58.18%。青年人大代表中女性的比例明显要高于非青年人大代表，考虑到中国人大代表选举带有一定的配额，那么对于青年代表中女性比例较高的原因是不是配额所致，还有待进一步分析，但无论原因如何，青年人大代表中女性比例较高的状况确实有助于女性青年获得更多政治参与的机会。

表2 人大代表中青年与非青年性别比较

单位：%

性别	非青年人大代表	青年人大代表
男性	76.85	41.82
女性	23.15	58.18

政治参与的性别问题在国际上也是备受关注，2017年世界经济论坛公布的《全球性别差距报告》显示，全世界所有的国家中冰岛是世界上男女最平等的国家，且连续九年位居榜首。这一研究报告主要参考了男女获得的经济机会、政治赋权、教育机会等多项指标，冰岛的各项指标多处于领先地位，尤其是政治赋权方面，冰岛在过去50年中有20年国家的领导人是女性，现在议会成员中有接近半数是女性。2017年12月，女权主义者甚至成为冰岛的新总理。与之相反的是美国的状况，在2016年选举过后，美国女性国会议员数量只占议员总数的19.6%——其中众议院占19.3%，参议院占21.0%，故而在性别平等政治赋权方面得分的排名从第52位降至第104位。

女性政治参与与男性有着明显的不同，女性在政治参与中提交的相关议案或者提案多是与家庭、性别、儿童、健康相关的生活议题或者民生话题，因而女性的政治参与在某种意义上正好可以弥补男性政治参与的不足，能更好地体现出政治参与过程中的民意和需求，也能展现出青年在政治参与中对政府决策和政府权威施加的影响，进而通过政治参与把青年人、女性等群体的利益诉求转化为合法政府参政的议案。

（三）青年代表中非党员比例较高，政治参与具有广泛性

在政治参与过程中，行动者自身的政治属性非常重要。在中国，政治属性通常以政治面貌来表达，在本文的数据分析中就把人大代表区分为中国共产党党员（含预备党员）、民主党派、无党派人士、群众、其他五个类别。数据分析结果发现：在非青年人大代表中，中共党员的比例为72.72%，民主党派的比例为13.19%，无党派人士的比例为4.05%，群众的比例为

8.42%，其他比例为1.61%；在青年人大代表中，中共党员的比例为64.55%，民主党派的比例为2.73%，无党派人士的比例为7.27%，群众的比例为25.45%。

表3 人大代表中青年与非青年政治面貌比较

单位：%

政治面貌	非青年人大代表	青年人大代表
中共党员	72.72	64.55
民主党派	13.19	2.73
无党派人士	4.05	7.27
群众	8.42	25.45
其他	1.61	0.00

政治参与概念的内核是个人、群体或者组织，包括政治家、官僚集团和普通公民以某种方式影响到政府或者公共政策的行为。也就是说，从政治参与主体的界定来看，中国政府提出的“扩大公民有序政治参与”表明政治参与的主体应该包括不带有政治身份的普通公民，通过普通公民以个体、群体或者组织化的方式来维护公共利益。通过非青年人大代表和青年人大代表之间政治身份的对比可以看到，青年人大代表在普通公民的代表性上要广泛一些，也更能体现出公民的参与权。青年公民政治参与权利的实现，不仅能够保证青年人的合法利益不受侵犯，而且能够帮助青年人塑造出积极参与经济社会建设的公共情怀和公共精神，从而增进青年人的公共利益。青年人大代表中群众比例较高也是青年普通公民在参与中表达意见，推动不同社会群体之间合作竞争，促进政府决策科学化、合理化的重要保障。由此可见，从代表来源的广泛性上看，青年人大代表具备上述普通公民积极政治参与的特点，故而也能够体现出中国政府扩大公民有序参与的部署，更是中国特色社会主义国家制度框架下民主化的重要进步。

（四）受教育程度相对较低，还有较大的进步空间

在任何一个国家，政治参与都带有一定的不平衡性，其中最为突出的就

是受教育程度的不平衡。通常而言，受教育程度是影响公民政治参与的最重要因素之一，由于受教育程度的差异，公民对政治生活的关心程度、对政治信息的获得程度、对政治参与的热情程度均有所不同，受教育程度越高的社会群体和个人政治参与整体程度也越高。从数据分析结果来看，非青年人大代表的受教育程度要高于青年人大代表。非青年人大代表中博士研究生的比例为18.41%，青年人大代表中博士研究生的比例为5.45%；非青年人大代表中硕士研究生的比例为39.41%，青年人大代表中硕士研究生的比例为10.00%；非青年人大代表中本科的比例为26.78%，青年人大代表中本科的比例为51.82%；非青年人大代表中大专/高职的比例为9.01%，青年人大代表中大专/高职的比例为23.64%。

表4　人大代表中青年与非青年学历比较

单位：%

学历	非青年人大代表	青年人大代表	全部人大代表
小学	0.22	0.91	0.24
初中	1.26	3.64	1.35
高中/中专/职高	4.27	4.55	4.28
大专/高职	9.01	23.64	9.56
本科	26.78	51.82	27.73
硕士研究生	39.41	10.00	38.29
博士研究生	18.41	5.45	17.92
其他	0.65	0.00	0.62

通过上述比较不难看出青年人大代表的受教育程度明显要低。青年人大代表学历偏低的原因可能是多方面的：其一，由于学历和年龄之间存在着比较强的联系，青年人大代表有一些年龄比较小，尚无机会获得较高的学历。其二，由于青年人大代表都是在各行各业里崭露头角的年轻人，那么客观上需要一定的工作成绩和工作经验，而高学历青年接受教育时间较长，刚刚参加工作没几年，展现能力的机会相对较少。其三，现在的学历教育趋向于终身化，从大学毕业之后获取更高的学历往往是在工作过程中慢慢完成的，特

别是一些领导干部在获得一定的政治地位或者经济地位之后往往喜欢获取一个较高的学历，这导致的就是年龄越大、职位越高，能够获得较高学历的可能性越大。综合上述三个方面的原因，青年人大代表的受教育程度低于非青年人大代表也在情理之中。

（五）各地青年代表比例落差大，部分省份青年代表为零

全国人民代表大会参会代表存在一定比例的配额，配额中又没有充分考虑青年人的代表性问题，造成青年代表比例总体不高，而总体不高的背后，不同省份之间又存在着比较大的青年代表比例落差。各省区市及港澳台地区的人大代表中，青年人大代表比例最高的是云南省、西藏自治区和新疆自治区，青年人大代表的比例都是 10%。青年人大代表比例最低的是北京市、天津市、河北省、河南省、海南省、青海省和宁夏自治区，均没有青年人大代表，比例为零。除了上述几个省份之外，台湾地区、香港地区和澳门地区的青年人大代表比例也均为零。

表 5　人大代表中青年代表比例

省　份	总人数	百分比
北　京	61	0. 00
天　津	45	0. 00
河　北	119	0. 00
山　西	68	4. 41
内蒙古	59	3. 39
辽　宁	98	2. 04
吉　林	61	0. 00
黑龙江	88	1. 14
上　海	62	1. 61
江　苏	150	3. 33
浙　江	92	2. 17
安　徽	106	4. 72
福　建	69	2. 90
江　西	75	2. 67
山　东	164	1. 22

续表

省　份	总人数	百分比
河　南	163	0.00
湖　北	107	3.74
湖　南	117	2.56
广　东	165	6.67
广　西	88	4.55
海　南	27	0.00
重　庆	60	1.67
四　川	138	2.90
贵　州	73	4.11
云　南	90	10.00
西　藏	20	10.00
陕　西	70	2.86
甘　肃	49	6.12
青　海	22	0.00
宁　夏	20	0.00
新　疆	60	10.00
台　湾	13	0.00
香　港	36	0.00
澳　门	12	0.00
不明确	253	12.25

部分省份青年人大代表比例挂零现象的原因主要在于人大代表需要层层选拔，在每一层级的选拔过程中对年龄往往没有规定性要求，选拔的主要标准还是个人取得的成就，而个人成就在多数情况下又与年龄相关。除了少数出类拔萃的人才能够在青年阶段取得令人瞩目的成就之外，多数青年还处于慢慢积累、默默奉献阶段，故而在按照个人成就选拔人大代表的过程中，青年群体通常会处于相对的劣势，如果没有足够的制度支持和规定性要求，就会出现一些省份对青年人大代表不重视的情况，导致部分省份青年人大代表比例挂零的结果。

（六）青年人大代表多无职称，行政职级也较低

职称和职级在中国是衡量个人经济社会地位的重要指标，职称通常代表个人在专业技术方面取得的成就，职级通常代表个人在行政职务上取得的成就。从数据分析的结果来看，非青年人大代表拥有高级职称的比例为51.39%，中级职称的比例为1.95%，初级职称的比例为0.20%，无职称的比例为46.45%。青年人大代表拥有高级职称的比例为19.10%，中级职称的比例为0，初级职称的比例为2.25%，无职称的比例为78.65%。从职称的分布情况来看，青年人大代表超过四分之三是没有任何职称的，拥有高级职称的比例远远低于非青年人大代表。考虑到中国特殊的专业技术职称评价体系，青年人想要在短期内获得高级职称的难度比较大，而无论是青年人大代表，还是非青年人大代表中，拥有中级职称和初级职称的比例都非常低，这是因为在专业领域人大代表的选拔中是择优，只有在专业方面表现优秀的人才有机会成为人大代表，因而在层层选拔之后，拥有中级职称和初级职称的就被筛选掉了。

表6　人大代表中青年与非青年职称比较

单位：%

专业职称	非青年人大代表	青年人大代表
高级职称	51.39	19.10
中级职称	1.95	0.00
初级职称	0.20	2.25
无职称	46.45	78.65

数据分析发现，基于上述理由，青年人大代表在行政职级方面也同样要低于非青年人大代表，有64.04%的青年人大代表没有任何行政职级，非青年人大代表中这一比例为27.58%，而非青年人大代表中有三成左右是省部级以上的行政职级，还有接近三成是司局级行政职级。青年人大代表中县处级占比为8.99%，科级比例为21.35%，这都说明青年人大代表在行政职级的晋升过程中处于成长的阶段，他们在未来有可能获得更高的行政职级和专业职称，但目前只能是处于较低的职级和职称上。

表7　人大代表中青年与非青年行政职级比较

单位：%

行政职级	非青年人大代表	青年人大代表
国家级	2. 15	0. 00
省部级	33. 00	2. 25
司局级	31. 85	3. 37
县处级	4. 78	8. 99
科级	0. 60	21. 35
无行政职级	27. 58	64. 04
其他	0. 04	0. 00

（七）青年人大代表职业分布较为平均，有海外留学经历的比例较低

现代工业社会中，职业背后融合经济收入、社会地位、组织权力等多项内容，是评价社会群体和个人经济社会地位的关键性指标。从数据分析结果来看，非青年人大代表的职业主要集中于社会结构的上层，党政机关、社会组织、企事业单位负责人占了77. 62%，专业技术人员占8. 80%，这两个职业群体合计超过了85%，职业分布非常集中。青年人大代表中党政机关、社会组织、企事业单位负责人占21. 11%，专业技术人员占16. 67%，农、林、牧、渔业生产及辅助人员占23. 33%，生产制造及有关人员占7. 78%，社会生产服务和生活服务人员占3. 33%，分布较为平均，具有一定的广泛性和代表性。

表8　人大代表中青年与非青年职业分布比较

单位：%

职业	非青年人大代表	青年人大代表
党政机关、社会组织、企事业单位负责人	77. 62	21. 11
专业技术人员	8. 80	16. 67
办事人员和有关人员	0. 32	0. 00
社会生产服务和生活服务人员	1. 19	3. 33
农、林、牧、渔业生产及辅助人员	3. 27	23. 33
生产制造及有关人员	1. 19	7. 78
军人	7. 53	27. 78
不便分类的其他从业人员	0. 08	0. 00

在政治参与过程中，无论在何种政治体制之下，通常都会有社会精英或者政治精英角色的出现，这些精英群体本身拥有相应的经济、社会、政治、文化等诸多方面的资源，多重资源混杂在一起就形成了社会结构中的精英阶层，精英阶层的出现也是工业化之后现代社会的普遍特征。从人大代表的职业结构情况来看，非青年人大代表和青年人大代表分别是不同年龄群体精英阶层的主要构成，只不过在青年群体中处于党政机关、社会组织、企事业单位负责人这样关键性职位的人数和比例还相对较少。

除了职业之外，很多具有海外留学经历的人群也是政治参与中精英群体的重要组成部分，数据分析结果发现，在非青年人大代表中有海外留学经历的比例为 11.60%，高于青年人大代表的 4.49%。其中的原因可能有两个方面：一方面是海外留学的经历要耗费一定的时间，在消耗完若干年完成海外留学并取得成果之后，年龄上往往已经超过青年群体的限定。另一方面是随着中国经济社会发展以及科学技术教育水平的不断提高，国内外接受教育的青年群体之间的差异开始缩小，有海外留学经历的青年人并不具有之前的种种优势。这两方面原因都可能导致青年人大代表中有海外留学经历的比例要低于非青年人大代表。

表 9　人大代表中青年与非青年海外留学经历比较

单位：%

海外留学经历	非青年人大代表	青年人大代表
有海外留学经历	11.60	4.49
无海外留学经历	88.40	95.51

四　研究结论和政策建议

青年人的政治参与是衡量一个国家民主化程度的重要内容，全国人民代表大会又是中国公民依法参与政治生活的最重要形式，青年人大代表的状况很大程度上能够代表青年人政治参与的情况，也能够体现出现代中国不断扩大公民政治参与的发展状况。

研究发现，以第十二届全国人民代表大会中的人大代表数据作为分析的基础数据，青年人大代表存在着一些特点。虽然青年人大代表的比例并不高，甚至在部分省份中出现挂零的情况，但青年人大代表在性别、政治面貌、职业分布上更加均衡，也更具代表性和广泛性。青年人大代表在受教育程度、技术职称、行政职级等方面要低于非青年人大代表，具有海外留学经历的比例也要低一些，但这些都是与青年人自身成长和发展规律有直接的联系，毕竟青年群体还处于不断成长和发展的阶段，只要假以时日必然会在各个方面取得不小的进步。同时，也要注意到从中长期青年发展战略需求的角度，也要更加重视青年人的政治参与状况，提高青年人政治参与的热情和动力，不断推进中国特色社会主义民主化进程。据此，本文提出以下几点简单的政策建议。

（一）把青年人大代表的比例作为全国人民代表大会和地方各级人民代表大会的规定性指标

考虑到全国人民代表大会和地方各级人民代表大会在选拔代表时需要选择最优秀的、有代表性的人群做代表，而青年人在各个方面的发展中多处于成长阶段，那么在按照优秀原则选拔的过程中，青年人实际上处于相对的劣势。毕竟真正出类拔萃的青年优秀人才在各个领域都属于少数，且这些青年优秀人才与年长者相比，取得的成绩还是相对不足的，因而，建议在全国人民代表大会和地方各级人民代表大会选拔人大代表的过程中，充分考虑青年人政治参与的诉求，增加青年人大代表的规定性比例指标，以激发青年人按照合法渠道和制度化轨道进行政治参与的热情。

（二）青年人大代表的选拔不能只是选优，还要充分考虑青年群体之间的差异性

在以往政治精英选拔的过程中都是择优录用，选拔各个领域优秀的代表，但社会发展日新月异，社会群体之间的差异性日益增加，尤其是青年人

群中的差异性比以往任何世代都更为明显。那么如果想要扩大青年人的政治参与，就必须考虑到青年人的多样性和复杂性，不能够按照传统的标准来择优选拔，应该在充分提高青年人依照合法渠道政治参与比例的同时，扩大青年人群体内部的代表性，充分考虑青年群体的差异性，选拔一些能够为年轻人代言、表达诉求的青年人进入合法政治参与的轨道中。

（三）注重青年人自身的成长性，在地方人民代表大会选举中倡导青年人积极参与

大多数青年人都处于人生成长的关键期，如果只是按照成就来评选显然会落后于年长者，既然不能因为他们不够“优秀”就将他们排斥在合法的政治参与渠道之外，那么就需要相应的制度安排来培养和塑造青年人的政治参与行为。考虑到青年人自身的成长性，那么在基层政治参与中就需要扩大青年人的比例，这样才能够扩大青年人的参与，同时，实现在基层政治参与过程中增加年轻人成长的机会，并为更高层级的政治参与提供充足的优秀备选青年人才。由此可以设计按照中央—地方比例扩大的原则推进人大代表配额选举，让青年人能够充分参与到基层选举之中。

参考文献

陈振明、李东云：《“政治参与”概念辨析》，《东南学术》2008 年第 4 期。

邓希泉：《青年政治参与政策与青年发展》，《中国青年研究》2015 年第 2 期。

王明生、杨涛：《改革开放以来我国政治参与研究的回顾与展望》，《清华大学学报》（哲学社会科学版）2011 年第 6 期。

俞可平：《中国政治发展三十年》，《河北学刊》2008 年第 5 期。

Abstract

This report is the 2017 annual analysis report (Blue Book of Youth Development) of "China Youth Development Plan" research group in Institute of Sociology, Chinese Academy of Social Sciences. Based on the survey data, researchers and scholars from institutions and universities report their findings.

This report points out that since reform and opening up, Chinese society has undergone important transformation from totalistic society to market economy society, which has caused great social changes. For social members, their social participation is undergoing the process of participation from administrative mobilization to active participation in social public affairs. Meanwhile, the social organizations are beginning to develop.

According to the findings, for the new-generation migrant workers, the overall level of social participation is lower than the old-generation migrant workers. Meanwhile, it is also in the relatively backward position compared with other labor force groups. Thus for the new-generation migrant workers, the social participation status is not optimistic. Regarding social integration, the new-generation migrant workers is still in the state of "semi-integration" . Regarding political participation, the new-generation migrant workers know less about the channel of institutionalized political participation, they participate less and are less positive, but they have stronger intension of expression, and even have stronger intention of non-conventional and non-institutionalized participation. Regarding self-organizations, the new-generation migrant workers' self-organizations are mainly the small and informal organizations.

According to the findings regarding the group of college students, the "Sanxiaxiang" activities have achieved fruitful results and accumulated rich experiences. However, some problems still exist, such as lower participation rate, lower connection degree between practice project and specialty, insufficient funds support, and relatively arbitrary praise and evaluation . Regarding political participation, the college students have higher intension of moderate political participation, the situation of political participation is good on the whole. Regarding the college students' self-organizations, the student associations have become the main body of campus cultural activities, they are also the important platform for students' extracurricular interaction, which could exert innegligible influence on college students' growth and development . The university associations' development experiences could provide inspiration for carrying out the social construction practice.

According to the findings regarding the emerging youth groups, there were about 70 million people in this new social class, mainly including four groups: managers and technicians in private enterprise and foreign-invested enterprise, practitioners in intermediary and social organizations, practitioners in new media and freelancers, etc. The emerging youth groups' political values are in the positive tendency as a whole, the problems faced by this group mainly focus on the livelihood construction . For this kind of population, the league organization should change traditional concept of service management, go to society and develop work from the perspective and thought of social work, and finally realize the absorption and integration of emerging youth groups in the process of service.

According to the findings, in the past 10 years, the number of registered young volunteers grows rapidly, the scale expands rapidly, hence the relatively perfect system of voluntary service organization has formed. In order to promote the increasing development of voluntary service, we should further strengthen the construction of related management departments regarding volunteer work, perfect the mechanism for social mobilization, perfect the management of youth volunteer service organization, and continuously improve young volunteers' skills for professional service and service level. According to the findings from another study, the organization such as "youth home" has opened up "the last kilometer" connecting youth service. For the youth, they need to transform from unit people to social people. The "youth home" adopts to this tendency. It has become the grass-roots league organization's important vehicle to carry out organization coverage and work coverage towards youth and youth social organizations.

According to the findings regarding the youth's network participation, the youth has regarded the network as an important channel to express their opinions and strive for their rights and interests; the network culture is an important way to observe youth, understand youth and help them grow up. Meanwhile, we also need to prevent the network from becoming the mobilization tool for social movement and the new risk source .

Youth is the most active and vibrant force in whole society. Their social integration and social participation would profoundly influence the development trend of society, and predict the future of the country and nation. We should continuously pay attention to the youth' s social integration and social participation, strengthen the study on the youth's social integration and social participation. It is a long-term work to help youth grow up and promote youth development. The government, all social circles and youth themselves should do their best, bear their own responsibility, and coordinate together, hence they could commonly prompt the development of this enterprise.

Contents

Ⅰ General Report

Ⅱ Subgroups Reports

Abstract: The college students' "Sanxiaxiang" is the important form of cultivating people from practice in Chinese universities. Since the formal inauguration nationwide in 1997, the college students' social practice activities of "Sanxiaxiang" have undergone twenty-one years' development. These social practice activities have achieved marked success, attracted extensive social attention, and exerted great influence in the group of college students. As the growing practice project, with the continuous and deep development of these activities, currently the college students' social practice activities of "Sanxiaxiang" are also facing a series of problems to be resolved urgently, including social identity, professional connections, funds guarantee and scientific assessment, etc. In order to promote the long-effect development of college students' social practice of "Sanxiaxiang" systematically, we need to further promote the social support and publicity strength, broaden and innovate the content and form of social practice, strengthen the mechanism for practice funds guarantee and optimize the mechanism for assessment.

Keywords: College Students; "Sanxiaxiang"; Social Practice

Abstract: "The Middle and Long-term Youth Development Plan (2016 – 2025)" has put forward that we should "lead the youth to participate in political life and public affairs orderly" and "further enrich and smooth the channel and way of youth's social participation, and achieve the positive and orderly, rational and legitimate participation." In fact, the youth's political participation is the important content of youth development in China. How to lead the youth to participate in political life and public affairs positively and orderly, rationally and legitimately, it's the topic which must be concerned by all social circles. Based on the data from "The Panel Survey on Chinese College Students' Employment, Life and Values", this article tries to analyze the current situation of contemporary college students' political participation: the college students' political status is mainly league members; nearly 70% of college students discuss political issues with surrounding people; over a quarter of college students discuss political issues on the internet; less than 10% of college students have wrote to the news media to express their opinions; 7.66% of college students have expressed their opinions to the government departments; the college students seldom have radical political participation behavior. The college students' political participation has the following characteristics: the college students who are party members are more inclined to engage in offline political participation; for male college students, the proportion of political participation is higher than female college students; for college students who have joined student association, the level of political participation is relatively higher; for contemporary college students, there exists bigger difference between online political participation and offline political participation; under the background of internet's embedded development, the situation of inadaptation still exists for the traditional concept of "political concealment".

Keywords: Political Participation; Youth; Cyber Politics

B.4 The Report on the Development and Governance of College Students' Self-organization in Contemporary China

Li Ding / 061

Abstract: Since the beginning of 21st century, the student associations in universities develop rapidly. Although constrained by limited resource, lower level of organization and great influence from core backbone, the student associations with various types and striking characteristics still promote the construction of campus culture greatly, they have become important platforms for young students to learn organizational skill and conduct organizational practice. The rapid development of student associations is rooted in multiple bases, including the college students' stronger leaning ability, the university campus's relatively stable social environment, the rich social capital and the convenient public facilities, etc., let alone great support and positive guidance from the organization of

Communist Youth League. Through documents, the Communist Youth League strives for political space for the development of student associations in universities, and lead each university nationwide to set up the governance system of student associations, which is based on the federation of associations. Due to political trust and system guarantee, the student associations' activities could develop steadily under the situation of increasing pressures in the maintenance of stability and ideological and political education towards college students. The large-scale development of student associations could conversely strengthen the Communist Youth League's status of hub-type social organization, and provide the basis for the reform and professional transformation of the organization of Communist Youth League in universities. In the future, we should continue to give political trust to student associations, increase the support for student associations, and improve the overall efficiency in the governance system of college students.

Keywords: University; The Communist Youth League; Student Association; Students' Self-organization; Social Governance

Abstract: For the new-generation migrant workers, the extensive and deep social participation could increase their urban integration, and improve the healthy development of urbanization. Using the data from " China Labor-force Dynamics Survey" conducted in 2016, this paper tries to analyze the status of new-generation migrant workers' social participation from three aspects, namely social interaction, community relationship and participation in social organization. Regarding the overall score of social participation, the new-generation migrant workers' overall level of social participation lags behind other labor-force groups. Comparing with the old-generation migrant workers, the function of " network of weak ties" is more prominent in the new-generation migrant workers' social interaction. For the new-generation migrant workers, their community relationships have shown the tendency towards individualization and atomization, the level of participation in social organization is lower. For the new-generation migrant workers, the level of social participation could be influenced by several factors, namely gender, migration distance, education level, type of work unit, etc.

Keywords: New-generation Migrant Workers; Social Participation; Social Interaction; Community Relationship; Participation in Social Organization

B. 6 The Research Report on New-generation Migration Workers' Cultural Assimilation in China

Wang Jun, Ye Yizhou and Chen Jingyi / 092

Abstract: We should prompt the new-generation migrant workers' successful integration into urban cultural life. It's the concrete embodiment of sharing the great achievements of reform and opening up for people all around the country; meanwhile it's also the goal strived by our party. Based on the data from " China Labor-force Dynamics Survey" conducted in 2016, this report tries to analyze the new-generation migrant workers' cultural assimilation from three aspects, namely occupation, community and culture; and pay special attention to the internal difference in the new-generation migrant workers' cultural assimilation. According to the finding, the new-generation migrant workers' assimilation status is relatively better, showing an evident transitional state of " semi-assimilation ". The assimilation statuses in occupational culture, community culture and conceptual culture are all relatively optimistic, showing an tendency towards being close to local citizens. Regarding the internal difference in cultural assimilation, the males are relatively better than females; for the groups who are older and more educated, they are more easier to assimilate into the urban culture, which is directly related to their social experience and ability; the further the migration distance is, the more likely they are to show the situation of uniting internally, hence the cultural assimilation is worse.

Keywords: New-generation Migrant Workers; Cultural Assimilation; Labor-force Dynamics Survey; Occupation; Concept of Community

Abstract: Using data from "The General Survey of Chinese Social Status" conducted in 2015, this study tries to analyze the new-generation migrant workers' political participation . We try to compare the new-generation migrant workers with old-generation migrant workers and new-generation urban labor force, and analyze the internal difference among the new-generation migrant workers. According to the findings, comparing with the old-generation migrant workers, the new-generation migration workers have lower enthusiasm for participating in grossroots democracy; comparing with the new-generation urban labor force, the new-generation migrant workers have some shortages in capability and knowledge regarding political participation, and their participation interest is also lower. Moreover, regarding the political participation behavior, the new-generation migrant workers are relatively more inclined to adopt the non-routinized and non-institutionalized mode.

Keywords: New-generation Migrant Workers; Political Participation; Birth Cohort; Household Register

Abstract: The migrant workers' self-organizations mainly include formal self-organizations registered in government departments and informal self-organizations totally in spontaneous and autogenic states . The formal self-organizations tend to have large scale, obvious procedure and clear goal; the development of activity is regular; the social influence is visible. The informal self-organizations tend to have small scale, potential existence and strong arbitrariness; the activity time and procedure are irregular while the degree of intimacy is higher; the level of trust, sense of gain and sense of belonging are also higher. For the new-generation migrant workers, the self-organizations including the clansmen association, interest groups, etc. could help them kill the time and resolve their vanity and boringness. Meanwhile they could engage in information exchange and technical exchange through social interaction, and solve the daily affairs in work and life. The migrant workers are often in the state of floating state, hence they often lack social support. Under this situation, the self-organizations could provide the mechanism for safety valve to the migrant workers and solve their negative emotions caused by work and life experiences.

Keywords: New-generation Migrant Workers; Self-organization; Social Integration

B. 9 The Research Report on the Development of Emerging Youth Group in Contemporary China

Research Group of Professor Lian Si / 151

Abstract: Based on the research group's survey data of emerging youth group, this report summarizes ten characteristics of emerging youth group and have the following findings: as the beneficiaries of 40 years of reform and opening up, these emerging youth groups do not strive for changing the current system fundamentally, but hope to better safeguard their own interests and gain more "discourse right" by deepening reform and opening up. Hence, their appeals have no fundamental conflict with the current system, instead they are an effective participation in the current system. Meanwhile, through the analysis model of political values, the research group argues that currently the emerging youth groups' political values are in the positive tendency as a whole. However, there exist group differences in their ideological status, the tendency of demassfication is significant regarding their values, some key issues still need to be concerned. Finally, we put forward the thinking and suggestion on how to do the work of emerging youth group well from three aspects, namely "innovating the idea, establishing the work thinking", "conforming to the tendency, strengthening the platform construction" and "improving the environment and creating the good atmosphere."

Keywords: Emerging Youth Group; Youth Social Organization; Practitioner; Youth Freelancer; Youth Network Personage

Ⅲ Special Reports

Abstract: Under the new situation of reform and opening up and constructing the socialist market economy, the China Youth Voluntary Actions have emerged as times require. The actions try to combine the traditional Chinese culture and the activity of "Learn from Lei Feng" together; meanwhile they also use the related experiences of foreign volunteers' work for reference. Accompanied by the "China Youth Voluntary Actions" launched in 1993, the youth voluntary service in China has developed from nothing, each institutional mechanism has been improved, the number of people participating in voluntary service has increased continuously, the contents of voluntary service have been enriched increasingly, and the level of voluntary service has also become professional increasingly . The youth voluntary service has become the core power of voluntary service in China, it has also won the general public 's wide support and high attention. Meanwhile, it has also become one of the important forces in international youth volunteers' activities.

Keywords: Youth Voluntary Service; Youth Volunteer; Registered Volunteer

B.11 The Research on the Development Status of Comprehensive Service Platform of "Youth Home" in China

Shi Jinqun / 191

Abstract: This report tries to analyze the basic operation pattern of Youth Club in Beijing and its development. Based on related survey data, we have the following findings: the Youth Club in Beijing community is an effective vehicle for league organization to integrate into the league members and youth's social life; the troop of social workers for adolescent affairs is expanding increasingly, the social organization is developing more fully, the government's mechanism for buying service is improving continuously, the information network technology is popularizing comprehensively. These four factors are the important conditions to promote the development of Youth Club in Beijing. In order to adopt to the modern youth's increasing mobility and diversity, we should further strengthen the comprehensive service platform of "Youth Home" in resources, team, management and influence.

Keywords: "Youth Home"; Comprehensive Service Platform; Youth Club; Grass-roots Organization of Communist Youth League

B.12 The Report on the Development of Youth Social Organization in China

Lin Hong / 208

Abstract: "The Middle and Long-term Youth Development Plan (2016 –

2025)" has put forward that we should "lead the youth social organizations to develop healthy and orderly". This article tries to outline the overall scenario of the development of youth social organization from four aspects, namely concept differentiation, development review, current situation and development prospect. Based on these analyses, we put forward some corresponding suggestions: in the future, the industrial development of youth social organizations needs to deal with the issue of two dimensions including diachronicity and synchronicity, namely the issue of self phase in organizational development, and developing the relationship with industry, country and world in different level.

Keywords: Youth; Social Organization; Development Report

Abstract: This report focuses on the youth group (from 18 years old to 34 years old) 's internet participation. Based on multiple data sources and using "instrumental-sentimental" internet participation as analysis framework, this paper tries to highlight the obvious characteristics of youth lifestyle, examine how the youth construct their daily life and social interaction through internet and public participation and cultural participation on the internet. The research has generally shown the empowering function of internet in youth's personal life and public life. One aspect is the instrumental empowerment, the youth could acquire various information through social network and internet, hence they could acquire more opportunities and choices in the process of everyday life, social interaction, employment and participation in public life. The other aspect is the sentimental and authoritative empowerment, the youth could establish new social field and cultural field through internet, hence they could shape their particular mode of social interaction and cultural pattern, and express their own appeals. The group of college students's level of public participation is relatively higher. However, the internet and social network have some complexity and risk, they could exert some influence on youth. The government, internet platform and youth should make joint efforts to improve the internet safety environment and construct the positive and healthy internet lifestyle.

Keywords: Youth; College Students; Internet; Social Network; Internet Participation

B. 14 The Research on the Situation of Youth Group's Participation in the National People's Congress *Tian Feng*, *Xu Ningning* / 249

Abstract: The people's congress system is one of the fundamental political systems in China, it's also one of the main channels of people's political participation . Through collecting, arranging and analyzing the representative data of the 12th National People's Congress, this report tries to explore the difference between young representatives and non-young representatives, and hence discuss the characteristics and problems existed in youth representatives. Based on these analyses, we try to put forward some corresponding policy suggestions.

Keywords: Youth; Political Participation; The National People's Congress

皮书起源

“皮书”起源于十七、十八世纪的英国，主要指官方或社会组织正式发表的重要文件或报告，多以“白皮书”命名。在中国，“皮书”这一概念被社会广泛接受，并被成功运作、发展成为一种全新的出版形态，则源于中国社会科学院社会科学文献出版社。

皮书定义

皮书是对中国与世界发展状况和热点问题进行年度监测，以专业的角度、专家的视野和实证研究方法，针对某一领域或区域现状与发展态势展开分析和预测，具备原创性、实证性、专业性、连续性、前沿性、时效性等特点的公开出版物，由一系列权威研究报告组成。

皮书作者

皮书系列的作者以中国社会科学院、著名高校、地方社会科学院的研究人员为主，多为国内一流研究机构的权威专家学者，他们的看法和观点代表了学界对中国与世界的现实和未来最高水平的解读与分析。

皮书荣誉

皮书系列已成为社会科学文献出版社的著名图书品牌和中国社会科学院的知名学术品牌。2016 年，皮书系列正式列入“十三五”国家重点出版规划项目；2013~2018 年，重点皮书列入中国社会科学院承担的国家哲学社会科学创新工程项目；2018 年，59 种院外皮书使用“中国社会科学院创新工程学术出版项目”标识。

中国社会发展数据库（下设 12 个子库）

全面整合国内外中国社会发展研究成果，汇聚独家统计数据、深度分析报告，涉及社会、人口、政治、教育、法律等 12 个领域，为了解中国社会发展动态、跟踪社会核心热点、分析社会发展趋势提供一站式资源搜索和数据分析与挖掘服务。

中国经济发展数据库（下设 12 个子库）

基于“皮书系列”中涉及中国经济发展的研究资料构建，内容涵盖宏观经济、农业经济、工业经济、产业经济等 12 个重点经济领域，为实时掌控经济运行态势、把握经济发展规律、洞察经济形势、进行经济决策提供参考和依据。

中国行业发展数据库（下设 17 个子库）

以中国国民经济行业分类为依据，覆盖金融业、旅游、医疗卫生、交通运输、能源矿产等 100 多个行业，跟踪分析国民经济相关行业市场运行状况和政策导向，汇集行业发展前沿资讯，为投资、从业及各种经济决策提供理论基础和实践指导。

中国区域发展数据库（下设 6 个子库）

对中国特定区域内的经济、社会、文化等领域现状与发展情况进行深度分析和预测，研究层级至县及县以下行政区，涉及地区、区域经济体、城市、农村等不同维度。为地方经济社会宏观态势研究、发展经验研究、案例分析提供数据服务。

中国文化传媒数据库（下设 18 个子库）

汇聚文化传媒领域专家观点、热点资讯，梳理国内外中国文化发展相关学术研究成果、一手统计数据，涵盖文化产业、新闻传播、电影娱乐、文学艺术、群众文化等 18 个重点研究领域。为文化传媒研究提供相关数据、研究报告和综合分析服务。

世界经济与国际关系数据库（下设 6 个子库）

立足“皮书系列”世界经济、国际关系相关学术资源，整合世界经济、国际政治、世界文化与科技、全球性问题、国际组织与国际法、区域研究 6 大领域研究成果，为世界经济与国际关系研究提供全方位数据分析，为决策和形势研判提供参考。

法律声明

社长致辞

蓦然回首，皮书的专业化历程已经走过了二十年。20年来从一个出版社的学术产品名称到媒体热词再到智库成果研创及传播平台，皮书以专业化为主线，进行了系列化、市场化、品牌化、数字化、国际化、平台化的运作，实现了跨越式的发展。特别是在党的十八大以后，以习近平总书记为核心的党中央高度重视新型智库建设，皮书也迎来了长足的发展，总品种达到600余种，经过专业评审机制、淘汰机制遴选，目前，每年稳定出版近400个品种。“皮书”已经成为中国新型智库建设的抓手，成为国际国内社会各界快速、便捷地了解真实中国的最佳窗口。

20年孜孜以求，“皮书”始终将自己的研究视野与经济社会发展中的前沿热点问题紧密相连。600个研究领域，3万多位分布于800余个研究机构的专家学者参与了研创写作。皮书数据库中共收录了15万篇专业报告，50余万张数据图表，合计30亿字，每年报告下载量近80万次。皮书为中国学术与社会发展实践的结合提供了一个激荡智力、传播思想的入口，皮书作者们用学术的话语、客观翔实的数据谱写出了中国故事壮丽的篇章。

20年跬步千里，“皮书”始终将自己的发展与时代赋予的使命与责任紧紧相连。每年百余场新闻发布会，10万余次中外媒体报道，中、英、俄、日、韩等12个语种共同出版。皮书所具有的凝聚力正在形成一种无形的力量，吸引着社会各界关注中国的发展，参与中国的发展，它是我们向世界传递中国声音、总结中国经验、争取中国国际话语权最主要的平台。

皮书这一系列成就的取得，得益于中国改革开放的伟大时代，离不开来自中国社会科学院、新闻出版广电总局、全国哲学社会科学规划办公室等主管部门的大力支持和帮助，也离不开皮书研创者和出版者的共同努力。他们与皮书的故事创造了皮书的历史，他们对皮书的拳拳之心将继续谱写皮书的未来！

现在，“皮书”品牌已经进入了快速成长的青壮年时期。全方位进行规范化管理，树立中国的学术出版标准；不断提升皮书的内容质量和影响力，搭建起中国智库产品和智库建设的交流服务平台和国际传播平台；发布各类皮书指数，并使之成为中国指数，让中国智库的声音响彻世界舞台，为人类的发展做出中国的贡献——这是皮书未来发展的图景。作为“皮书”这个概念的提出者，“皮书”从一般图书到系列图书和品牌图书，最终成为智库研究和社会科学应用对策研究的知识服务和成果推广平台这整个过程的操盘者，我相信，这也是每一位皮书人执着追求的目标。

“当代中国正经历着我国历史上最为广泛而深刻的社会变革，也正在进行着人类历史上最为宏大而独特的实践创新。这种前无古人的伟大实践，必将给理论创造、学术繁荣提供强大动力和广阔空间。”

在这个需要思想而且一定能够产生思想的时代，皮书的研创出版一定能创造出新的更大的辉煌！

社会科学文献出版社社长

中国社会学会秘书长

谢寿光

2017年11月

社会科学文献出版社简介

社会科学文献出版社（以下简称"社科文献出版社"）成立于1985年，是直属于中国社会科学院的人文社会科学学术出版机构。成立至今，社科文献出版社始终依托中国社会科学院和国内外人文社会科学界丰厚的学术出版和专家学者资源，坚持"创社科经典，出传世文献"的出版理念、"权威、前沿、原创"的产品定位以及学术成果和智库成果出版的专业化、数字化、国际化、市场化的经营道路。

社科文献出版社是中国新闻出版业转型与文化体制改革的先行者。积极探索文化体制改革的先进方向和现代企业经营决策机制，社科文献出版社先后荣获"全国文化体制改革工作先进单位"、中国出版政府奖·先进出版单位奖，中国社会科学院先进集体、全国科普工作先进集体等荣誉称号。多人次荣获"第十届韬奋出版奖""全国新闻出版行业领军人才""数字出版先进人物""北京市新闻出版广电行业领军人才"等称号。

社科文献出版社是中国人文社会科学学术出版的大社名社，也是以皮书为代表的智库成果出版的专业强社。年出版图书2000余种，其中皮书400余种，出版新书字数5.5亿字，承印与发行中国社科院院属期刊72种，先后创立了皮书系列、列国志、中国史话、社科文献学术译库、社科文献学术文库、甲骨文书系等一大批既有学术影响又有市场价值的品牌，确立了在社会学、近代史、苏东问题研究等专业学科及领域出版的领先地位。图书多次荣获中国出版政府奖、"三个一百"原创图书出版工程、"五个'一'工程奖"、"大众喜爱的50种图书"等奖项，在中央国家机关"强素质·做表率"读书活动中，入选图书品种数位居各大出版社之首。

社科文献出版社是中国学术出版规范与标准的倡议者与制定者，代表全国50多家出版社发起实施学术著作出版规范的倡议，承担学术著作规范国家标准的起草工作，率先编撰完成《皮书手册》对皮书品牌进行规范化管理，并在此基础上推出中国版芝加哥手册——《社科文献出版社学术出版手册》。

社科文献出版社是中国数字出版的引领者，拥有皮书数据库、列国志数据库、"一带一路"数据库、减贫数据库、集刊数据库等4大产品线11个数据库产品，机构用户达1300余家，海外用户百余家，荣获"数字出版转型示范单位""新闻出版标准化先进单位""专业数字内容资源知识服务模式试点企业标准化示范单位"等称号。

社科文献出版社是中国学术出版走出去的践行者。社科文献出版社海外图书出版与学术合作业务遍及全球40余个国家和地区，并于2016年成立俄罗斯分社，累计输出图书500余种，涉及近20个语种，累计获得国家社科基金中华学术外译项目资助76种、"丝路书香工程"项目资助60种、中国图书对外推广计划项目资助71种以及经典中国国际出版工程资助28种，被五部委联合认定为"2015-2016年度国家文化出口重点企业"。

如今，社科文献出版社完全靠自身积累拥有固定资产3.6亿元，年收入3亿元，设置了七大出版分社、六大专业部门，成立了皮书研究院和博士后科研工作站，培养了一支近400人的高素质与高效率的编辑、出版、营销和国际推广队伍，为未来成为学术出版的大社、名社、强社，成为文化体制改革与文化企业转型发展的排头兵奠定了坚实的基础。

宏观经济类

经济蓝皮书

2018 年中国经济形势分析与预测

李平 / 主编　2017 年 12 月出版　定价：89.00 元

◆　本书为总理基金项目，由著名经济学家李扬领衔，联合中国社会科学院等数十家科研机构、国家部委和高等院校的专家共同撰写，系统分析了 2017 年的中国经济形势并预测 2018 年中国经济运行情况。

城市蓝皮书

中国城市发展报告 No.11

潘家华　单菁菁 / 主编　2018 年 9 月出版　估价：99.00 元

◆　本书是由中国社会科学院城市发展与环境研究中心编著的，多角度、全方位地立体展示了中国城市的发展状况，并对中国城市的未来发展提出了许多建议。该书有强烈的时代感，对中国城市发展实践有重要的参考价值。

人口与劳动绿皮书

中国人口与劳动问题报告 No.19

张车伟 / 主编　2018 年 10 月出版　估价：99.00 元

◆　本书为中国社会科学院人口与劳动经济研究所主编的年度报告，对当前中国人口与劳动形势做了比较全面和系统的深入讨论，为研究中国人口与劳动问题提供了一个专业性的视角。

中国省域竞争力蓝皮书

中国省域经济综合竞争力发展报告（2017 ~ 2018）

李建平　李闽榕　高燕京 / 主编　2018 年 5 月出版　估价：198.00 元

◆　本书融多学科的理论为一体，深入追踪研究了省域经济发展与中国国家竞争力的内在关系，为提升中国省域经济综合竞争力提供有价值的决策依据。

金融蓝皮书

中国金融发展报告（2018）

王国刚 / 主编　2018 年 6 月出版　估价：99.00 元

◆　本书由中国社会科学院金融研究所组织编写，概括和分析了 2017 年中国金融发展和运行中的各方面情况，研讨和评论了 2017 年发生的主要金融事件，有利于读者了解掌握 2017 年中国的金融状况，把握 2018 年中国金融的走势。

区域经济类

京津冀蓝皮书

京津冀发展报告（2018）

祝合良　叶堂林　张贵祥 / 等著　2018 年 6 月出版　估价：99.00 元

◆　本书遵循问题导向与目标导向相结合、统计数据分析与大数据分析相结合、纵向分析和长期监测与结构分析和综合监测相结合等原则，对京津冀协同发展新形势与新进展进行测度与评价。

社会政法类

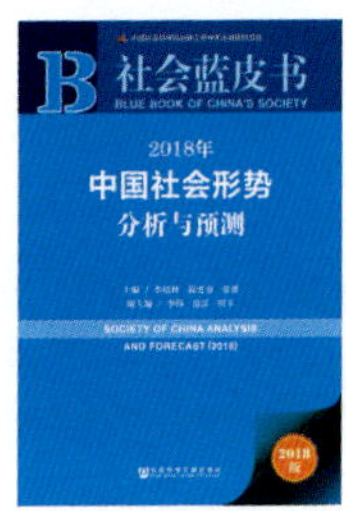

社会蓝皮书

2018年中国社会形势分析与预测

李培林　陈光金　张翼 / 主编　2017年12月出版　定价：89.00元

◆　本书由中国社会科学院社会学研究所组织研究机构专家、高校学者和政府研究人员撰写，聚焦当下社会热点，对2017年中国社会发展的各个方面内容进行了权威解读，同时对2018年社会形势发展趋势进行了预测。

法治蓝皮书

中国法治发展报告 No.16（2018）

李林　田禾 / 主编　2018年3月出版　定价：128.00元

◆　本年度法治蓝皮书回顾总结了2017年度中国法治发展取得的成就和存在的不足，对中国政府、司法、检务透明度进行了跟踪调研，并对2018年中国法治发展形势进行了预测和展望。

教育蓝皮书

中国教育发展报告（2018）

杨东平 / 主编　2018年3月出版　定价：89.00元

◆　本书重点关注了2017年教育领域的热点，资料翔实，分析有据，既有专题研究，又有实践案例，从多角度对2017年教育改革和实践进行了分析和研究。

社会体制蓝皮书

中国社会体制改革报告 No.6（2018）

龚维斌 / 主编　2018 年 3 月出版　定价：98.00 元

◆　本书由国家行政学院社会治理研究中心和北京师范大学中国社会管理研究院共同组织编写，主要对 2017 年社会体制改革情况进行回顾和总结，对 2018 年的改革走向进行分析，提出相关政策建议。

社会心态蓝皮书

中国社会心态研究报告（2018）

王俊秀　杨宜音 / 主编　2018 年 12 月出版　估价：99.00 元

◆　本书是中国社会科学院社会学研究所社会心理研究中心“社会心态蓝皮书课题组”的年度研究成果，运用社会心理学、社会学、经济学、传播学等多种学科的方法进行了调查和研究，对于目前中国社会心态状况有较广泛和深入的揭示。

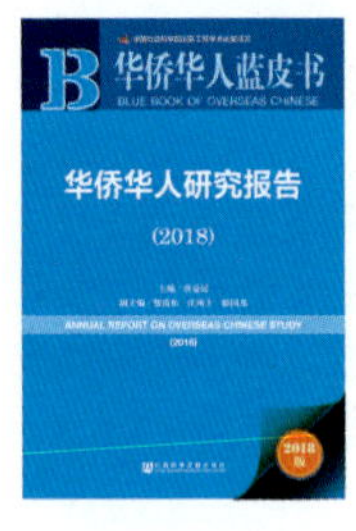

华侨华人蓝皮书

华侨华人研究报告（2018）

贾益民 / 主编　2017 年 12 月出版　估价：139.00 元

◆　本书关注华侨华人生产与生活的方方面面。华侨华人是中国建设 21 世纪海上丝绸之路的重要中介者、推动者和参与者。本书旨在全面调研华侨华人，提供最新涉侨动态、理论研究成果和政策建议。

民族发展蓝皮书

中国民族发展报告（2018）

王延中 / 主编　2018 年 10 月出版　估价：188.00 元

◆　本书从民族学人类学视角，研究近年来少数民族和民族地区的发展情况，展示民族地区经济、政治、文化、社会和生态文明“五位一体”建设取得的辉煌成就和面临的困难挑战，为深刻理解中央民族工作会议精神、加快民族地区全面建成小康社会进程提供了实证材料。

产业经济类

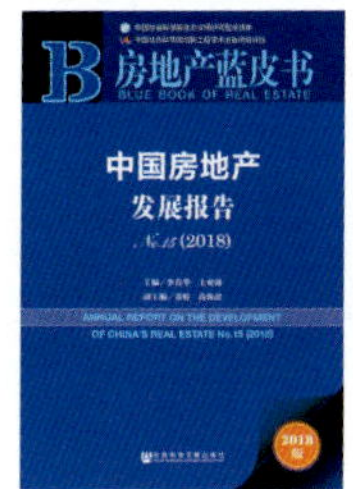

房地产蓝皮书

中国房地产发展报告 No.15（2018）

李春华　王业强 / 主编　2018 年 5 月出版　估价：99.00 元

◆　2018 年《房地产蓝皮书》持续追踪中国房地产市场最新动态，深度剖析市场热点，展望 2018 年发展趋势，积极谋划应对策略。对 2017 年房地产市场的发展态势进行全面、综合的分析。

新能源汽车蓝皮书

中国新能源汽车产业发展报告（2018）

中国汽车技术研究中心　日产（中国）投资有限公司
东风汽车有限公司 / 编著　2018 年 8 月出版　估价：99.00 元

◆　本书对中国 2017 年新能源汽车产业发展进行了全面系统的分析，并介绍了国外的发展经验。有助于相关机构、行业和社会公众等了解中国新能源汽车产业发展的最新动态，为政府部门出台新能源汽车产业相关政策法规、企业制定相关战略规划，提供必要的借鉴和参考。

行业及其他类

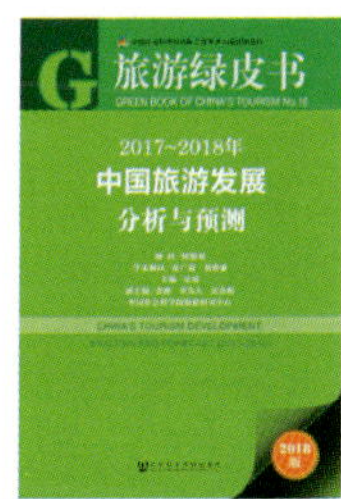

旅游绿皮书

2017 ~ 2018 年中国旅游发展分析与预测

中国社会科学院旅游研究中心 / 编　2018 年 1 月出版　定价：99.00 元

◆　本书从政策、产业、市场、社会等多个角度勾画出 2017 年中国旅游发展全貌，剖析了其中的热点和核心问题，并就未来发展作出预测。

民营医院蓝皮书

中国民营医院发展报告（2018）

薛晓林 / 主编　2018 年 11 月出版　估价：99.00 元

◆　本书在梳理国家对社会办医的各种利好政策的前提下，对我国民营医疗发展现状、我国民营医院竞争力进行了分析，并结合我国医疗体制改革对民营医院的发展趋势、发展策略、战略规划等方面进行了预估。

会展蓝皮书

中外会展业动态评估研究报告（2018）

张敏 / 主编　2018 年 12 月出版　估价：99.00 元

◆　本书回顾了2017年的会展业发展动态，结合“供给侧改革”、“互联网 +”、“绿色经济” 的新形势分析了我国展会的行业现状，并介绍了国外的发展经验，有助于行业和社会了解最新的展会业动态。

中国上市公司蓝皮书

中国上市公司发展报告（2018）

张平　王宏淼 / 主编　2018 年 9 月出版　估价：99.00 元

◆　本书由中国社会科学院上市公司研究中心组织编写的，着力于全面、真实、客观反映当前中国上市公司财务状况和价值评估的综合性年度报告。本书详尽分析了 2017 年中国上市公司情况，特别是现实中暴露出的制度性、基础性问题，并对资本市场改革进行了探讨。

工业和信息化蓝皮书

人工智能发展报告（2017 ~ 2018）

尹丽波 / 主编　2018 年 6 月出版　估价：99.00 元

◆　本书国家工业信息安全发展研究中心在对 2017 年全球人工智能技术和产业进行全面跟踪研究基础上形成的研究报告。该报告内容翔实、视角独特，具有较强的产业发展前瞻性和预测性，可为相关主管部门、行业协会、企业等全面了解人工智能发展形势以及进行科学决策提供参考。

国际问题与全球治理类

世界经济黄皮书

2018 年世界经济形势分析与预测

张宇燕 / 主编　2018 年 1 月出版　定价：99.00 元

◆　本书由中国社会科学院世界经济与政治研究所的研究团队撰写，分总论、国别与地区、专题、热点、世界经济统计与预测等五个部分，对 2018 年世界经济形势进行了分析。

国际城市蓝皮书

国际城市发展报告（2018）

屠启宇 / 主编　2018 年 2 月出版　定价：89.00 元

◆　本书作者以上海社会科学院从事国际城市研究的学者团队为核心，汇集同济大学、华东师范大学、复旦大学、上海交通大学、南京大学、浙江大学相关城市研究专业学者。立足动态跟踪介绍国际城市发展时间中，最新出现的重大战略、重大理念、重大项目、重大报告和最佳案例。

非洲黄皮书

非洲发展报告 No.20（2017 ~ 2018）

张宏明 / 主编　2018 年 7 月出版　估价：99.00 元

◆　本书是由中国社会科学院西亚非洲研究所组织编撰的非洲形势年度报告，比较全面、系统地分析了 2017 年非洲政治形势和热点问题，探讨了非洲经济形势和市场走向，剖析了大国对非洲关系的新动向；此外，还介绍了国内非洲研究的新成果。

国别类

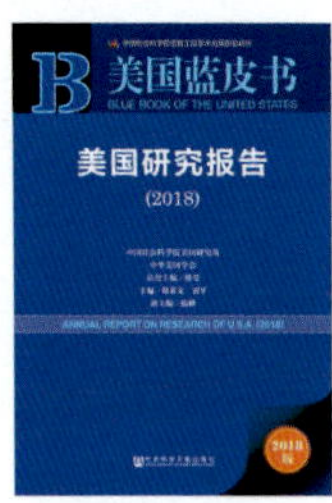

美国蓝皮书

美国研究报告（2018）

郑秉文 黄平 / 主编 2018 年 5 月出版 估价：99.00 元

◆ 本书是由中国社会科学院美国研究所主持完成的研究成果，它回顾了美国 2017 年的经济、政治形势与外交战略，对美国内政外交发生的重大事件及重要政策进行了较为全面的回顾和梳理。

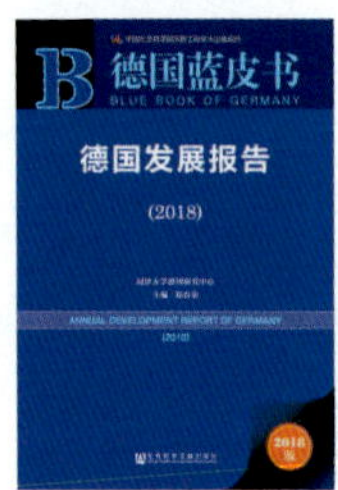

德国蓝皮书

德国发展报告（2018）

郑春荣 / 主编 2018 年 6 月出版 估价：99.00 元

◆ 本报告由同济大学德国研究所组织编撰，由该领域的专家学者对德国的政治、经济、社会文化、外交等方面的形势发展情况，进行全面的阐述与分析。

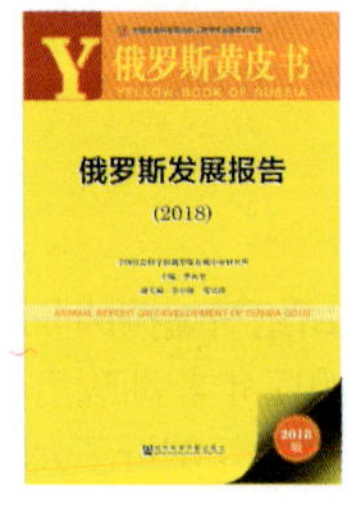

俄罗斯黄皮书

俄罗斯发展报告（2018）

李永全 / 编著 2018 年 6 月出版 估价：99.00 元

◆ 本书系统介绍了 2017 年俄罗斯经济政治情况，并对 2016 年该地区发生的焦点、热点问题进行了分析与回顾；在此基础上，对该地区 2018 年的发展前景进行了预测。

文化传媒类

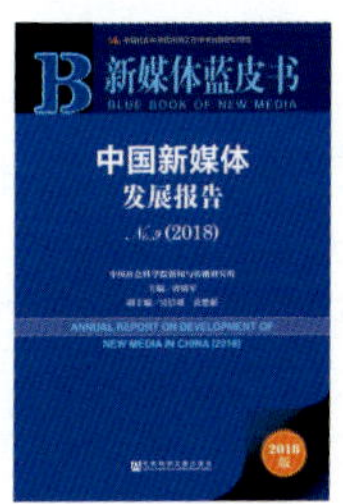

新媒体蓝皮书

中国新媒体发展报告 No.9（2018）

唐绪军 / 主编　2018 年 6 月出版　估价：99.00 元

◆　本书是由中国社会科学院新闻与传播研究所组织编写的关于新媒体发展的最新年度报告，旨在全面分析中国新媒体的发展现状，解读新媒体的发展趋势，探析新媒体的深刻影响。

移动互联网蓝皮书

中国移动互联网发展报告（2018）

余清楚 / 主编　2018 年 6 月出版　估价：99.00 元

◆　本书着眼于对 2017 年度中国移动互联网的发展情况做深入解析，对未来发展趋势进行预测，力求从不同视角、不同层面全面剖析中国移动互联网发展的现状、年度突破及热点趋势等。

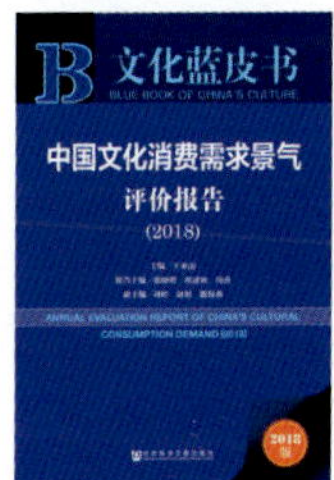

文化蓝皮书

中国文化消费需求景气评价报告（2018）

王亚南 / 主编　2018 年 3 月出版　定价：99.00 元

◆　本书首创全国文化发展量化检测评价体系，也是至今全国唯一的文化民生量化检测评价体系，对于检验全国及各地 " 以人民为中心 " 的文化发展具有首创意义。

地方发展类

北京蓝皮书

北京经济发展报告（2017 ~ 2018）

杨松 / 主编　2018 年 6 月出版　估价：99.00 元

◆　本书对 2017 年北京市经济发展的整体形势进行了系统性的分析与回顾，并对 2018 年经济形势走势进行了预测与研判，聚焦北京市经济社会发展中的全局性、战略性和关键领域的重点问题，运用定量和定性分析相结合的方法，对北京市经济社会发展的现状、问题、成因进行了深入分析，提出了可操作性的对策建议。

温州蓝皮书

2018 年温州经济社会形势分析与预测

蒋儒标　王春光　金浩 / 主编　2018 年 6 月出版　估价：99.00 元

◆　本书是中共温州市委党校和中国社会科学院社会学研究所合作推出的第十一本温州蓝皮书，由来自党校、政府部门、科研机构、高校的专家、学者共同撰写的 2017 年温州区域发展形势的最新研究成果。

黑龙江蓝皮书

黑龙江社会发展报告（2018）

王爱丽 / 主编　2018 年 1 月出版　定价：89.00 元

◆　本书以千份随机抽样问卷调查和专题研究为依据，运用社会学理论框架和分析方法，从专家和学者的独特视角，对 2017 年黑龙江省关系民生的问题进行广泛的调研与分析，并对 2017 年黑龙江省诸多社会热点和焦点问题进行了有益的探索。这些研究不仅可以为政府部门更加全面深入了解省情、科学制定决策提供智力支持，同时也可以为广大读者认识、了解、关注黑龙江社会发展提供理性思考。

宏观经济类

城市蓝皮书
中国城市发展报告（No.11）
著(编)者：潘家华 单菁菁
2018年9月出版 / 估价：99.00元
PSN B-2007-091-1/1

城乡一体化蓝皮书
中国城乡一体化发展报告（2018）
著(编)者：付崇兰
2018年9月出版 / 估价：99.00元
PSN B-2011-226-1/2

城镇化蓝皮书
中国新型城镇化健康发展报告（2018）
著(编)者：张占斌
2018年8月出版 / 估价：99.00元
PSN B-2014-396-1/1

创新蓝皮书
创新型国家建设报告（2018～2019）
著(编)者：詹正茂
2018年12月出版 / 估价：99.00元
PSN B-2009-140-1/1

低碳发展蓝皮书
中国低碳发展报告（2018）
著(编)者：张希良 齐晔
2018年6月出版 / 估价：99.00元
PSN B-2011-223-1/1

低碳经济蓝皮书
中国低碳经济发展报告（2018）
著(编)者：薛进军 赵忠秀
2018年11月出版 / 估价：99.00元
PSN B-2011-194-1/1

发展和改革蓝皮书
中国经济发展和体制改革报告No.9
著(编)者：邹东涛 王再文
2018年1月出版 / 估价：99.00元
PSN B-2008-122-1/1

国家创新蓝皮书
中国创新发展报告（2017）
著(编)者：陈劲 2018年5月出版 / 估价：99.00元
PSN B-2014-370-1/1

金融蓝皮书
中国金融发展报告（2018）
著(编)者：王国刚
2018年6月出版 / 估价：99.00元
PSN B-2004-031-1/7

经济蓝皮书
2018年中国经济形势分析与预测
著(编)者：李平 2017年12月出版 / 定价：89.00元
PSN B-1996-001-1/1

经济蓝皮书春季号
2018年中国经济前景分析
著(编)者：李扬 2018年5月出版 / 估价：99.00元
PSN B-1999-008-1/1

经济蓝皮书夏季号
中国经济增长报告（2017～2018）
著(编)者：李扬 2018年9月出版 / 估价：99.00元
PSN B-2010-176-1/1

农村绿皮书
中国农村经济形势分析与预测（2017～2018）
著(编)者：魏后凯 黄秉信
2018年4月出版 / 定价：99.00元
PSN G-1998-003-1/1

人口与劳动绿皮书
中国人口与劳动问题报告No.19
著(编)者：张车伟 2018年11月出版 / 估价：99.00元
PSN G-2000-012-1/1

新型城镇化蓝皮书
新型城镇化发展报告（2017）
著(编)者：李伟 宋敏
2018年3月出版 / 定价：98.00元
PSN B-2005-038-1/1

中国省域竞争力蓝皮书
中国省域经济综合竞争力发展报告（2016～2017）
著(编)者：李建平 李闽榕
2018年2月出版 / 定价：198.00元
PSN B-2007-088-1/1

中小城市绿皮书
中国中小城市发展报告（2018）
著(编)者：中国城市经济学会中小城市经济发展委员会
中国城镇化促进会中小城市发展委员会
《中国中小城市发展报告》编纂委员会
中小城市发展战略研究院
2018年11月出版 / 估价：128.00元
PSN G-2010-161-1/1

区域经济类

东北蓝皮书
中国东北地区发展报告（2018）
著(编)者：姜晓秋　2018年11月出版 / 估价：99.00元
PSN B-2006-067-1/1

金融蓝皮书
中国金融中心发展报告（2017～2018）
著(编)者：王力 黄育华　2018年11月出版 / 估价：99.00元
PSN B-2011-186-6/7

京津冀蓝皮书
京津冀发展报告（2018）
著(编)者：祝合良 叶堂林 张贵祥
2018年6月出版 / 估价：99.00元
PSN B-2012-262-1/1

西北蓝皮书
中国西北发展报告（2018）
著(编)者：王福生 马廷旭 董秋生
2018年1月出版 / 定价：99.00元
PSN B-2012-261-1/1

西部蓝皮书
中国西部发展报告（2018）
著(编)者：璋勇 任保平　2018年8月出版 / 估价：99.00元
PSN B-2005-039-1/1

长江经济带产业蓝皮书
长江经济带产业发展报告（2018）
著(编)者：吴传清　2018年11月出版 / 估价：128.00元
PSN B-2017-666-1/1

长江经济带蓝皮书
长江经济带发展报告（2017～2018）
著(编)者：王振　2018年11月出版 / 估价：99.00元
PSN B-2016-575-1/1

长江中游城市群蓝皮书
长江中游城市群新型城镇化与产业协同发展报告（2018）
著(编)者：杨刚强　2018年11月出版 / 估价：99.00元
PSN B-2016-578-1/1

长三角蓝皮书
2017年创新融合发展的长三角
著(编)者：刘飞跃　2018年5月出版 / 估价：99.00元
PSN B-2005-038-1/1

长株潭城市群蓝皮书
长株潭城市群发展报告（2017）
著(编)者：张萍 朱有志　2018年6月出版 / 估价：99.00元
PSN B-2008-109-1/1

特色小镇蓝皮书
特色小镇智慧运营报告（2018）：顶层设计与智慧架构标准
著(编)者：陈劲　2018年1月出版 / 定价：79.00元
PSN B-2018-692-1/1

中部竞争力蓝皮书
中国中部经济社会竞争力报告（2018）
著(编)者：教育部人文社会科学重点研究基地南昌大学中国中部经济社会发展研究中心
2018年12月出版 / 估价：99.00元
PSN B-2012-276-1/1

中部蓝皮书
中国中部地区发展报告（2018）
著(编)者：宋亚平　2018年12月出版 / 估价：99.00元
PSN B-2007-089-1/1

区域蓝皮书
中国区域经济发展报告（2017～2018）
著(编)者：赵弘　2018年5月出版 / 估价：99.00元
PSN B-2004-034-1/1

中三角蓝皮书
长江中游城市群发展报告（2018）
著(编)者：秦尊文　2018年9月出版 / 估价：99.00元
PSN B-2014-417-1/1

中原蓝皮书
中原经济区发展报告（2018）
著(编)者：李英杰　2018年6月出版 / 估价：99.00元
PSN B-2011-192-1/1

珠三角流通蓝皮书
珠三角商圈发展研究报告（2018）
著(编)者：王先庆 林至颖　2018年7月出版 / 估价：99.00元
PSN B-2012-292-1/1

社会政法类

北京蓝皮书
中国社区发展报告（2017～2018）
著(编)者：于燕燕　2018年9月出版 / 估价：99.00元
PSN B-2007-083-5/8

殡葬绿皮书
中国殡葬事业发展报告（2017～2018）
著(编)者：李伯森　2018年6月出版 / 估价：158.00元
PSN G-2010-180-1/1

城市管理蓝皮书
中国城市管理报告（2017-2018）
著(编)者：刘林 刘承水　2018年5月出版 / 估价：158.00元
PSN B-2013-336-1/1

城市生活质量蓝皮书
中国城市生活质量报告（2017）
著(编)者：张连城 张平 杨春学 郎丽华
2017年12月出版 / 定价：89.00元
PSN B-2013-326-1/1

城市政府能力蓝皮书
中国城市政府公共服务能力评估报告（2018）
著(编)者：何艳玲　2018年5月出版 / 估价：99.00元
PSN B-2013-338-1/1

创业蓝皮书
中国创业发展研究报告（2017~2018）
著(编)者：黄群慧 赵卫星 钟宏武
2018年11月出版 / 估价：99.00元
PSN B-2016-577-1/1

慈善蓝皮书
中国慈善发展报告（2018）
著(编)者：杨团　2018年6月出版 / 估价：99.00元
PSN B-2009-142-1/1

党建蓝皮书
党的建设研究报告No.2（2018）
著(编)者：崔建民 陈东平　2018年6月出版 / 估价：99.00元
PSN B-2016-523-1/1

地方法治蓝皮书
中国地方法治发展报告No.3（2018）
著(编)者：李林 田禾　2018年6月出版 / 估价：118.00元
PSN B-2015-442-1/1

电子政务蓝皮书
中国电子政务发展报告（2018）
著(编)者：李季　2018年8月出版 / 估价：99.00元
PSN B-2003-022-1/1

儿童蓝皮书
中国儿童参与状况报告（2017）
著(编)者：苑立新　2017年12月出版 / 定价：89.00元
PSN B-2017-682-1/1

法治蓝皮书
中国法治发展报告No.16（2018）
著(编)者：李林 田禾　2018年3月出版 / 定价：128.00元
PSN B-2004-027-1/3

法治蓝皮书
中国法院信息化发展报告 No.2（2018）
著(编)者：李林 田禾　2018年2月出版 / 定价：118.00元
PSN B-2017-604-3/3

法治政府蓝皮书
中国法治政府发展报告（2017）
著(编)者：中国政法大学法治政府研究院
2018年3月出版 / 定价：158.00元
PSN B-2015-502-1/2

法治政府蓝皮书
中国法治政府评估报告（2018）
著(编)者：中国政法大学法治政府研究院
2018年9月出版 / 估价：168.00元
PSN B-2016-576-2/2

反腐倡廉蓝皮书
中国反腐倡廉建设报告 No.8
著(编)者：张英伟　2018年12月出版 / 估价：99.00元
PSN B-2012-259-1/1

扶贫蓝皮书
中国扶贫开发报告（2018）
著(编)者：李培林 魏后凯　2018年12月出版 / 估价：128.00元
PSN B-2016-599-1/1

妇女发展蓝皮书
中国妇女发展报告 No.6
著(编)者：王金玲　2018年9月出版 / 估价：158.00元
PSN B-2006-069-1/1

妇女教育蓝皮书
中国妇女教育发展报告 No.3
著(编)者：张李玺　2018年10月出版 / 估价：99.00元
PSN B-2008-121-1/1

妇女绿皮书
2018年：中国性别平等与妇女发展报告
著(编)者：谭琳　2018年12月出版 / 估价：99.00元
PSN G-2006-073-1/1

公共安全蓝皮书
中国城市公共安全发展报告（2017~2018）
著(编)者：黄育华 杨文明 赵建辉
2018年6月出版 / 估价：99.00元
PSN B-2017-628-1/1

公共服务蓝皮书
中国城市基本公共服务力评价（2018）
著(编)者：钟君 刘志昌 吴正杲
2018年12月出版 / 估价：99.00元
PSN B-2011-214-1/1

公民科学素质蓝皮书
中国公民科学素质报告（2017~2018）
著(编)者：李群 陈雄 马宗文
2017年12月出版 / 定价：89.00元
PSN B-2014-379-1/1

公益蓝皮书
中国公益慈善发展报告（2016）
著(编)者：朱健刚 胡小军　2018年6月出版 / 估价：99.00元
PSN B-2012-283-1/1

国际人才蓝皮书
中国国际移民报告（2018）
著(编)者：王辉耀　2018年6月出版 / 估价：99.00元
PSN B-2012-304-3/4

国际人才蓝皮书
中国留学发展报告（2018）No.7
著(编)者：王辉耀 苗绿　2018年12月出版 / 估价：99.00元
PSN B-2012-244-2/4

海洋社会蓝皮书
中国海洋社会发展报告（2017）
著(编)者：崔凤 宋宁而　2018年3月出版 / 定价：99.00元
PSN B-2015-478-1/1

行政改革蓝皮书
中国行政体制改革报告No.7（2018）
著(编)者：魏礼群　2018年6月出版 / 估价：99.00元
PSN B-2011-231-1/1

华侨华人蓝皮书
华侨华人研究报告（2017）
著(编)者：张禹东 庄国土　2017年12月出版 / 定价：148.00元
PSN B-2011-204-1/1

互联网与国家治理蓝皮书
互联网与国家治理发展报告（2017）
著(编)者：张志安　2018年1月出版 / 定价：98.00元
PSN B-2017-671-1/1

环境管理蓝皮书
中国环境管理发展报告（2017）
著(编)者：李金惠　2017年12月出版 / 定价：98.00元
PSN B-2017-678-1/1

环境竞争力绿皮书
中国省域环境竞争力发展报告（2018）
著(编)者：李建平 李闽榕 王金南
2018年11月出版 / 估价：198.00元
PSN G-2010-165-1/1

环境绿皮书
中国环境发展报告（2017～2018）
著(编)者：李波　2018年6月出版 / 估价：99.00元
PSN G-2006-048-1/1

家庭蓝皮书
中国“创建幸福家庭活动”评估报告（2018）
著(编)者：国务院发展研究中心“创建幸福家庭活动评估”课题组
2018年12月出版 / 估价：99.00元
PSN B-2015-508-1/1

健康城市蓝皮书
中国健康城市建设研究报告（2018）
著(编)者：王鸿春 盛继洪　2018年12月出版 / 估价：99.00元
PSN B-2016-564-2/2

健康中国蓝皮书
社区首诊与健康中国分析报告（2018）
著(编)者：高和荣 杨叔禹 姜杰
2018年6月出版 / 估价：99.00元
PSN B-2017-611-1/1

教师蓝皮书
中国中小学教师发展报告（2017）
著(编)者：曾晓东 鱼霞
2018年6月出版 / 估价：99.00元
PSN B-2012-289-1/1

教育扶贫蓝皮书
中国教育扶贫报告（2018）
著(编)者：司树杰 王文静 李兴洲
2018年12月出版 / 估价：99.00元
PSN B-2016-590-1/1

教育蓝皮书
中国教育发展报告（2018）
著(编)者：杨东平　2018年3月出版 / 定价：89.00元
PSN B-2006-047-1/1

金融法治建设蓝皮书
中国金融法治建设年度报告（2015～2016）
著(编)者：朱小黄　2018年6月出版 / 估价：99.00元
PSN B-2017-633-1/1

京津冀教育蓝皮书
京津冀教育发展研究报告（2017～2018）
著(编)者：方中雄　2018年6月出版 / 估价：99.00元
PSN B-2017-608-1/1

就业蓝皮书
2018年中国本科生就业报告
著(编)者：麦可思研究院　2018年6月出版 / 估价：99.00元
PSN B-2009-146-1/2

就业蓝皮书
2018年中国高职高专生就业报告
著(编)者：麦可思研究院　2018年6月出版 / 估价：99.00元
PSN B-2015-472-2/2

科学教育蓝皮书
中国科学教育发展报告（2018）
著(编)者：王康友　2018年10月出版 / 估价：99.00元
PSN B-2015-487-1/1

劳动保障蓝皮书
中国劳动保障发展报告（2018）
著(编)者：刘燕斌　2018年9月出版 / 估价：158.00元
PSN B-2014-415-1/1

老龄蓝皮书
中国老年宜居环境发展报告（2017）
著(编)者：党俊武 周燕珉　2018年6月出版 / 估价：99.00元
PSN B-2013-320-1/1

连片特困区蓝皮书
中国连片特困区发展报告（2017～2018）
著(编)者：游俊 冷志明 丁建军
2018年6月出版 / 估价：99.00元
PSN B-2013-321-1/1

流动儿童蓝皮书
中国流动儿童教育发展报告（2017）
著(编)者：杨东平　2018年6月出版 / 估价：99.00元
PSN B-2017-600-1/1

民调蓝皮书
中国民生调查报告（2018）
著(编)者：谢耘耕　2018年12月出版 / 估价：99.00元
PSN B-2014-398-1/1

民族发展蓝皮书
中国民族发展报告（2018）
著(编)者：王延中　2018年10月出版 / 估价：188.00元
PSN B-2006-070-1/1

女性生活蓝皮书
中国女性生活状况报告No.12（2018）
著(编)者：高博燕　2018年7月出版 / 估价：99.00元
PSN B-2006-071-1/1

汽车社会蓝皮书
中国汽车社会发展报告（2017～2018）
著(编)者：王俊秀　2018年6月出版 / 估价：99.00元
PSN B-2011-224-1/1

青年蓝皮书
中国青年发展报告（2018）No.3
著(编)者：廉思　2018年6月出版 / 估价：99.00元
PSN B-2013-333-1/1

青少年蓝皮书
中国未成年人互联网运用报告（2017～2018）
著(编)者：季为民 李文革 沈杰
2018年11月出版 / 估价：99.00元
PSN B-2010-156-1/1

人权蓝皮书
中国人权事业发展报告No.8（2018）
著(编)者：李君如　2018年9月出版 / 估价：99.00元
PSN B-2011-215-1/1

社会保障绿皮书
中国社会保障发展报告No.9（2018）
著(编)者：王延中　2018年6月出版 / 估价：99.00元
PSN G-2001-014-1/1

社会风险评估蓝皮书
风险评估与危机预警报告（2017～2018）
著(编)者：唐钧　2018年8月出版 / 估价：99.00元
PSN B-2012-293-1/1

社会工作蓝皮书
中国社会工作发展报告（2016~2017）
著(编)者：民政部社会工作研究中心
2018年8月出版 / 估价：99.00元
PSN B-2009-141-1/1

社会管理蓝皮书
中国社会管理创新报告No.6
著(编)者：连玉明　2018年11月出版 / 估价：99.00元
PSN B-2012-300-1/1

社会蓝皮书
2018年中国社会形势分析与预测
著(编)者：李培林 陈光金 张翼
2017年12月出版 / 定价：89.00元
PSN B-1998-002-1/1

社会体制蓝皮书
中国社会体制改革报告No.6（2018）
著(编)者：龚维斌　2018年3月出版 / 定价：98.00元
PSN B-2013-330-1/1

社会心态蓝皮书
中国社会心态研究报告（2018）
著(编)者：王俊秀　2018年12月出版 / 估价：99.00元
PSN B-2011-199-1/1

社会组织蓝皮书
中国社会组织报告（2017-2018）
著(编)者：黄晓勇　2018年6月出版 / 估价：99.00元
PSN B-2008-118-1/2

社会组织蓝皮书
中国社会组织评估发展报告（2018）
著(编)者：徐家良　2018年12月出版 / 估价：99.00元
PSN B-2013-366-2/2

生态城市绿皮书
中国生态城市建设发展报告（2018）
著(编)者：刘举科 孙伟平 胡文臻
2018年9月出版 / 估价：158.00元
PSN G-2012-269-1/1

生态文明绿皮书
中国省域生态文明建设评价报告（ECI 2018）
著(编)者：严耕　2018年12月出版 / 估价：99.00元
PSN G-2010-170-1/1

退休生活蓝皮书
中国城市居民退休生活质量指数报告（2017）
著(编)者：杨一帆　2018年6月出版 / 估价：99.00元
PSN B-2017-618-1/1

危机管理蓝皮书
中国危机管理报告（2018）
著(编)者：文学国 范正青
2018年8月出版 / 估价：99.00元
PSN B-2010-171-1/1

学会蓝皮书
2018年中国学会发展报告
著(编)者：麦可思研究院　2018年12月出版 / 估价：99.00元
PSN B-2016-597-1/1

医改蓝皮书
中国医药卫生体制改革报告（2017～2018）
著(编)者：文学国 房志武
2018年11月出版 / 估价：99.00元
PSN B-2014-432-1/1

应急管理蓝皮书
中国应急管理报告（2018）
著(编)者：宋英华　2018年9月出版 / 估价：99.00元
PSN B-2016-562-1/1

政府绩效评估蓝皮书
中国地方政府绩效评估报告 No.2
著(编)者：贠杰　2018年12月出版 / 估价：99.00元
PSN B-2017-672-1/1

政治参与蓝皮书
中国政治参与报告（2018）
著(编)者：房宁　2018年8月出版 / 估价：128.00元
PSN B-2011-200-1/1

政治文化蓝皮书
中国政治文化报告（2018）
著(编)者：邢元敏 魏大鹏 龚克
2018年8月出版 / 估价：128.00元
PSN B-2017-615-1/1

中国传统村落蓝皮书
中国传统村落保护现状报告（2018）
著(编)者：胡彬彬 李向军 王晓波
2018年12月出版 / 估价：99.00元
PSN B-2017-663-1/1

中国农村妇女发展蓝皮书
农村流动女性城市生活发展报告（2018）
著(编)者：谢丽华　2018年12月出版 / 估价：99.00元
PSN B-2014-434-1/1

宗教蓝皮书
中国宗教报告（2017）
著(编)者：邱永辉　2018年8月出版 / 估价：99.00元
PSN B-2008-117-1/1

产业经济类

保健蓝皮书
中国保健服务产业发展报告 No.2
著(编)者：中国保健协会　中共中央党校
2018年7月出版 / 估价：198.00元
PSN B-2012-272-3/3

保健蓝皮书
中国保健食品产业发展报告 No.2
著(编)者：中国保健协会
中国社会科学院食品药品产业发展与监管研究中心
2018年8月出版 / 估价：198.00元
PSN B-2012-271-2/3

保健蓝皮书
中国保健用品产业发展报告 No.2
著(编)者：中国保健协会
国务院国有资产监督管理委员会研究中心
2018年6月出版 / 估价：198.00元
PSN B-2012-270-1/3

保险蓝皮书
中国保险业竞争力报告（2018）
著(编)者：保监会　2018年12月出版 / 估价：99.00元
PSN B-2013-311-1/1

冰雪蓝皮书
中国冰上运动产业发展报告（2018）
著(编)者：孙承华 杨占武 刘戈 张鸿俊
2018年9月出版 / 估价：99.00元
PSN B-2017-648-3/3

冰雪蓝皮书
中国滑雪产业发展报告（2018）
著(编)者：孙承华 伍斌 魏庆华 张鸿俊
2018年9月出版 / 估价：99.00元
PSN B-2016-559-1/3

餐饮产业蓝皮书
中国餐饮产业发展报告（2018）
著(编)者：邢颖
2018年6月出版 / 估价：99.00元
PSN B-2009-151-1/1

茶业蓝皮书
中国茶产业发展报告（2018）
著(编)者：杨江帆 李闽榕
2018年10月出版 / 估价：99.00元
PSN B-2010-164-1/1

产业安全蓝皮书
中国文化产业安全报告（2018）
著(编)者：北京印刷学院文化产业安全研究院
2018年12月出版 / 估价：99.00元
PSN B-2014-378-12/14

产业安全蓝皮书
中国新媒体产业安全报告（2016～2017）
著(编)者：肖丽　2018年6月出版 / 估价：99.00元
PSN B-2015-500-14/14

产业安全蓝皮书
中国出版传媒产业安全报告（2017～2018）
著(编)者：北京印刷学院文化产业安全研究院
2018年6月出版 / 估价：99.00元
PSN B-2014-384-13/14

产业蓝皮书
中国产业竞争力报告 （2018）No.8
著(编)者：张其仔　2018年12月出版 / 估价：168.00元
PSN B-2010-175-1/1

动力电池蓝皮书
中国新能源汽车动力电池产业发展报告（2018）
著(编)者：中国汽车技术研究中心
2018年8月出版 / 估价：99.00元
PSN B-2017-639-1/1

杜仲产业绿皮书
中国杜仲橡胶资源与产业发展报告（2017～2018）
著(编)者：杜红岩 胡文臻 俞锐
2018年6月出版 / 估价：99.00元
PSN G-2013-350-1/1

房地产蓝皮书
中国房地产发展报告No.15（2018）
著(编)者：李春华 王业强
2018年5月出版 / 估价：99.00元
PSN B-2004-028-1/1

服务外包蓝皮书
中国服务外包产业发展报告（2017～2018）
著(编)者：王晓红 刘德军
2018年6月出版 / 估价：99.00元
PSN B-2013-331-2/2

服务外包蓝皮书
中国服务外包竞争力报告（2017～2018）
著(编)者：刘春生 王力 黄育华
2018年12月出版 / 估价：99.00元
PSN B-2011-216-1/2

工业和信息化蓝皮书
世界信息技术产业发展报告（2017～2018）
著(编)者：尹丽波　2018年6月出版 / 估价：99.00元
PSN B-2015-449-2/6

工业和信息化蓝皮书
战略性新兴产业发展报告（2017～2018）
著(编)者：尹丽波　2018年6月出版 / 估价：99.00元
PSN B-2015-450-3/6

海洋经济蓝皮书
中国海洋经济发展报告（2015～2018）
著(编)者：殷克东 高金田 方胜民
2018年3月出版 / 定价：128.00元
PSN B-2018-697-1/1

康养蓝皮书
中国康养产业发展报告（2017）
著(编)者：何莽　2017年12月出版 / 定价：88.00元
PSN B-2017-685-1/1

客车蓝皮书
中国客车产业发展报告（2017～2018）
著(编)者：姚蔚　2018年10月出版 / 估价：99.00元
PSN B-2013-361-1/1

流通蓝皮书
中国商业发展报告（2018～2019）
著(编)者：王雪峰 林诗慧
2018年7月出版 / 估价：99.00元
PSN B-2009-152-1/2

能源蓝皮书
中国能源发展报告（2018）
著(编)者：崔民选 王军生 陈义和
2018年12月出版 / 估价：99.00元
PSN B-2006-049-1/1

农产品流通蓝皮书
中国农产品流通产业发展报告（2017）
著(编)者：贾敬敦 张东科 张玉玺 张鹏毅 周伟
2018年6月出版 / 估价：99.00元
PSN B-2012-288-1/1

汽车工业蓝皮书
中国汽车工业发展年度报告（2018）
著(编)者：中国汽车工业协会
中国汽车技术研究中心
丰田汽车公司
2018年5月出版 / 估价：168.00元
PSN B-2015-463-1/2

汽车工业蓝皮书
中国汽车零部件产业发展报告（2017～2018）
著(编)者：中国汽车工业协会
中国汽车工程研究院深圳市沃特玛电池有限公司
2018年9月出版 / 估价：99.00元
PSN B-2016-515-2/2

汽车蓝皮书
中国汽车产业发展报告（2018）
著(编)者：中国汽车工程学会
大众汽车集团（中国）
2018年11月出版 / 估价：99.00元
PSN B-2008-124-1/1

世界茶业蓝皮书
世界茶业发展报告（2018）
著(编)者：李闽榕 冯廷佺
2018年5月出版 / 估价：168.00元
PSN B-2017-619-1/1

世界能源蓝皮书
世界能源发展报告（2018）
著(编)者：黄晓勇　2018年6月出版 / 估价：168.00元
PSN B-2013-349-1/1

石油蓝皮书
中国石油产业发展报告（2018）
著(编)者：中国石油化工集团公司经济技术研究院
中国国际石油化工联合有限责任公司
中国社会科学院数量经济与技术经济研究所
2018年2月出版 / 定价：98.00元
PSN B-2018-690-1/1

体育蓝皮书
国家体育产业基地发展报告（2016～2017）
著(编)者：李颖川　2018年6月出版 / 估价：168.00元
PSN B-2017-609-5/5

体育蓝皮书
中国体育产业发展报告（2018）
著(编)者：阮伟 钟秉枢
2018年12月出版 / 估价：99.00元
PSN B-2010-179-1/5

文化金融蓝皮书
中国文化金融发展报告（2018）
著(编)者：杨涛 金巍
2018年6月出版 / 估价：99.00元
PSN B-2017-610-1/1

新能源汽车蓝皮书
中国新能源汽车产业发展报告（2018）
著(编)者：中国汽车技术研究中心
日产（中国）投资有限公司
东风汽车有限公司
2018年8月出版 / 估价：99.00元
PSN B-2013-347-1/1

薏仁米产业蓝皮书
中国薏仁米产业发展报告No.2（2018）
著(编)者：李发耀 石明　秦礼康
2018年8月出版 / 估价：99.00元
PSN B-2017-645-1/1

邮轮绿皮书
中国邮轮产业发展报告（2018）
著(编)者：汪泓　2018年10月出版 / 估价：99.00元
PSN G-2014-419-1/1

智能养老蓝皮书
中国智能养老产业发展报告（2018）
著(编)者：朱勇　2018年10月出版 / 估价：99.00元
PSN B-2015-488-1/1

中国节能汽车蓝皮书
中国节能汽车发展报告（2017～2018）
著(编)者：中国汽车工程研究院股份有限公司
2018年9月出版 / 估价：99.00元
PSN B-2016-565-1/1

中国陶瓷产业蓝皮书
中国陶瓷产业发展报告（2018）
著(编)者：左和平 黄速建
2018年10月出版 / 估价：99.00元
PSN B-2016-573-1/1

装备制造业蓝皮书
中国装备制造业发展报告（2018）
著(编)者：徐东华
2018年12月出版 / 估价：118.00元
PSN B-2015-505-1/1

行业及其他类

“三农”互联网金融蓝皮书
中国“三农”互联网金融发展报告（2018）
著(编)者：李勇坚 王弢
2018年8月出版 / 估价：99.00元
PSN B-2016-560-1/1

SUV蓝皮书
中国SUV市场发展报告（2017~2018）
著(编)者：靳军 2018年9月出版 / 估价：99.00元
PSN B-2016-571-1/1

冰雪蓝皮书
中国冬季奥运会发展报告（2018）
著(编)者：孙承华 伍斌 魏庆华 张鸿俊
2018年9月出版 / 估价：99.00元
PSN B-2017-647-2/3

彩票蓝皮书
中国彩票发展报告（2018）
著(编)者：益彩基金 2018年6月出版 / 估价：99.00元
PSN B-2015-462-1/1

测绘地理信息蓝皮书
测绘地理信息供给侧结构性改革研究报告（2018）
著(编)者：库热西・买合苏提
2018年12月出版 / 估价：168.00元
PSN B-2009-145-1/1

产权市场蓝皮书
中国产权市场发展报告（2017）
著(编)者：曹和平
2018年5月出版 / 估价：99.00元
PSN B-2009-147-1/1

城投蓝皮书
中国城投行业发展报告（2018）
著(编)者：华景斌
2018年11月出版 / 估价：300.00元
PSN B-2016-514-1/1

城市轨道交通蓝皮书
中国城市轨道交通运营发展报告（2017~2018）
著(编)者：崔学忠 贾文峥
2018年3月出版 / 定价：89.00元
PSN B-2018-694-1/1

大数据蓝皮书
中国大数据发展报告（No.2）
著(编)者：连玉明 2018年5月出版 / 估价：99.00元
PSN B-2017-620-1/1

大数据应用蓝皮书
中国大数据应用发展报告No.2（2018）
著(编)者：陈军君 2018年8月出版 / 估价：99.00元
PSN B-2017-644-1/1

对外投资与风险蓝皮书
中国对外直接投资与国家风险报告（2018）
著(编)者：中债资信评估有限责任公司
中国社会科学院世界经济与政治研究所
2018年6月出版 / 估价：189.00元
PSN B-2017-606-1/1

工业和信息化蓝皮书
人工智能发展报告（2017~2018）
著(编)者：尹丽波 2018年6月出版 / 估价：99.00元
PSN B-2015-448-1/6

工业和信息化蓝皮书
世界智慧城市发展报告（2017~2018）
著(编)者：尹丽波 2018年6月出版 / 估价：99.00元
PSN B-2017-624-6/6

工业和信息化蓝皮书
世界网络安全发展报告（2017~2018）
著(编)者：尹丽波 2018年6月出版 / 估价：99.00元
PSN B-2015-452-5/6

工业和信息化蓝皮书
世界信息化发展报告（2017~2018）
著(编)者：尹丽波 2018年6月出版 / 估价：99.00元
PSN B-2015-451-4/6

工业设计蓝皮书
中国工业设计发展报告（2018）
著(编)者：王晓红 于炜 张立群 2018年9月出版 / 估价：168.00元
PSN B-2014-420-1/1

公共关系蓝皮书
中国公共关系发展报告（2017）
著(编)者：柳斌杰 2018年1月出版 / 定价：89.00元
PSN B-2016-579-1/1

公共关系蓝皮书
中国公共关系发展报告（2018）
著(编)者：柳斌杰　2018年11月出版 / 估价：99.00元
PSN B-2016-579-1/1

管理蓝皮书
中国管理发展报告（2018）
著(编)者：张晓东　2018年10月出版 / 估价：99.00元
PSN B-2014-416-1/1

轨道交通蓝皮书
中国轨道交通行业发展报告（2017）
著(编)者：仲建华 李闽榕
2017年12月出版 / 定价：98.00元
PSN B-2017-674-1/1

海关发展蓝皮书
中国海关发展前沿报告（2018）
著(编)者：干春晖　2018年6月出版 / 估价：99.00元
PSN B-2017-616-1/1

互联网医疗蓝皮书
中国互联网健康医疗发展报告（2018）
著(编)者：芮晓武　2018年6月出版 / 估价：99.00元
PSN B-2016-567-1/1

黄金市场蓝皮书
中国商业银行黄金业务发展报告（2017～2018）
著(编)者：平安银行　2018年6月出版 / 估价：99.00元
PSN B-2016-524-1/1

会展蓝皮书
中外会展业动态评估研究报告（2018）
著(编)者：张敏 任中峰 聂鑫焱 牛盼强
2018年12月出版 / 估价：99.00元
PSN B-2013-327-1/1

基金会蓝皮书
中国基金会发展报告（2017~2018）
著(编)者：中国基金会发展报告课题组
2018年6月出版 / 估价：99.00元
PSN B-2013-368-1/1

基金会绿皮书
中国基金会发展独立研究报告（2018）
著(编)者：基金会中心网　中央民族大学基金会研究中心
2018年6月出版 / 估价：99.00元
PSN G-2011-213-1/1

基金会透明度蓝皮书
中国基金会透明度发展研究报告（2018）
著(编)者：基金会中心网
清华大学廉政与治理研究中心
2018年9月出版 / 估价：99.00元
PSN B-2013-339-1/1

建筑装饰蓝皮书
中国建筑装饰行业发展报告（2018）
著(编)者：葛道顺 刘晓一
2018年10月出版 / 估价：198.00元
PSN B-2016-553-1/1

金融监管蓝皮书
中国金融监管报告（2018）
著(编)者：胡滨　2018年3月出版 / 定价：98.00元
PSN B-2012-281-1/1

金融蓝皮书
中国互联网金融行业分析与评估（2018～2019）
著(编)者：黄国平 伍旭川　2018年12月出版 / 估价：99.00元
PSN B-2016-585-7/7

金融科技蓝皮书
中国金融科技发展报告（2018）
著(编)者：李扬 孙国峰　2018年10月出版 / 估价：99.00元
PSN B-2014-374-1/1

金融信息服务蓝皮书
中国金融信息服务发展报告（2018）
著(编)者：李平　2018年5月出版 / 估价：99.00元
PSN B-2017-621-1/1

金蜜蜂企业社会责任蓝皮书
金蜜蜂中国企业社会责任报告研究（2017）
著(编)者：殷格非 于志宏 管竹笋
2018年1月出版 / 定价：99.00元
PSN B-2018-693-1/1

京津冀金融蓝皮书
京津冀金融发展报告（2018）
著(编)者：王爱俭 王璟怡　2018年10月出版 / 估价：99.00元
PSN B-2016-527-1/1

科普蓝皮书
国家科普能力发展报告（2018）
著(编)者：王康友　2018年5月出版 / 估价：138.00元
PSN B-2017-632-4/4

科普蓝皮书
中国基层科普发展报告（2017～2018）
著(编)者：赵立新 陈玲　2018年9月出版 / 估价：99.00元
PSN B-2016-568-3/4

科普蓝皮书
中国科普基础设施发展报告（2017～2018）
著(编)者：任福君　2018年6月出版 / 估价：99.00元
PSN B-2010-174-1/3

科普蓝皮书
中国科普人才发展报告（2017～2018）
著(编)者：郑念 任嵘嵘　2018年7月出版 / 估价：99.00元
PSN B-2016-512-2/4

科普能力蓝皮书
中国科普能力评价报告（2018～2019）
著(编)者：李富强 李群　2018年8月出版 / 估价：99.00元
PSN B-2016-555-1/1

临空经济蓝皮书
中国临空经济发展报告（2018）
著(编)者：连玉明　2018年9月出版 / 估价：99.00元
PSN B-2014-421-1/1

旅游安全蓝皮书
中国旅游安全报告（2018）
著(编)者：郑向敏 谢朝武　2018年5月出版 / 估价：158.00元
PSN B-2012-280-1/1

旅游绿皮书
2017～2018年中国旅游发展分析与预测
著(编)者：宋瑞　2018年1月出版 / 定价：99.00元
PSN G-2002-018-1/1

煤炭蓝皮书
中国煤炭工业发展报告（2018）
著(编)者：岳福斌　2018年12月出版 / 估价：99.00元
PSN B-2008-123-1/1

民营企业社会责任蓝皮书
中国民营企业社会责任报告（2018）
著(编)者：中华全国工商业联合会
2018年12月出版 / 估价：99.00元
PSN B-2015-510-1/1

民营医院蓝皮书
中国民营医院发展报告（2017）
著(编)者：薛晓林　2017年12月出版 / 定价：89.00元
PSN B-2012-299-1/1

闽商蓝皮书
闽商发展报告（2018）
著(编)者：李闽榕 王日根 林琛
2018年12月出版 / 估价：99.00元
PSN B-2012-298-1/1

农业应对气候变化蓝皮书
中国农业气象灾害及其灾损评估报告（No.3）
著(编)者：矫梅燕　2018年6月出版 / 估价：118.00元
PSN B-2014-413-1/1

品牌蓝皮书
中国品牌战略发展报告（2018）
著(编)者：汪同三　2018年10月出版 / 估价：99.00元
PSN B-2016-580-1/1

企业扶贫蓝皮书
中国企业扶贫研究报告（2018）
著(编)者：钟宏武　2018年12月出版 / 估价：99.00元
PSN B-2016-593-1/1

企业公益蓝皮书
中国企业公益研究报告（2018）
著(编)者：钟宏武 汪杰 黄晓娟
2018年12月出版 / 估价：99.00元
PSN B-2015-501-1/1

企业国际化蓝皮书
中国企业全球化报告（2018）
著(编)者：王辉耀 苗绿　2018年11月出版 / 估价：99.00元
PSN B-2014-427-1/1

企业蓝皮书
中国企业绿色发展报告No.2（2018）
著(编)者：李红玉 朱光辉
2018年8月出版 / 估价：99.00元
PSN B-2015-481-2/2

企业社会责任蓝皮书
中资企业海外社会责任研究报告（2017～2018）
著(编)者：钟宏武 叶柳红 张蒽
2018年6月出版 / 估价：99.00元
PSN B-2017-603-2/2

企业社会责任蓝皮书
中国企业社会责任研究报告（2018）
著(编)者：黄群慧 钟宏武 张蒽 汪杰
2018年11月出版 / 估价：99.00元
PSN B-2009-149-1/2

汽车安全蓝皮书
中国汽车安全发展报告（2018）
著(编)者：中国汽车技术研究中心
2018年8月出版 / 估价：99.00元
PSN B-2014-385-1/1

汽车电子商务蓝皮书
中国汽车电子商务发展报告（2018）
著(编)者：中华全国工商业联合会汽车经销商商会
北方工业大学
北京易观智库网络科技有限公司
2018年10月出版 / 估价：158.00元
PSN B-2015-485-1/1

汽车知识产权蓝皮书
中国汽车产业知识产权发展报告（2018）
著(编)者：中国汽车工程研究院股份有限公司
中国汽车工程学会
重庆长安汽车股份有限公司
2018年12月出版 / 估价：99.00元
PSN B-2016-594-1/1

青少年体育蓝皮书
中国青少年体育发展报告（2017）
著(编)者：刘扶民 杨桦　2018年6月出版 / 估价：99.00元
PSN B-2015-482-1/1

区块链蓝皮书
中国区块链发展报告（2018）
著(编)者：李伟　2018年9月出版 / 估价：99.00元
PSN B-2017-649-1/1

群众体育蓝皮书
中国群众体育发展报告（2017）
著(编)者：刘国永 戴健　2018年5月出版 / 估价：99.00元
PSN B-2014-411-1/3

群众体育蓝皮书
中国社会体育指导员发展报告（2018）
著(编)者：刘国永 王欢　2018年6月出版 / 估价：99.00元
PSN B-2016-520-3/3

人力资源蓝皮书
中国人力资源发展报告（2018）
著(编)者：余兴安　2018年11月出版 / 估价：99.00元
PSN B-2012-287-1/1

融资租赁蓝皮书
中国融资租赁业发展报告（2017～2018）
著(编)者：李光荣 王力　2018年8月出版 / 估价：99.00元
PSN B-2015-443-1/1

商会蓝皮书
中国商会发展报告No.5（2017）
著(编)者：王钦敏　　2018年7月出版 / 估价：99.00元
PSN B-2008-125-1/1

商务中心区蓝皮书
中国商务中心区发展报告No.4（2017～2018）
著(编)者：李国红 单菁菁　　2018年9月出版 / 估价：99.00元
PSN B-2015-444-1/1

设计产业蓝皮书
中国创新设计发展报告（2018）
著(编)者：王晓红 张立群 于炜
2018年11月出版 / 估价：99.00元
PSN B-2016-581-2/2

社会责任管理蓝皮书
中国上市公司社会责任能力成熟度报告No.4（2018）
著(编)者：肖红军 王晓光 李伟阳
2018年12月出版 / 估价：99.00元
PSN B-2015-507-2/2

社会责任管理蓝皮书
中国企业公众透明度报告No.4（2017～2018）
著(编)者：黄速建 熊梦 王晓光 肖红军
2018年6月出版 / 估价：99.00元
PSN B-2015-440-1/2

食品药品蓝皮书
食品药品安全与监管政策研究报告（2016～2017）
著(编)者：唐民皓　　2018年6月出版 / 估价：99.00元
PSN B-2009-129-1/1

输血服务蓝皮书
中国输血行业发展报告（2018）
著(编)者：孙俊　　2018年12月出版 / 估价：99.00元
PSN B-2016-582-1/1

水利风景区蓝皮书
中国水利风景区发展报告（2018）
著(编)者：董建文 兰思仁
2018年10月出版 / 估价：99.00元
PSN B-2015-480-1/1

数字经济蓝皮书
全球数字经济竞争力发展报告（2017）
著(编)者：王振　　2017年12月出版 / 定价：79.00元
PSN B-2017-673-1/1

私募市场蓝皮书
中国私募股权市场发展报告（2017～2018）
著(编)者：曹和平　　2018年12月出版 / 估价：99.00元
PSN B-2010-162-1/1

碳排放权交易蓝皮书
中国碳排放权交易报告（2018）
著(编)者：孙永平　　2018年11月出版 / 估价：99.00元
PSN B-2017-652-1/1

碳市场蓝皮书
中国碳市场报告（2018）
著(编)者：定金彪　　2018年11月出版 / 估价：99.00元
PSN B-2014-430-1/1

体育蓝皮书
中国公共体育服务发展报告（2018）
著(编)者：戴健　　2018年12月出版 / 估价：99.00元
PSN B-2013-367-2/5

土地市场蓝皮书
中国农村土地市场发展报告（2017～2018）
著(编)者：李光荣　　2018年6月出版 / 估价：99.00元
PSN B-2016-526-1/1

土地整治蓝皮书
中国土地整治发展研究报告（No.5）
著(编)者：国土资源部土地整治中心
2018年7月出版 / 估价：99.00元
PSN B-2014-401-1/1

土地政策蓝皮书
中国土地政策研究报告（2018）
著(编)者：高延利 张建平 吴次芳
2018年1月出版 / 定价：98.00元
PSN B-2015-506-1/1

网络空间安全蓝皮书
中国网络空间安全发展报告（2018）
著(编)者：惠志斌 覃庆玲
2018年11月出版 / 估价：99.00元
PSN B-2015-466-1/1

文化志愿服务蓝皮书
中国文化志愿服务发展报告（2018）
著(编)者：张永新 良警宇　　2018年11月出版 / 估价：128.00元
PSN B-2016-596-1/1

西部金融蓝皮书
中国西部金融发展报告（2017～2018）
著(编)者：李忠民　　2018年8月出版 / 估价：99.00元
PSN B-2010-160-1/1

协会商会蓝皮书
中国行业协会商会发展报告（2017）
著(编)者：景朝阳 李勇　　2018年6月出版 / 估价：99.00元
PSN B-2015-461-1/1

新三板蓝皮书
中国新三板市场发展报告（2018）
著(编)者：王力　　2018年8月出版 / 估价：99.00元
PSN B-2016-533-1/1

信托市场蓝皮书
中国信托业市场报告（2017～2018）
著(编)者：用益金融信托研究院
2018年6月出版 / 估价：198.00元
PSN B-2014-371-1/1

信息化蓝皮书
中国信息化形势分析与预测（2017～2018）
著(编)者：周宏仁　　2018年8月出版 / 估价：99.00元
PSN B-2010-168-1/1

信用蓝皮书
中国信用发展报告（2017～2018）
著(编)者：章政 田侃　　2018年6月出版 / 估价：99.00元
PSN B-2013-328-1/1

休闲绿皮书
2017～2018年中国休闲发展报告
著(编)者：宋瑞　2018年7月出版 / 估价：99.00元
PSN G-2010-158-1/1

休闲体育蓝皮书
中国休闲体育发展报告（2017～2018）
著(编)者：李相如 钟秉枢
2018年10月出版 / 估价：99.00元
PSN B-2016-516-1/1

养老金融蓝皮书
中国养老金融发展报告（2018）
著(编)者：董克用 姚余栋
2018年9月出版 / 估价：99.00元
PSN B-2016-583-1/1

遥感监测绿皮书
中国可持续发展遥感监测报告（2017）
著(编)者：顾行发 汪克强 潘教峰 李闽榕 徐东华 王琦安
2018年6月出版 / 估价：298.00元
PSN B-2017-629-1/1

药品流通蓝皮书
中国药品流通行业发展报告（2018）
著(编)者：佘鲁林 温再兴
2018年7月出版 / 估价：198.00元
PSN B-2014-429-1/1

医疗器械蓝皮书
中国医疗器械行业发展报告（2018）
著(编)者：王宝亭 耿鸿武
2018年10月出版 / 估价：99.00元
PSN B-2017-661-1/1

医院蓝皮书
中国医院竞争力报告（2017~2018）
著(编)者：庄一强　2018年3月出版 / 定价：108.00元
PSN B-2016-528-1/1

瑜伽蓝皮书
中国瑜伽业发展报告（2017~2018）
著(编)者：张永建 徐华锋 朱泰余
2018年6月出版 / 估价：198.00元
PSN B-2017-625-1/1

债券市场蓝皮书
中国债券市场发展报告（2017～2018）
著(编)者：杨农　2018年10月出版 / 估价：99.00元
PSN B-2016-572-1/1

志愿服务蓝皮书
中国志愿服务发展报告（2018）
著(编)者：中国志愿服务联合会
2018年11月出版 / 估价：99.00元
PSN B-2017-664-1/1

中国上市公司蓝皮书
中国上市公司发展报告（2018）
著(编)者：张鹏 张平 黄胤英
2018年9月出版 / 估价：99.00元
PSN B-2014-414-1/1

中国新三板蓝皮书
中国新三板创新与发展报告（2018）
著(编)者：刘平安 闻召林
2018年8月出版 / 估价：158.00元
PSN B-2017-638-1/1

中国汽车品牌蓝皮书
中国乘用车品牌发展报告（2017）
著(编)者：《中国汽车报》社有限公司
博世（中国）投资有限公司
中国汽车技术研究中心数据资源中心
2018年1月出版 / 定价：89.00元
PSN B-2017-679-1/1

中医文化蓝皮书
北京中医药文化传播发展报告（2018）
著(编)者：毛嘉陵　2018年6月出版 / 估价：99.00元
PSN B-2015-468-1/2

中医文化蓝皮书
中国中医药文化传播发展报告（2018）
著(编)者：毛嘉陵　2018年7月出版 / 估价：99.00元
PSN B-2016-584-2/2

中医药蓝皮书
北京中医药知识产权发展报告No.2
著(编)者：汪洪 屠志涛　2018年6月出版 / 估价：168.00元
PSN B-2017-602-1/1

资本市场蓝皮书
中国场外交易市场发展报告（2016～2017）
著(编)者：高峦　2018年6月出版 / 估价：99.00元
PSN B-2009-153-1/1

资产管理蓝皮书
中国资产管理行业发展报告（2018）
著(编)者：郑智　2018年7月出版 / 估价：99.00元
PSN B-2014-407-2/2

资产证券化蓝皮书
中国资产证券化发展报告（2018）
著(编)者：沈炳熙 曹彤 李哲平
2018年4月出版 / 定价：98.00元
PSN B-2017-660-1/1

自贸区蓝皮书
中国自贸区发展报告（2018）
著(编)者：王力 黄育华
2018年6月出版 / 估价：99.00元
PSN B-2016-558-1/1

国际问题与全球治理类

“一带一路”跨境通道蓝皮书
“一带一路”跨境通道建设研究报（2017~2018）
著(编)者：余鑫 张秋生　2018年1月出版 / 定价：89.00元
PSN B-2016-557-1/1

“一带一路”蓝皮书
“一带一路”建设发展报告（2018）
著(编)者：李永全　2018年3月出版 / 定价：98.00元
PSN B-2016-552-1/1

“一带一路”投资安全蓝皮书
中国“一带一路”投资与安全研究报告（2018）
著(编)者：邹统钎 梁昊光　2018年4月出版 / 定价：98.00元
PSN B-2017-612-1/1

“一带一路”文化交流蓝皮书
中阿文化交流发展报告（2017）
著(编)者：王辉　2017年12月出版 / 定价：89.00元
PSN B-2017-655-1/1

G20国家创新竞争力黄皮书
二十国集团（G20）国家创新竞争力发展报告（2017~2018）
著(编)者：李建平 李闽榕 赵新力 周天勇
2018年7月出版 / 估价：168.00元
PSN Y-2011-229-1/1

阿拉伯黄皮书
阿拉伯发展报告（2016~2017）
著(编)者：罗林　2018年6月出版 / 估价：99.00元
PSN Y-2014-381-1/1

北部湾蓝皮书
泛北部湾合作发展报告（2017~2018）
著(编)者：吕余生　2018年12月出版 / 估价：99.00元
PSN B-2008-114-1/1

北极蓝皮书
北极地区发展报告（2017）
著(编)者：刘惠荣　2018年7月出版 / 估价：99.00元
PSN B-2017-634-1/1

大洋洲蓝皮书
大洋洲发展报告（2017~2018）
著(编)者：喻常森　2018年10月出版 / 估价：99.00元
PSN B-2013-341-1/1

东北亚区域合作蓝皮书
2017年“一带一路”倡议与东北亚区域合作
著(编)者：刘亚政 金美花
2018年5月出版 / 估价：99.00元
PSN B-2017-631-1/1

东盟黄皮书
东盟发展报告（2017）
著(编)者：杨静林 庄国土　2018年6月出版 / 估价：99.00元
PSN Y-2012-303-1/1

东南亚蓝皮书
东南亚地区发展报告（2017~2018）
著(编)者：王勤　2018年12月出版 / 估价：99.00元
PSN B-2012-240-1/1

非洲黄皮书
非洲发展报告No.20（2017~2018）
著(编)者：张宏明　2018年7月出版 / 估价：99.00元
PSN Y-2012-239-1/1

非传统安全蓝皮书
中国非传统安全研究报告（2017~2018）
著(编)者：潇枫 罗中枢　2018年8月出版 / 估价：99.00元
PSN B-2012-273-1/1

国际安全蓝皮书
中国国际安全研究报告（2018）
著(编)者：刘慧　2018年7月出版 / 估价：99.00元
PSN B-2016-521-1/1

国际城市蓝皮书
国际城市发展报告（2018）
著(编)者：屠启宇　2018年2月出版 / 定价：89.00元
PSN B-2012-260-1/1

国际形势黄皮书
全球政治与安全报告（2018）
著(编)者：张宇燕　2018年1月出版 / 定价：99.00元
PSN Y-2001-016-1/1

公共外交蓝皮书
中国公共外交发展报告（2018）
著(编)者：赵启正 雷蔚真　2018年6月出版 / 估价：99.00元
PSN B-2015-457-1/1

海丝蓝皮书
21世纪海上丝绸之路研究报告（2017）
著(编)者：华侨大学海上丝绸之路研究院
2017年12月出版 / 定价：89.00元
PSN B-2017-684-1/1

金砖国家黄皮书
金砖国家综合创新竞争力发展报告（2018）
著(编)者：赵新力 李闽榕 黄茂兴
2018年8月出版 / 估价：128.00元
PSN Y-2017-643-1/1

拉美黄皮书
拉丁美洲和加勒比发展报告（2017~2018）
著(编)者：袁东振　2018年6月出版 / 估价：99.00元
PSN Y-1999-007-1/1

澜湄合作蓝皮书
澜沧江-湄公河合作发展报告（2018）
著(编)者：刘稚　2018年9月出版 / 估价：99.00元
PSN B-2011-196-1/1

欧洲蓝皮书
欧洲发展报告（2017～2018）
著(编)者：黄平 周弘 程卫东
2018年6月出版 / 估价：99.00元
PSN B-1999-009-1/1

葡语国家蓝皮书
葡语国家发展报告（2016～2017）
著(编)者：王成安 张敏 刘金兰
2018年6月出版 / 估价：99.00元
PSN B-2015-503-1/2

葡语国家蓝皮书
中国与葡语国家关系发展报告·巴西（2016）
著(编)者：张曙光
2018年8月出版 / 估价：99.00元
PSN B-2016-563-2/2

气候变化绿皮书
应对气候变化报告（2018）
著(编)者：王伟光 郑国光
2018年11月出版 / 估价：99.00元
PSN G-2009-144-1/1

全球环境竞争力绿皮书
全球环境竞争力报告（2018）
著(编)者：李建平 李闽榕 王金南
2018年12月出版 / 估价：198.00元
PSN G-2013-363-1/1

全球信息社会蓝皮书
全球信息社会发展报告（2018）
著(编)者：丁波涛 唐涛　2018年10月出版 / 估价：99.00元
PSN B-2017-665-1/1

日本经济蓝皮书
日本经济与中日经贸关系研究报告（2018）
著(编)者：张季风　2018年6月出版 / 估价：99.00元
PSN B-2008-102-1/1

上海合作组织黄皮书
上海合作组织发展报告（2018）
著(编)者：李进峰　2018年6月出版 / 估价：99.00元
PSN Y-2009-130-1/1

世界创新竞争力黄皮书
世界创新竞争力发展报告（2017）
著(编)者：李建平 李闽榕 赵新力
2018年6月出版 / 估价：168.00元
PSN Y-2013-318-1/1

世界经济黄皮书
2018年世界经济形势分析与预测
著(编)者：张宇燕　2018年1月出版 / 定价：99.00元
PSN Y-1999-006-1/1

世界能源互联互通蓝皮书
世界能源清洁发展与互联互通评估报告（2017）：欧洲篇
著(编)者：国网能源研究院
2018年1月出版 / 定价：128.00元
PSN B-2018-695-1/1

丝绸之路蓝皮书
丝绸之路经济带发展报告（2018）
著(编)者：任宗哲 白宽犁 谷孟宾
2018年1月出版 / 定价：89.00元
PSN B-2014-410-1/1

新兴经济体蓝皮书
金砖国家发展报告（2018）
著(编)者：林跃勤 周文
2018年8月出版 / 估价：99.00元
PSN B-2011-195-1/1

亚太蓝皮书
亚太地区发展报告（2018）
著(编)者：李向阳　2018年5月出版 / 估价：99.00元
PSN B-2001-015-1/1

印度洋地区蓝皮书
印度洋地区发展报告（2018）
著(编)者：汪戎　2018年6月出版 / 估价：99.00元
PSN B-2013-334-1/1

印度尼西亚经济蓝皮书
印度尼西亚经济发展报告（2017）：增长与机会
著(编)者：左志刚　2017年11月出版 / 定价：89.00元
PSN B-2017-675-1/1

渝新欧蓝皮书
渝新欧沿线国家发展报告（2018）
著(编)者：杨柏 黄森
2018年6月出版 / 估价：99.00元
PSN B-2017-626-1/1

中阿蓝皮书
中国-阿拉伯国家经贸发展报告（2018）
著(编)者：张廉 段庆林 王林聪 杨巧红
2018年12月出版 / 估价：99.00元
PSN B-2016-598-1/1

中东黄皮书
中东发展报告No.20（2017～2018）
著(编)者：杨光　2018年10月出版 / 估价：99.00元
PSN Y-1998-004-1/1

中亚黄皮书
中亚国家发展报告（2018）
著(编)者：孙力
2018年3月出版 / 定价：98.00元
PSN Y-2012-238-1/1

国别类

澳大利亚蓝皮书
澳大利亚发展报告（2017-2018）
著(编)者：孙有中 韩锋 2018年12月出版 / 估价：99.00元
PSN B-2016-587-1/1

巴西黄皮书
巴西发展报告（2017）
著(编)者：刘国枝 2018年5月出版 / 估价：99.00元
PSN Y-2017-614-1/1

德国蓝皮书
德国发展报告（2018）
著(编)者：郑春荣 2018年6月出版 / 估价：99.00元
PSN B-2012-278-1/1

俄罗斯黄皮书
俄罗斯发展报告（2018）
著(编)者：李永全 2018年6月出版 / 估价：99.00元
PSN Y-2006-061-1/1

韩国蓝皮书
韩国发展报告（2017）
著(编)者：牛林杰 刘宝全 2018年6月出版 / 估价：99.00元
PSN B-2010-155-1/1

加拿大蓝皮书
加拿大发展报告（2018）
著(编)者：唐小松 2018年9月出版 / 估价：99.00元
PSN B-2014-389-1/1

美国蓝皮书
美国研究报告（2018）
著(编)者：郑秉文 黄平 2018年5月出版 / 估价：99.00元
PSN B-2011-210-1/1

缅甸蓝皮书
缅甸国情报告（2017）
著(编)者：祝湘辉
2017年11月出版 / 定价：98.00元
PSN B-2013-343-1/1

日本蓝皮书
日本研究报告（2018）
著(编)者：杨伯江 2018年4月出版 / 定价：99.00元
PSN B-2002-020-1/1

土耳其蓝皮书
土耳其发展报告（2018）
著(编)者：郭长刚 刘义 2018年9月出版 / 估价：99.00元
PSN B-2014-412-1/1

伊朗蓝皮书
伊朗发展报告（2017～2018）
著(编)者：冀开运 2018年10月 / 估价：99.00元
PSN B-2016-574-1/1

以色列蓝皮书
以色列发展报告（2018）
著(编)者：张倩红 2018年8月出版 / 估价：99.00元
PSN B-2015-483-1/1

印度蓝皮书
印度国情报告（2017）
著(编)者：吕昭义 2018年6月出版 / 估价：99.00元
PSN B-2012-241-1/1

英国蓝皮书
英国发展报告（2017～2018）
著(编)者：王展鹏 2018年12月出版 / 估价：99.00元
PSN B-2015-486-1/1

越南蓝皮书
越南国情报告（2018）
著(编)者：谢林城 2018年11月出版 / 估价：99.00元
PSN B-2006-056-1/1

泰国蓝皮书
泰国研究报告（2018）
著(编)者：庄国土 张禹东 刘文正
2018年10月出版 / 估价：99.00元
PSN B-2016-556-1/1

文化传媒类

“三农”舆情蓝皮书
中国“三农”网络舆情报告（2017～2018）
著(编)者：农业部信息中心
2018年6月出版 / 估价：99.00元
PSN B-2017-640-1/1

传媒竞争力蓝皮书
中国传媒国际竞争力研究报告（2018）
著(编)者：李本乾 刘强 王大可
2018年8月出版 / 估价：99.00元
PSN B-2013-356-1/1

传媒蓝皮书
中国传媒产业发展报告（2018）
著(编)者：崔保国
2018年5月出版 / 估价：99.00元
PSN B-2005-035-1/1

传媒投资蓝皮书
中国传媒投资发展报告（2018）
著(编)者：张向东 谭云明
2018年6月出版 / 估价：148.00元
PSN B-2015-474-1/1

非物质文化遗产蓝皮书
中国非物质文化遗产发展报告（2018）
著(编)者：陈平　2018年6月出版 / 估价：128.00元
PSN B-2015-469-1/2

非物质文化遗产蓝皮书
中国非物质文化遗产保护发展报告（2018）
著(编)者：宋俊华　2018年10月出版 / 估价：128.00元
PSN B-2016-586-2/2

广电蓝皮书
中国广播电影电视发展报告（2018）
著(编)者：国家新闻出版广电总局发展研究中心
2018年7月出版 / 估价：99.00元
PSN B-2006-072-1/1

广告主蓝皮书
中国广告主营销传播趋势报告No.9
著(编)者：黄升民 杜国清 邵华冬 等
2018年10月出版 / 估价：158.00元
PSN B-2005-041-1/1

国际传播蓝皮书
中国国际传播发展报告（2018）
著(编)者：胡正荣 李继东 姬德强
2018年12月出版 / 估价：99.00元
PSN B-2014-408-1/1

国家形象蓝皮书
中国国家形象传播报告（2017）
著(编)者：张昆　2018年6月出版 / 估价：128.00元
PSN B-2017-605-1/1

互联网治理蓝皮书
中国网络社会治理研究报告（2018）
著(编)者：罗昕 支庭荣
2018年9月出版 / 估价：118.00元
PSN B-2017-653-1/1

纪录片蓝皮书
中国纪录片发展报告（2018）
著(编)者：何苏六　2018年10月出版 / 估价：99.00元
PSN B-2011-222-1/1

科学传播蓝皮书
中国科学传播报告（2016~2017）
著(编)者：詹正茂　2018年6月出版 / 估价：99.00元
PSN B-2008-120-1/1

两岸创意经济蓝皮书
两岸创意经济研究报告（2018）
著(编)者：罗昌智 董泽平
2018年10月出版 / 估价：99.00元
PSN B-2014-437-1/1

媒介与女性蓝皮书
中国媒介与女性发展报告（2017～2018）
著(编)者：刘利群　2018年5月出版 / 估价：99.00元
PSN B-2013-345-1/1

媒体融合蓝皮书
中国媒体融合发展报告（2017～2018）
著(编)者：梅宁华 支庭荣
2017年12月出版 / 定价：98.00元
PSN B-2015-479-1/1

全球传媒蓝皮书
全球传媒发展报告（2017～2018）
著(编)者：胡正荣 李继东　2018年6月出版 / 估价：99.00元
PSN B-2012-237-1/1

少数民族非遗蓝皮书
中国少数民族非物质文化遗产发展报告（2018）
著(编)者：肖远平（彝） 柴立（满）
2018年10月出版 / 估价：118.00元
PSN B-2015-467-1/1

视听新媒体蓝皮书
中国视听新媒体发展报告（2018）
著(编)者：国家新闻出版广电总局发展研究中心
2018年7月出版 / 估价：118.00元
PSN B-2011-184-1/1

数字娱乐产业蓝皮书
中国动画产业发展报告（2018）
著(编)者：孙立军 孙平 牛兴侦
2018年10月出版 / 估价：99.00元
PSN B-2011-198-1/2

数字娱乐产业蓝皮书
中国游戏产业发展报告（2018）
著(编)者：孙立军 刘跃军　2018年10月出版 / 估价：99.00元
PSN B-2017-662-2/2

网络视听蓝皮书
中国互联网视听行业发展报告（2018）
著(编)者：陈鹏　2018年2月出版 / 定价：148.00元
PSN B-2018-688-1/1

文化创新蓝皮书
中国文化创新报告（2017·No.8）
著(编)者：傅才武　2018年6月出版 / 估价：99.00元
PSN B-2009-143-1/1

文化建设蓝皮书
中国文化发展报告（2018）
著(编)者：江畅 孙伟平 戴茂堂
2018年5月出版 / 估价：99.00元
PSN B-2014-392-1/1

文化科技蓝皮书
文化科技创新发展报告（2018）
著(编)者：于平 李凤亮　2018年10月出版 / 估价：99.00元
PSN B-2013-342-1/1

文化蓝皮书
中国公共文化服务发展报告（2017~2018）
著(编)者：刘新成 张永新 张旭
2018年12月出版 / 估价：99.00元
PSN B-2007-093-2/10

文化蓝皮书
中国少数民族文化发展报告（2017～2018）
著(编)者：武翠英 张晓明 任乌晶
2018年9月出版 / 估价：99.00元
PSN B-2013-369-9/10

文化蓝皮书
中国文化产业供需协调检测报告（2018）
著(编)者：王亚南　2018年3月出版 / 定价：99.00元
PSN B-2013-323-8/10

文化蓝皮书
中国文化消费需求景气评价报告（2018）
著(编)者：王亚南　　2018年3月出版 / 定价：99.00元
PSN B-2011-236-4/10

文化蓝皮书
中国公共文化投入增长测评报告（2018）
著(编)者：王亚南　　2018年3月出版 / 定价：99.00元
PSN B-2014-435-10/10

文化品牌蓝皮书
中国文化品牌发展报告（2018）
著(编)者：欧阳友权　　2018年5月出版 / 估价：99.00元
PSN B-2012-277-1/1

文化遗产蓝皮书
中国文化遗产事业发展报告（2017～2018）
著(编)者：苏杨 张颖岚 卓杰 白海峰 陈晨 陈叙图
2018年8月出版 / 估价：99.00元
PSN B-2008-119-1/1

文学蓝皮书
中国文情报告（2017～2018）
著(编)者：白烨　　2018年5月出版 / 估价：99.00元
PSN B-2011-221-1/1

新媒体蓝皮书
中国新媒体发展报告No.9（2018）
著(编)者：唐绪军　　2018年7月出版 / 估价：99.00元
PSN B-2010-169-1/1

新媒体社会责任蓝皮书
中国新媒体社会责任研究报告（2018）
著(编)者：钟瑛　　2018年12月出版 / 估价：99.00元
PSN B-2014-423-1/1

移动互联网蓝皮书
中国移动互联网发展报告（2018）
著(编)者：余清楚　　2018年6月出版 / 估价：99.00元
PSN B-2012-282-1/1

影视蓝皮书
中国影视产业发展报告（2018）
著(编)者：司若 陈鹏 陈锐
2018年6月出版 / 估价：99.00元
PSN B-2016-529-1/1

舆情蓝皮书
中国社会舆情与危机管理报告（2018）
著(编)者：谢耘耕
2018年9月出版 / 估价：138.00元
PSN B-2011-235-1/1

中国大运河蓝皮书
中国大运河发展报告（2018）
著(编)者：吴欣　　2018年2月出版 / 估价：128.00元
PSN B-2018-691-1/1

地方发展类-经济

澳门蓝皮书
澳门经济社会发展报告（2017～2018）
著(编)者：吴志良 郝雨凡
2018年7月出版 / 估价：99.00元
PSN B-2009-138-1/1

澳门绿皮书
澳门旅游休闲发展报告（2017～2018）
著(编)者：郝雨凡 林广志
2018年5月出版 / 估价：99.00元
PSN G-2017-617-1/1

北京蓝皮书
北京经济发展报告（2017～2018）
著(编)者：杨松　　2018年6月出版 / 估价：99.00元
PSN B-2006-054-2/8

北京旅游绿皮书
北京旅游发展报告（2018）
著(编)者：北京旅游学会
2018年7月出版 / 估价：99.00元
PSN G-2012-301-1/1

北京体育蓝皮书
北京体育产业发展报告（2017～2018）
著(编)者：钟秉枢 陈杰 杨铁黎
2018年9月出版 / 估价：99.00元
PSN B-2015-475-1/1

滨海金融蓝皮书
滨海新区金融发展报告（2017）
著(编)者：王爱俭 李向前　　2018年4月出版 / 估价：99.00元
PSN B-2014-424-1/1

城乡一体化蓝皮书
北京城乡一体化发展报告（2017～2018）
著(编)者：吴宝新 张宝秀 黄序
2018年5月出版 / 估价：99.00元
PSN B-2012-258-2/2

非公有制企业社会责任蓝皮书
北京非公有制企业社会责任报告（2018）
著(编)者：宋贵伦 冯培
2018年6月出版 / 估价：99.00元
PSN B-2017-613-1/1

福建旅游蓝皮书
福建省旅游产业发展现状研究（2017~2018）
著(编)者：陈敏华 黄远水 2018年12月出版 / 估价：128.00元
PSN B-2016-591-1/1

福建自贸区蓝皮书
中国（福建）自由贸易试验区发展报告（2017~2018）
著(编)者：黄茂兴 2018年6月出版 / 估价：118.00元
PSN B-2016-531-1/1

甘肃蓝皮书
甘肃经济发展分析与预测（2018）
著(编)者：安文华 罗哲 2018年1月出版 / 定价：99.00元
PSN B-2013-312-1/6

甘肃蓝皮书
甘肃商贸流通发展报告（2018）
著(编)者：张应华 王福生 王晓芳
2018年1月出版 / 定价：99.00元
PSN B-2016-522-6/6

甘肃蓝皮书
甘肃县域和农村发展报告（2018）
著(编)者：包东红 朱智文 王建兵
2018年1月出版 / 定价：99.00元
PSN B-2013-316-5/6

甘肃农业科技绿皮书
甘肃农业科技发展研究报告（2018）
著(编)者：魏胜文 乔德华 张东伟
2018年12月出版 / 估价：198.00元
PSN B-2016-592-1/1

甘肃气象保障蓝皮书
甘肃农业对气候变化的适应与风险评估报告（No.1）
著(编)者：鲍文中 周广胜
2017年12月出版 / 定价：108.00元
PSN B-2017-677-1/1

巩义蓝皮书
巩义经济社会发展报告（2018）
著(编)者：丁同民 朱军 2018年6月出版 / 估价：99.00元
PSN B-2016-532-1/1

广东外经贸蓝皮书
广东对外经济贸易发展研究报告（2017~2018）
著(编)者：陈万灵 2018年6月出版 / 估价：99.00元
PSN B-2012-286-1/1

广西北部湾经济区蓝皮书
广西北部湾经济区开放开发报告（2017~2018）
著(编)者：广西壮族自治区北部湾经济区和东盟开放合作办公室
广西社会科学院
广西北部湾发展研究院
2018年5月出版 / 估价：99.00元
PSN B-2010-181-1/1

广州蓝皮书
广州城市国际化发展报告（2018）
著(编)者：张跃国 2018年8月出版 / 估价：99.00元
PSN B-2012-246-11/14

广州蓝皮书
中国广州城市建设与管理发展报告（2018）
著(编)者：张其学 陈小钢 王宏伟 2018年8月出版 / 估价：99.00元
PSN B-2007-087-4/14

广州蓝皮书
广州创新型城市发展报告（2018）
著(编)者：尹涛 2018年6月出版 / 估价：99.00元
PSN B-2012-247-12/14

广州蓝皮书
广州经济发展报告（2018）
著(编)者：张跃国 尹涛 2018年7月出版 / 估价：99.00元
PSN B-2005-040-1/14

广州蓝皮书
2018年中国广州经济形势分析与预测
著(编)者：魏明海 谢博能 李华
2018年6月出版 / 估价：99.00元
PSN B-2011-185-9/14

广州蓝皮书
中国广州科技创新发展报告（2018）
著(编)者：于欣伟 陈爽 邓佑满 2018年8月出版 / 估价：99.00元
PSN B-2006-065-2/14

广州蓝皮书
广州农村发展报告（2018）
著(编)者：朱名宏 2018年7月出版 / 估价：99.00元
PSN B-2010-167-8/14

广州蓝皮书
广州汽车产业发展报告（2018）
著(编)者：杨再高 冯兴亚 2018年7月出版 / 估价：99.00元
PSN B-2006-066-3/14

广州蓝皮书
广州商贸业发展报告（2018）
著(编)者：张跃国 陈杰 荀振英
2018年7月出版 / 估价：99.00元
PSN B-2012-245-10/14

贵阳蓝皮书
贵阳城市创新发展报告No.3（白云篇）
著(编)者：连玉明 2018年5月出版 / 估价：99.00元
PSN B-2015-491-3/10

贵阳蓝皮书
贵阳城市创新发展报告No.3（观山湖篇）
著(编)者：连玉明 2018年5月出版 / 估价：99.00元
PSN B-2015-497-9/10

贵阳蓝皮书
贵阳城市创新发展报告No.3（花溪篇）
著(编)者：连玉明 2018年5月出版 / 估价：99.00元
PSN B-2015-490-2/10

贵阳蓝皮书
贵阳城市创新发展报告No.3（开阳篇）
著(编)者：连玉明 2018年5月出版 / 估价：99.00元
PSN B-2015-492-4/10

贵阳蓝皮书
贵阳城市创新发展报告No.3（南明篇）
著(编)者：连玉明 2018年5月出版 / 估价：99.00元
PSN B-2015-496-8/10

贵阳蓝皮书
贵阳城市创新发展报告No.3（清镇篇）
著(编)者：连玉明 2018年5月出版 / 估价：99.00元
PSN B-2015-489-1/10

贵阳蓝皮书
贵阳城市创新发展报告No.3（乌当篇）
著(编)者：连玉明　2018年5月出版 / 估价：99.00元
PSN B-2015-495-7/10

贵阳蓝皮书
贵阳城市创新发展报告No.3（息烽篇）
著(编)者：连玉明　2018年5月出版 / 估价：99.00元
PSN B-2015-493-5/10

贵阳蓝皮书
贵阳城市创新发展报告No.3（修文篇）
著(编)者：连玉明　2018年5月出版 / 估价：99.00元
PSN B-2015-494-6/10

贵阳蓝皮书
贵阳城市创新发展报告No.3（云岩篇）
著(编)者：连玉明　2018年5月出版 / 估价：99.00元
PSN B-2015-498-10/10

贵州房地产蓝皮书
贵州房地产发展报告No.5（2018）
著(编)者：武廷方　2018年7月出版 / 估价：99.00元
PSN B-2014-426-1/1

贵州蓝皮书
贵州册亨经济社会发展报告（2018）
著(编)者：黄德林　2018年6月出版 / 估价：99.00元
PSN B-2016-525-8/9

贵州蓝皮书
贵州地理标志产业发展报告（2018）
著(编)者：李发耀 黄其松　2018年8月出版 / 估价：99.00元
PSN B-2017-646-10/10

贵州蓝皮书
贵安新区发展报告（2017～2018）
著(编)者：马长青 吴大华　2018年6月出版 / 估价：99.00元
PSN B-2015-459-4/10

贵州蓝皮书
贵州国家级开放创新平台发展报告（2017～2018）
著(编)者：申晓庆 吴大华 季泓
2018年11月出版 / 估价：99.00元
PSN B-2016-518-7/10

贵州蓝皮书
贵州国有企业社会责任发展报告（2017～2018）
著(编)者：郭丽　2018年12月出版 / 估价：99.00元
PSN B-2015-511-6/10

贵州蓝皮书
贵州民航业发展报告（2017）
著(编)者：申振东 吴大华　2018年6月出版 / 估价：99.00元
PSN B-2015-471-5/10

贵州蓝皮书
贵州民营经济发展报告（2017）
著(编)者：杨静 吴大华　2018年6月出版 / 估价：99.00元
PSN B-2016-530-9/9

杭州都市圈蓝皮书
杭州都市圈发展报告（2018）
著(编)者：洪庆华 沈翔　2018年4月出版 / 定价：98.00元
PSN B-2012-302-1/1

河北经济蓝皮书
河北省经济发展报告（2018）
著(编)者：马树强 金浩 张贵　2018年6月出版 / 估价：99.00元
PSN B-2014-380-1/1

河北蓝皮书
河北经济社会发展报告（2018）
著(编)者：康振海　2018年1月出版 / 定价：99.00元
PSN B-2014-372-1/3

河北蓝皮书
京津冀协同发展报告（2018）
著(编)者：陈璐　2017年12月出版 / 定价：79.00元
PSN B-2017-601-2/3

河南经济蓝皮书
2018年河南经济形势分析与预测
著(编)者：王世炎　2018年3月出版 / 定价：89.00元
PSN B-2007-086-1/1

河南蓝皮书
河南城市发展报告（2018）
著(编)者：张占仓 王建国　2018年5月出版 / 估价：99.00元
PSN B-2009-131-3/9

河南蓝皮书
河南工业发展报告（2018）
著(编)者：张占仓　2018年5月出版 / 估价：99.00元
PSN B-2013-317-5/9

河南蓝皮书
河南金融发展报告（2018）
著(编)者：喻新安 谷建全
2018年6月出版 / 估价：99.00元
PSN B-2014-390-7/9

河南蓝皮书
河南经济发展报告（2018）
著(编)者：张占仓 完世伟
2018年6月出版 / 估价：99.00元
PSN B-2010-157-4/9

河南蓝皮书
河南能源发展报告（2018）
著(编)者：国网河南省电力公司经济技术研究院
河南省社会科学院
2018年6月出版 / 估价：99.00元
PSN B-2017-607-9/9

河南商务蓝皮书
河南商务发展报告（2018）
著(编)者：焦锦淼 穆荣国　2018年5月出版 / 估价：99.00元
PSN B-2014-399-1/1

河南双创蓝皮书
河南创新创业发展报告（2018）
著(编)者：喻新安 杨雪梅
2018年8月出版 / 估价：99.00元
PSN B-2017-641-1/1

黑龙江蓝皮书
黑龙江经济发展报告（2018）
著(编)者：朱宇　2018年1月出版 / 定价：89.00元
PSN B-2011-190-2/2

湖南城市蓝皮书
区域城市群整合
著(编)者：童中贤 韩未名　2018年12月出版 / 估价：99.00元
PSN B-2006-064-1/1

湖南蓝皮书
湖南城乡一体化发展报告（2018）
著(编)者：陈文胜 王文强 陆福兴
2018年8月出版 / 估价：99.00元
PSN B-2015-477-8/8

湖南蓝皮书
2018年湖南电子政务发展报告
著(编)者：梁志峰　2018年5月出版 / 估价：128.00元
PSN B-2014-394-6/8

湖南蓝皮书
2018年湖南经济发展报告
著(编)者：卞鹰　2018年5月出版 / 估价：128.00元
PSN B-2011-207-2/8

湖南蓝皮书
2016年湖南经济展望
著(编)者：梁志峰　2018年5月出版 / 估价：128.00元
PSN B-2011-206-1/8

湖南蓝皮书
2018年湖南县域经济社会发展报告
著(编)者：梁志峰　2018年5月出版 / 估价：128.00元
PSN B-2014-395-7/8

湖南县域绿皮书
湖南县域发展报告（No.5）
著(编)者：袁准 周小毛 黎仁寅
2018年6月出版 / 估价：99.00元
PSN G-2012-274-1/1

沪港蓝皮书
沪港发展报告（2018）
著(编)者：尤安山　2018年9月出版 / 估价：99.00元
PSN B-2013-362-1/1

吉林蓝皮书
2018年吉林经济社会形势分析与预测
著(编)者：邵汉明　2017年12月出版 / 定价：89.00元
PSN B-2013-319-1/1

吉林省城市竞争力蓝皮书
吉林省城市竞争力报告（2017~2018）
著(编)者：崔岳春 张磊
2018年3月出版 / 定价：89.00元
PSN B-2016-513-1/1

济源蓝皮书
济源经济社会发展报告（2018）
著(编)者：喻新安　2018年6月出版 / 估价：99.00元
PSN B-2014-387-1/1

江苏蓝皮书
2018年江苏经济发展分析与展望
著(编)者：王庆五 吴先满
2018年7月出版 / 估价：128.00元
PSN B-2017-635-1/3

江西蓝皮书
江西经济社会发展报告（2018）
著(编)者：陈石俊 龚建文　2018年10月出版 / 估价：128.00元
PSN B-2015-484-1/2

江西蓝皮书
江西设区市发展报告（2018）
著(编)者：姜玮 梁勇
2018年10月出版 / 估价：99.00元
PSN B-2016-517-2/2

经济特区蓝皮书
中国经济特区发展报告（2017）
著(编)者：陶一桃　2018年1月出版 / 估价：99.00元
PSN B-2009-139-1/1

辽宁蓝皮书
2018年辽宁经济社会形势分析与预测
著(编)者：梁启东 魏红江　2018年6月出版 / 估价：99.00元
PSN B-2006-053-1/1

民族经济蓝皮书
中国民族地区经济发展报告（2018）
著(编)者：李曦辉　2018年7月出版 / 估价：99.00元
PSN B-2017-630-1/1

南宁蓝皮书
南宁经济发展报告（2018）
著(编)者：胡建华　2018年9月出版 / 估价：99.00元
PSN B-2016-569-2/3

内蒙古蓝皮书
内蒙古精准扶贫研究报告（2018）
著(编)者：张志华　2018年1月出版 / 定价：89.00元
PSN B-2017-681-2/2

浦东新区蓝皮书
上海浦东经济发展报告（2018）
著(编)者：周小平 徐美芳
2018年1月出版 / 定价：89.00元
PSN B-2011-225-1/1

青海蓝皮书
2018年青海经济社会形势分析与预测
著(编)者：陈玮　2018年1月出版 / 定价：98.00元
PSN B-2012-275-1/2

青海科技绿皮书
青海科技发展报告（2017）
著(编)者：青海省科学技术信息研究所
2018年3月出版 / 定价：98.00元
PSN G-2018-701-1/1

山东蓝皮书
山东经济形势分析与预测（2018）
著(编)者：李广杰　2018年7月出版 / 估价：99.00元
PSN B-2014-404-1/5

山东蓝皮书
山东省普惠金融发展报告（2018）
著(编)者：齐鲁财富网
2018年9月出版 / 估价：99.00元
PSN B2017-676-5/5

山西蓝皮书
山西资源型经济转型发展报告（2018）
著(编)者：李志强　2018年7月出版 / 估价：99.00元
PSN B-2011-197-1/1

陕西蓝皮书
陕西经济发展报告（2018）
著(编)者：任宗哲 白宽犁 裴成荣
2018年1月出版 / 定价：89.00元
PSN B-2009-135-1/6

陕西蓝皮书
陕西精准脱贫研究报告（2018）
著(编)者：任宗哲 白宽犁 王建康
2018年4月出版 / 定价：89.00元
PSN B-2017-623-6/6

上海蓝皮书
上海经济发展报告（2018）
著(编)者：沈开艳　2018年2月出版 / 定价：89.00元
PSN B-2006-057-1/7

上海蓝皮书
上海资源环境发展报告（2018）
著(编)者：周冯琦 胡静　2018年2月出版 / 定价：89.00元
PSN B-2006-060-4/7

上海蓝皮书
上海奉贤经济发展分析与研判（2017～2018）
著(编)者：张兆安 朱平芳　2018年3月出版 / 定价：99.00元
PSN B-2018-698-8/8

上饶蓝皮书
上饶发展报告（2016～2017）
著(编)者：廖其志　2018年6月出版 / 估价：128.00元
PSN B-2014-377-1/1

深圳蓝皮书
深圳经济发展报告（2018）
著(编)者：张骁儒　2018年6月出版 / 估价：99.00元
PSN B-2008-112-3/7

四川蓝皮书
四川城镇化发展报告（2018）
著(编)者：侯水平 陈炜　2018年6月出版 / 估价：99.00元
PSN B-2015-456-7/7

四川蓝皮书
2018年四川经济形势分析与预测
著(编)者：杨钢　2018年1月出版 / 定价：158.00元
PSN B-2007-098-2/7

四川蓝皮书
四川企业社会责任研究报告（2017～2018）
著(编)者：侯水平 盛毅　2018年5月出版 / 估价：99.00元
PSN B-2014-386-4/7

四川蓝皮书
四川生态建设报告（2018）
著(编)者：李晟之　2018年5月出版 / 估价：99.00元
PSN B-2015-455-6/7

四川蓝皮书
四川特色小镇发展报告（2017）
著(编)者：吴志强　2017年11月出版 / 定价：89.00元
PSN B-2017-670-8/8

体育蓝皮书
上海体育产业发展报告（2017~2018）
著(编)者：张林 黄海燕
2018年10月出版 / 估价：99.00元
PSN B-2015-454-4/5

体育蓝皮书
长三角地区体育产业发展报（2017～2018）
著(编)者：张林　2018年6月出版 / 估价：99.00元
PSN B-2015-453-3/5

天津金融蓝皮书
天津金融发展报告（2018）
著(编)者：王爱俭 孔德昌
2018年5月出版 / 估价：99.00元
PSN B-2014-418-1/1

图们江区域合作蓝皮书
图们江区域合作发展报告（2018）
著(编)者：李铁　2018年6月出版 / 估价：99.00元
PSN B-2015-464-1/1

温州蓝皮书
2018年温州经济社会形势分析与预测
著(编)者：蒋儒标 王春光 金浩
2018年6月出版 / 估价：99.00元
PSN B-2008-105-1/1

西咸新区蓝皮书
西咸新区发展报告（2018）
著(编)者：李扬 王军
2018年6月出版 / 估价：99.00元
PSN B-2016-534-1/1

修武蓝皮书
修武经济社会发展报告（2018）
著(编)者：张占仓 袁凯声
2018年10月出版 / 估价：99.00元
PSN B-2017-651-1/1

偃师蓝皮书
偃师经济社会发展报告（2018）
著(编)者：张占仓 袁凯声 何武周
2018年7月出版 / 估价：99.00元
PSN B-2017-627-1/1

扬州蓝皮书
扬州经济社会发展报告（2018）
著(编)者：陈扬
2018年12月出版 / 估价：108.00元
PSN B-2011-191-1/1

长垣蓝皮书
长垣经济社会发展报告（2018）
著(编)者：张占仓 袁凯声 秦保建
2018年10月出版 / 估价：99.00元
PSN B-2017-654-1/1

遵义蓝皮书
遵义发展报告（2018）
著(编)者：邓彦 曾征 龚永育
2018年9月出版 / 估价：99.00元
PSN B-2014-433-1/1

地方发展类-社会

安徽蓝皮书
安徽社会发展报告（2018）
著(编)者：程桦　2018年6月出版 / 估价：99.00元
PSN B-2013-325-1/1

安徽社会建设蓝皮书
安徽社会建设分析报告（2017~2018）
著(编)者：黄家海 蔡宪
2018年11月出版 / 估价：99.00元
PSN B-2013-322-1/1

北京蓝皮书
北京公共服务发展报告（2017~2018）
著(编)者：施昌奎　2018年6月出版 / 估价：99.00元
PSN B-2008-103-7/8

北京蓝皮书
北京社会发展报告（2017~2018）
著(编)者：李伟东
2018年7月出版 / 估价：99.00元
PSN B-2006-055-3/8

北京蓝皮书
北京社会治理发展报告（2017~2018）
著(编)者：殷星辰　2018年7月出版 / 估价：99.00元
PSN B-2014-391-8/8

北京律师蓝皮书
北京律师发展报告 No.4（2018）
著(编)者：王隽　2018年12月出版 / 估价：99.00元
PSN B-2011-217-1/1

北京人才蓝皮书
北京人才发展报告（2018）
著(编)者：敏华　2018年12月出版 / 估价：128.00元
PSN B-2011-201-1/1

北京社会心态蓝皮书
北京社会心态分析报告（2017~2018）
北京市社会心理服务促进中心
2018年10月出版 / 估价：99.00元
PSN B-2014-422-1/1

北京社会组织管理蓝皮书
北京社会组织发展与管理（2018）
著(编)者：黄江松
2018年6月出版 / 估价：99.00元
PSN B-2015-446-1/1

北京养老产业蓝皮书
北京居家养老发展报告（2018）
著(编)者：陆杰华 周明明
2018年8月出版 / 估价：99.00元
PSN B-2015-465-1/1

法治蓝皮书
四川依法治省年度报告No.4（2018）
著(编)者：李林 杨天宗 田禾
2018年3月出版 / 定价：118.00元
PSN B-2015-447-2/3

福建妇女发展蓝皮书
福建省妇女发展报告（2018）
著(编)者：刘群英　2018年11月出版 / 估价：99.00元
PSN B-2011-220-1/1

甘肃蓝皮书
甘肃社会发展分析与预测（2018）
著(编)者：安文华 谢增虎 包晓霞
2018年1月出版 / 定价：99.00元
PSN B-2013-313-2/6

广东蓝皮书
广东全面深化改革研究报告（2018）
著(编)者：周林生 涂成林
2018年12月出版 / 估价：99.00元
PSN B-2015-504-3/3

广东蓝皮书
广东社会工作发展报告（2018）
著(编)者：罗观翠　2018年6月出版 / 估价：99.00元
PSN B-2014-402-2/3

广州蓝皮书
广州青年发展报告（2018）
著(编)者：徐柳 张强
2018年8月出版 / 估价：99.00元
PSN B-2013-352-13/14

广州蓝皮书
广州社会保障发展报告（2018）
著(编)者：张跃国　2018年8月出版 / 估价：99.00元
PSN B-2014-425-14/14

广州蓝皮书
2018年中国广州社会形势分析与预测
著(编)者：张强 郭志勇 何镜清
2018年6月出版 / 估价：99.00元
PSN B-2008-110-5/14

贵州蓝皮书
贵州法治发展报告（2018）
著(编)者：吴大华　2018年5月出版 / 估价：99.00元
PSN B-2012-254-2/10

贵州蓝皮书
贵州人才发展报告（2017）
著(编)者：于杰 吴大华
2018年9月出版 / 估价：99.00元
PSN B-2014-382-3/10

贵州蓝皮书
贵州社会发展报告（2018）
著(编)者：王兴骥　2018年6月出版 / 估价：99.00元
PSN B-2010-166-1/10

杭州蓝皮书
杭州妇女发展报告（2018）
著(编)者：魏颖
2018年10月出版 / 估价：99.00元
PSN B-2014-403-1/1

河北蓝皮书
河北法治发展报告（2018）
著(编)者：康振海　2018年6月出版 / 估价：99.00元
PSN B-2017-622-3/3

河北食品药品安全蓝皮书
河北食品药品安全研究报告（2018）
著(编)者：丁锦霞
2018年10月出版 / 估价：99.00元
PSN B-2015-473-1/1

河南蓝皮书
河南法治发展报告（2018）
著(编)者：张林海　2018年7月出版 / 估价：99.00元
PSN B-2014-376-6/9

河南蓝皮书
2018年河南社会形势分析与预测
著(编)者：牛苏林　2018年5月出版 / 估价：99.00元
PSN B-2005-043-1/9

河南民办教育蓝皮书
河南民办教育发展报告（2018）
著(编)者：胡大白　2018年9月出版 / 估价：99.00元
PSN B-2017-642-1/1

黑龙江蓝皮书
黑龙江社会发展报告（2018）
著(编)者：王爱丽　2018年1月出版 / 定价：89.00元
PSN B-2011-189-1/2

湖南蓝皮书
2018年湖南两型社会与生态文明建设报告
著(编)者：卞鹰　2018年5月出版 / 估价：128.00元
PSN B-2011-208-3/8

湖南蓝皮书
2018年湖南社会发展报告
著(编)者：卞鹰　2018年5月出版 / 估价：128.00元
PSN B-2014-393-5/8

健康城市蓝皮书
北京健康城市建设研究报告（2018）
著(编)者：王鸿春 盛继洪
2018年9月出版 / 估价：99.00元
PSN B-2015-460-1/2

江苏法治蓝皮书
江苏法治发展报告No.6（2017）
著(编)者：蔡道通 龚廷泰
2018年8月出版 / 估价：99.00元
PSN B-2012-290-1/1

江苏蓝皮书
2018年江苏社会发展分析与展望
著(编)者：王庆五 刘旺洪
2018年8月出版 / 估价：128.00元
PSN B-2017-636-2/3

民族教育蓝皮书
中国民族教育发展报告（2017·内蒙古卷）
著(编)者：陈中永
2017年12月出版 / 定价：198.00元
PSN B-2017-669-1/1

南宁蓝皮书
南宁法治发展报告（2018）
著(编)者：杨维超　2018年12月出版 / 估价：99.00元
PSN B-2015-509-1/3

南宁蓝皮书
南宁社会发展报告（2018）
著(编)者：胡建华　2018年10月出版 / 估价：99.00元
PSN B-2016-570-3/3

内蒙古蓝皮书
内蒙古反腐倡廉建设报告 No.2
著(编)者：张志华　2018年6月出版 / 估价：99.00元
PSN B-2013-365-1/1

青海蓝皮书
2018年青海人才发展报告
著(编)者：王宇燕　2018年9月出版 / 估价：99.00元
PSN B-2017-650-2/2

青海生态文明建设蓝皮书
青海生态文明建设报告（2018）
著(编)者：张西明 高华　2018年12月出版 / 估价：99.00元
PSN B-2016-595-1/1

人口与健康蓝皮书
深圳人口与健康发展报告（2018）
著(编)者：陆杰华 傅崇辉
2018年11月出版 / 估价：99.00元
PSN B-2011-228-1/1

山东蓝皮书
山东社会形势分析与预测（2018）
著(编)者：李善峰　2018年6月出版 / 估价：99.00元
PSN B-2014-405-2/5

陕西蓝皮书
陕西社会发展报告（2018）
著(编)者：任宗哲 白宽犁 牛昉
2018年1月出版 / 定价：89.00元
PSN B-2009-136-2/6

上海蓝皮书
上海法治发展报告（2018）
著(编)者：叶必丰　2018年9月出版 / 估价：99.00元
PSN B-2012-296-6/7

上海蓝皮书
上海社会发展报告（2018）
著(编)者：杨雄 周海旺
2018年2月出版 / 定价：89.00元
PSN B-2006-058-2/7

社会建设蓝皮书
2018年北京社会建设分析报告
著(编)者：宋贵伦 冯虹　2018年9月出版 / 估价：99.00元
PSN B-2010-173-1/1

深圳蓝皮书
深圳法治发展报告（2018）
著(编)者：张骁儒　2018年6月出版 / 估价：99.00元
PSN B-2015-470-6/7

深圳蓝皮书
深圳劳动关系发展报告（2018）
著(编)者：汤庭芬　2018年8月出版 / 估价：99.00元
PSN B-2007-097-2/7

深圳蓝皮书
深圳社会治理与发展报告（2018）
著(编)者：张骁儒　2018年6月出版 / 估价：99.00元
PSN B-2008-113-4/7

生态安全绿皮书
甘肃国家生态安全屏障建设发展报告（2018）
著(编)者：刘举科 喜文华
2018年10月出版 / 估价：99.00元
PSN G-2017-659-1/1

顺义社会建设蓝皮书
北京市顺义区社会建设发展报告（2018）
著(编)者：王学武　2018年9月出版 / 估价：99.00元
PSN B-2017-658-1/1

四川蓝皮书
四川法治发展报告（2018）
著(编)者：郑泰安　2018年6月出版 / 估价：99.00元
PSN B-2015-441-5/7

四川蓝皮书
四川社会发展报告（2018）
著(编)者：李羚　2018年6月出版 / 估价：99.00元
PSN B-2008-127-3/7

四川社会工作与管理蓝皮书
四川省社会工作人力资源发展报告（2017）
著(编)者：边慧敏　2017年12月出版 / 定价：89.00元
PSN B-2017-683-1/1

云南社会治理蓝皮书
云南社会治理年度报告（2017）
著(编)者：晏雄 韩全芳
2018年5月出版 / 估价：99.00元
PSN B-2017-667-1/1

地方发展类-文化

北京传媒蓝皮书
北京新闻出版广电发展报告（2017～2018）
著(编)者：王志　2018年11月出版 / 估价：99.00元
PSN B-2016-588-1/1

北京蓝皮书
北京文化发展报告（2017～2018）
著(编)者：李建盛　2018年5月出版 / 估价：99.00元
PSN B-2007-082-4/8

创意城市蓝皮书
北京文化创意产业发展报告（2018）
著(编)者：郭万超 张京成　2018年12月出版 / 估价：99.00元
PSN B-2012-263-1/7

创意城市蓝皮书
天津文化创意产业发展报告（2017～2018）
著(编)者：谢思全　2018年6月出版 / 估价：99.00元
PSN B-2016-536-7/7

创意城市蓝皮书
武汉文化创意产业发展报告（2018）
著(编)者：黄永林 陈汉桥　2018年12月出版 / 估价：99.00元
PSN B-2013-354-4/7

创意上海蓝皮书
上海文化创意产业发展报告（2017～2018）
著(编)者：王慧敏 王兴全　2018年8月出版 / 估价：99.00元
PSN B-2016-561-1/1

非物质文化遗产蓝皮书
广州市非物质文化遗产保护发展报告（2018）
著(编)者：宋俊华　2018年12月出版 / 估价：99.00元
PSN B-2016-589-1/1

甘肃蓝皮书
甘肃文化发展分析与预测（2018）
著(编)者：马廷旭 戚晓萍　2018年1月出版 / 定价：99.00元
PSN B-2013-314-3/6

甘肃蓝皮书
甘肃舆情分析与预测（2018）
著(编)者：王俊莲 张谦元　2018年1月出版 / 定价：99.00元
PSN B-2013-315-4/6

广州蓝皮书
中国广州文化发展报告（2018）
著(编)者：屈哨兵 陆志强　2018年6月出版 / 估价：99.00元
PSN B-2009-134-7/14

广州蓝皮书
广州文化创意产业发展报告（2018）
著(编)者：徐咏虹　2018年7月出版 / 估价：99.00元
PSN B-2008-111-6/14

海淀蓝皮书
海淀区文化和科技融合发展报告（2018）
著(编)者：陈名杰 孟景伟　2018年5月出版 / 估价：99.00元
PSN B-2013-329-1/1

河南蓝皮书
河南文化发展报告（2018）
著(编)者：卫绍生　2018年7月出版 / 估价：99.00元
PSN B-2008-106-2/9

湖北文化产业蓝皮书
湖北省文化产业发展报告（2018）
著(编)者：黄晓华　2018年9月出版 / 估价：99.00元
PSN B-2017-656-1/1

湖北文化蓝皮书
湖北文化发展报告（2017~2018）
著(编)者：湖北大学高等人文研究院
中华文化发展湖北省协同创新中心
2018年10月出版 / 估价：99.00元
PSN B-2016-566-1/1

江苏蓝皮书
2018年江苏文化发展分析与展望
著(编)者：王庆五 樊和平　2018年9月出版 / 估价：128.00元
PSN B-2017-637-3/3

江西文化蓝皮书
江西非物质文化遗产发展报告（2018）
著(编)者：张圣才 傅安平　2018年12月出版 / 估价：128.00元
PSN B-2015-499-1/1

洛阳蓝皮书
洛阳文化发展报告（2018）
著(编)者：刘福兴 陈启明　2018年7月出版 / 估价：99.00元
PSN B-2015-476-1/1

南京蓝皮书
南京文化发展报告（2018）
著(编)者：中共南京市委宣传部
2018年12月出版 / 估价：99.00元
PSN B-2014-439-1/1

宁波文化蓝皮书
宁波“一人一艺”全民艺术普及发展报告（2017）
著(编)者：张爱琴　2018年11月出版 / 估价：128.00元
PSN B-2017-668-1/1

山东蓝皮书
山东文化发展报告（2018）
著(编)者：涂可国　2018年5月出版 / 估价：99.00元
PSN B-2014-406-3/5

陕西蓝皮书
陕西文化发展报告（2018）
著(编)者：任宗哲 白宽犁 王长寿
2018年1月出版 / 定价：89.00元
PSN B-2009-137-3/6

上海蓝皮书
上海传媒发展报告（2018）
著(编)者：强荧 焦雨虹　2018年2月出版 / 定价：89.00元
PSN B-2012-295-5/7

上海蓝皮书
上海文学发展报告（2018）
著(编)者：陈圣来　2018年6月出版 / 估价：99.00元
PSN B-2012-297-7/7

上海蓝皮书
上海文化发展报告（2018）
著(编)者：荣跃明　2018年6月出版 / 估价：99.00元
PSN B-2006-059-3/7

深圳蓝皮书
深圳文化发展报告（2018）
著(编)者：张骁儒　2018年7月出版 / 估价：99.00元
PSN B-2016-554-7/7

四川蓝皮书
四川文化产业发展报告（2018）
著(编)者：向宝云 张立伟　2018年6月出版 / 估价：99.00元
PSN B-2006-074-1/7

郑州蓝皮书
2018年郑州文化发展报告
著(编)者：王哲　2018年9月出版 / 估价：99.00元
PSN B-2008-107-1/1

皮书起源

“皮书”起源于十七、十八世纪的英国，主要指官方或社会组织正式发表的重要文件或报告，多以“白皮书”命名。在中国，“皮书”这一概念被社会广泛接受，并被成功运作、发展成为一种全新的出版形态，则源于中国社会科学院社会科学文献出版社。

皮书定义

皮书是对中国与世界发展状况和热点问题进行年度监测，以专业的角度、专家的视野和实证研究方法，针对某一领域或区域现状与发展态势展开分析和预测，具备原创性、实证性、专业性、连续性、前沿性、时效性等特点的公开出版物，由一系列权威研究报告组成。

皮书作者

皮书系列的作者以中国社会科学院、著名高校、地方社会科学院的研究人员为主，多为国内一流研究机构的权威专家学者，他们的看法和观点代表了学界对中国与世界的现实和未来最高水平的解读与分析。

皮书荣誉

皮书系列已成为社会科学文献出版社的著名图书品牌和中国社会科学院的知名学术品牌。2016 年，皮书系列正式列入“十三五”国家重点出版规划项目；2013~2018 年，重点皮书列入中国社会科学院承担的国家哲学社会科学创新工程项目；2018 年，59 种院外皮书使用“中国社会科学院创新工程学术出版项目”标识。

中国皮书网

（网址：www.pishu.cn）

发布皮书研创资讯，传播皮书精彩内容
引领皮书出版潮流，打造皮书服务平台

栏目设置

关于皮书：何谓皮书、皮书分类、皮书大事记、皮书荣誉、
皮书出版第一人、皮书编辑部

最新资讯：通知公告、新闻动态、媒体聚焦、网站专题、视频直播、下载专区

皮书研创：皮书规范、皮书选题、皮书出版、皮书研究、研创团队

皮书评奖评价：指标体系、皮书评价、皮书评奖

互动专区：皮书说、社科数托邦、皮书微博、留言板

所获荣誉

2008年、2011年，中国皮书网均在全国新闻出版业网站荣誉评选中获得“最具商业价值网站”称号；

2012年，获得“出版业网站百强”称号。

网库合一

2014年，中国皮书网与皮书数据库端口合一，实现资源共享。